Führung und Firmenkultur

Unternehmer Medien

Theorie und Praxis

Band 3

Herausgegeben von
Dr. Reinhard Nenzel

Dr. Wolfgang Jarre

FÜHRUNG UND FIRMENKULTUR

DAS PRIMAT DER ZAHLEN UND DAS BAUCHGEFÜHL

VERBORGENE ERFOLGSFAKTOREN IM MITTELSTAND

Unternehmer Medien

Die Deutsche Bibliothek – CIP-Einheitsaufnahme

Dr. Wolfgang Jarre:
Führung und Firmenkultur, Das Primat der Zahlen und das Bauchgefühl, Verborgene Er-
folgsfaktoren im Mittelstand – Bonn: Unternehmer Medien, 2014 [Erste Auflage]
ISBN 978-3-937960-21-0

© 2014 Unternehmer Medien GmbH [Schlossallee 10 • 53179 Bonn]
Umschlaggestaltung und Satz: Eva Zschäbitz, Bonn
Druck und Bindung: Saarländische Druckerei & Verlag GmbH, Saarwellingen

Internet: www.unternehmer-medien.de

INHALTSVERZEICHNIS

TEIL 1 | DIE THEORIE: VORAUSSETZUNGEN UND BEGRIFFE

ENTSCHEIDUNGSGRÜNDE | BLICK AUF DEUTSCHE UNTERNEHMEN

Führung 3 | Führungsstile im Dialog der beiden Hirnhälften

Führung 1 - 3 | Fazit: Komplexität und Interdependenz

Führung und Firmenkultur | »Highlights« unseres Gehirns

GELEITWORT

Ich bedanke mich bei allen früheren Kollegen, Mitarbeitern und Vorgesetzten, aber auch bei allen Geschäftspartnern, mit denen ich zusammengearbeitet habe. Ohne die in diesen Verbindungen entstandenen Erfahrungen, ohne die erlebten Gemeinsamkeiten, aber mehr noch ohne die erlebte Vielfalt der Perspektiven, wäre dieses Buch mit meinen Beobachtungen und Schlussfolgerungen nicht möglich gewesen. Besonderer Dank gilt der Geschäftsleitung und dem Beirat der Lehmann & Voss & Co. KG für die Ermutigung und die Unterstützung der Entstehung dieses Werks. Telse Dammann danke ich für ihre Geduld beim Sammeln und Zusammenschreiben der Gedanken. In meinem Verleger Dr. Reinhard Nenzel traf ich auch einen interessierten, engagierten Herausgeber an, der für den Feinschliff sorgte.

Bad Oldesloe, im Juni 2014   Dr. Wolfgang Jarre

Vorwort

Vom heilsamen Zwang, kooperativ zu agieren

Viele Unternehmen sind der Magie der Zahlen verfallen und stellen irgendwann fest, dass ihre Kennziffern zwar Pläne und Resultate repräsentieren, dass es aber wichtige Antriebs- und Veränderungskräfte, also Aktivposten, gibt, die gar nicht in der Bilanz und in der GuV stehen: »Soft-facts«, die mindestens genauso wirksam und entscheidend sind wie die »Hard-facts«. Viele dieser weichen Faktoren sind integraler Teil der Firmenkultur. Aus dem unverstandenen Mysterium, das lange Zeit oft nur als Schlagwort begegnete, ist ein unverzichtbarer Ansatz zur zeitgemäß nachhaltigen Ausrichtung von Unternehmen geworden. Das früher häufige Pseudobekenntnis »Natürlich haben wir Kultur«, dem dann folgte, dass sie allerdings irrelevant für die »Performance« sei, ist als überwunden zu betrachten. Ging es in den Achtziger Jahren noch viel um den Stil und den Geist des Hauses, stehen heute unternehmerische Mitverantwortung, tief sitzende Widerstände gegen Veränderungen und der Umgang mit Vielfalt im Zentrum der Diskussion.

Vor allem die Herausforderungen durch die Globalisierung und die wachsenden Anpassungsdynamiken haben die Firmenkultur aus den Sonntagsreden geholt und in die Vorhabe der Verantwortlichen gestellt. Sie hat sich von einem relativen »Nice to have« zu einem absoluten Interventionsmechanismus gewandelt. Wohl verstanden ist die Debatte über die Lernfähigkeit von Unternehmen damit vor allem eine Auseinandersetzung über die praktische Gestaltung ihrer Kultur.

Unternehmen entwickeln (wie Gesellschaften) komplexe identitätsstiftende Kulturen, die sich in der Architektur der Gebäude und in der Struktur der Organisationen zeigen, aber eben auch in den spezifischen Historien, in den Firmenlegenden, in den Zukunftsvisionen sowie in der Art und Weise, wie mit Mitarbeitern, Kunden und Lieferanten umgegangen wird. Firmenkulturen verkörpern Normen, Werte, Maximen, Denkfiguren und Verhaltensmuster, die das Handeln von Unternehmen (intern und extern) prägen, ein Kanon spezifischer Standards, der sich mehrheitlich den Grundüberzeugungen der jeweiligen Unternehmerfamilie verdankt. Kultur in Unternehmen ist damit das, was als Erfolgserfahrung geteilt und gedeutet wird. Zunächst stehen die Qualität von Produkten und Technologien sowie das Marktverhalten im Fokus. Darüber hinaus sind Überzeugungen und Empathieformen gefragt, die Erfolgsbedingungen schaffen. Zudem werden Idole gebraucht, die als Führungsvorbilder die Haltung des Unternehmens personifizieren. Förderliche Riten und Rituale, etwa stimulierende Alltagsroutinen und eine angemessene Leistungsanerkennung sollten den internen Umgang prägen.

In diesem Sinne ist die Gestaltung zukunftsfähiger Firmenkulturen schon lange kein Appendix der »Human Resources« mehr, sondern ein Element der Strategie, das Wettbewerbsvorteile generiert. Die Verkürzung der Produktions- und Produktlebenszyklen sowie die horizontale Verdichtung der Wertschöpfungsketten, die auch zwischen Unternehmen kooperative Interaktion verlangt, verpflichten darauf, die Wertschöpfungsgleichung mit Kultur aufzuladen. Im Übrigen sind es die Kunden, die von Unternehmen glaubhafte Markenpersönlichkeiten erwarten.

Da die Arbeit an der Firmenkultur früher vor allem der Behebung von Problemen diente, kam man bei der Identifikation neuer Stärken gar nicht erst an. Kulturintervention wurde als Notfallchirurgie missverstanden. Demgegenüber sind Unternehmer heute damit betraut, die Einstellungen, Überzeugungen und Verhaltensweisen ihrer Führungskräfte und Mitarbeiter generell zu motivieren. Dabei gilt, dass nur offene Systeme überleben. Gerade deshalb gehören Prinzipien ins Fundament der Firmenkultur, die Stabilität und Kontinuität sichern. Obwohl die Moral dem Zeitgeist folgt, sollte die Unternehmensethik eine lange Halbwertzeit haben.

In diesem Sinne hat Dr. Wolfgang Jarre ein Buch geschrieben, dass zum richtigen Zeitpunkt großen Gewinn versprechend das Wesentliche sagt. Sein Rekurs auf die ideale Struktur unseres Gehirn ist mehr als interessant. In diesem Erklärungsmodell maximalen Erfolgs findet jeder Unternehmer sein eigenes Wesen und Ziel.

Prof. Dr. Norbert Wieselhuber,
Gründer und Geschäftsführender Gesellschafter
Dr. Wieselhuber & Partner GmbH, München

EINLEITUNG

JENSEITS DER REINEN VERNUNFT

Dieses Buch möchte Anregungen geben, um Unternehmen erfolgreich zu führen. Was aber ist Erfolg und welche Faktoren spielen für ihn eine Rolle? Fragen, die jeden Menschen mehr oder weniger beschäftigen, privat und im Beruf. Fragen, die jedoch genauso für Organisationen, also auch für jedes Unternehmen, gelten.

Seit Menschen über sich selbst reflektieren, befassen sie sich mit dem Thema und bringen philosophische, abstrakte und konkrete Antwortversuche hervor, aus denen oft praxistaugliche Empfehlungen abgeleitet werden, ohne dass es ein Patentrezept gibt. Vor diesem Hintergrund teile ich meine Beobachtungen und Gedanken über die vielen Aufgaben, die aus der Führung von Unternehmen erwachsen, mit. Gestützt auf langjährige Erfahrungen und die Beschäftigung mit deutschen Unternehmen, speziell mit den interessanten »Hidden Champions«, entstand ein aussagefähiges Konzept, das auf den Mechanismen unseres Gehirns beruht, dessen Prinzipien in der Managementliteratur zu wenig Beachtung finden.

Mit diesem Rüstzeug öffnet sich ein unkonventioneller Blick auf bislang kaum wahrgenommene, bisweilen tabuisierte Erfolgsfaktoren jenseits der reinen Vernunft, die ich als irrationale Einflüsse auf unser Denken und Handeln beschreibe.

ERSTE ANNÄHERUNG: WANN SIND WIR ERFOLGREICH?

Alle leistungsorientierten Menschen suchen ständig Erfolg, in eigener Sache, in Gruppen, in Vereinen, in Parteien und in Unternehmen. Aber welche Ziele streben sie damit eigentlich an und wie werden diese Ziele erreicht? Hier einige allgemeine Definitionen, die in mehrere Richtungen deuten: Erfolg liegt vor, wenn gesetzte Ziele erreicht werden. Erfolg ist das Ergebnis, nie das Ziel! Erfolg ist ein Geschenk, verpackt in harte Arbeit. Erfolg hat nur der, der strebt, also etwas tut.

Für Unternehmen gilt eine Präzisierung: Erfolg bedeutet langfristiges Überleben. Das ist keine Selbstverständlichkeit: Nur 5 % aller Firmengründungen überstehen die ersten fünf Jahre, während Unternehmen im Schnitt überhaupt nur rund 40 Jahre bestehen. Lediglich gut 10 % aller Familienunternehmen – und diese Spezies herrscht absolut vor in unserem Land – schafft es bis in die dritte Generation. Dabei bedeutet langfristig zu überleben, immer wieder sinnvoll zu wachsen. Insofern ist nach der Ursache von Erfolg zu forschen, nach den Erfolgsfaktoren, die diese Überlebensfähigkeit begründen und dieses gesunde Wachstum erlauben.

Die spontanen Erklärungen klingen in der Regel recht bodenständig, wobei sie schon polarisieren. Man hört von reinem Glück und von einem guten »Riecher«, aber auch von Resultaten systematischer Arbeit, die sich strikt zahlengestützter Disziplin verdankten. Die ganze Bandbreite dieser Einlassungen ist Gegenstand unzähliger Bücher und Beiträge, die rationale Erklärungen, aber auch ausgereifte Methodiken bieten oder missionarisch vorgetragene Erfolgsrezepte propagieren.

Nun werden Sie vielleicht denken: Oh je, wird schon wieder eine neue Sau durchs Dorf getrieben? Nein, so ist es nicht. Ich will und werde Sie nicht langweilen, sondern möchte Ihnen als erfahrener Praktiker die permanenten Einflüsse auf unser Denken und Handeln als Unternehmer erläutern, die noch viel zu wenig erkannt und verstanden werden. Dabei bin ich davon überzeugt, mit dem geschärften Blick eines langen und mit einigen Überraschungen gespickten Berufslebens, nach Verantwortung in fast allen Leitungsaufgaben eines Betriebs, eines Konzerns und eines großen mittelständischen Familienunternehmens, Berichtenswertes zur Meisterung der Herausforderungen an der Spitze solcher Organisationen aufgeschrieben zu haben. Ich möchte Anstöße und Orientierungen im Dschungel der Managementkonzepte mit ihren vermeintlichen Erfolgsgarantien geben, um Unternehmen zu helfen, ihren ureigenen Weg erfolgreich zu gehen.

Wir haben ja schon gesehen, wie schillernd und facettenreich die Bedeutung des Wortes Erfolg im wirklichen Leben ist. Genauso schillernd und facettenreich sind die nicht immer seriösen Empfehlungen und die verführerischen Patentrezepte, die Erfolg angeblich sicher herstellen können. Richtig ist nur, dass wir meistens auf Faktoren treffen, die wir selbst beeinflussen können. Erfolg ist die Folge unserer Entscheidungen bzw. das Produkt unseres Denkens und Handelns. Erfolg ist aber auch das Resultat äußerer Einflüsse, die sich erfolgssteigernd oder erfolgsmindernd auswirken, obwohl sie sich unserer Steuerung entziehen. In die erste Kategorie fallen Fleiß, Ausdauer, Leidenschaft und Begabung. In die zweite Kategorie gehören die Rahmenbedingungen des gesamten, global vernetzten ökonomischen Umfelds. Und außerdem das, was wir als Glück und Pech erfahren.

Alle eigenen Bemühungen werden jedenfalls erfolglos bleiben, wenn sie nicht auf die erwarteten Rahmenbedingungen treffen. In diesem Kontext neigen die meisten Menschen dazu, Erfolg begünstigt durch glückliche äußere Einflüsse als eigenes Leistungsergebnis zu verbuchen, unglückliche Einflüsse jedoch als schicksalhaft und unverschuldet zu erleben. Jeder Erfolg oder Misserfolg aber wird ganz entscheidend von diesen unbeeinflussbaren Rahmenbedingungen mitgeprägt.

Wenden wir uns damit den Komponenten zu, die wir bestimmen können: Unserem Denken und Handeln, dem ununterbrochenen Prozess von Informationsaufnahme, Informationsverarbeitung und Informationsbewertung, von Entscheidungen und Planung, von der Umsetzung in Maßnahmen bis zu deren Kontrolle und Nachjustierung. Wir versuchen mit diesen Mitteln, die Zukunft erfolgreich zu gestalten und greifen dabei ständig auf unser Wissen und unsere Erfahrungen zurück. Diese beiden Parameter »Wissen« und »Erfahrung« sichern die Qualität unserer Entscheidungen. Sie sind die unverzichtbare Voraussetzung von Erfolg.

Unser Wissen begreift das Offensichtliche, das Wohlbekannte und das gut Fassbare ein. Wissen bedeutet, dass es allgemein anerkannte überprüfbare Erkenntnisse gibt, die in Theorien, Modellen und Regeln widerspruchsfrei beschreibbar sind. Wissen basiert auf Fakten, die in Zahlen und Algorithmen übersetzt werden können und es wird durch Lehren und Lernen weitergegeben, vermittelt in vielen Formen der Ausbildung. Die Mehrung des Wissens ist die vornehmste Aufgabe der Wissenschaften, von Institutionen also, die »Wissen schaffen«! Eine geordnete, scheinbar objektive Welt der Ratio und Logik mit ihren eigenen Gesetzen.

Ganz anders sieht es im Hinblick auf unsere Erfahrungen aus. Hier wird es relativ schwammig. Wir verlassen den festen Boden der Verlässlichkeit, Prüfbarkeit, Allgemeingültigkeit und Objektivität. Mit den Erfahrungen werden zwei seltsame Phänomene in unserer Funktionssystem eingeschleppt: Subjektivität und Rückwärtsorientierung. Erfahrungen fußen auf selbst Erlebtem und haben ihren Quellort in der Vergangenheit. Sie müssen auf Grund Ihrer Entstehung subjektiv sein und sind von Mensch zu Mensch verschieden, ja sogar im Widerspruch. Wichtig ist, was oft unerkannt und unbedacht bleibt, nämlich ihre Retroperspektive. Zurückliegendes prägt unsere aktuellen Entscheidungen und damit unsere Versuche, die Zukunft zu meistern. Das Vergangene holt quasi das Vorausliegende ein.

Anders als das Wissen können Erfahrungen nicht eindeutig erfasst und in Regeln oder Formeln abgelegt werden. Sie verweigern sich ihrer wissenschaftlichen Erarbeitung und lassen sich daher auch nur bedingt verbindlich weitergeben. Die zunächst so überzeugende Erfolgskomponente der Erfahrung erweist sich als etwas dubioser Einfluss auf unsere Entscheidungsmuster, mit dem viele Menschen fremdeln und dem sie sich am liebsten gar nicht oder nur ungern stellen. Gleichwohl ist dieser Einfluss mächtig und allgegenwärtig. Er steht in Wechselwirkung mit dem Wissen und bestimmt in dieser Interaktion unser Denken und Handeln! Das Gehirn hat diesen Dualismus aus Wissen und Erfahrung (Ratio und Emotio) in der Evolution gepflegt, weil er die Entwicklung der Menschheit begünstigt und ihr Überleben gesichert hat. So ganz falsch kann der Mechanismus also nicht sein.

Vor allem von diesen Einflüssen jenseits der uns zugänglichen Ratio handelt mein Buch. Es belegt diese Elemente und macht sie bewusst, holt sie aus der Tabuzone heraus, hebt die Vorurteile gegen sie auf und befreit sie von dem Verdacht, ihre Zulassung und Nutzung seien unprofessionell. Ganz grundsätzlich nämlich gilt, dass auch durch noch so viel Methodik keine Sicherheit für die völlige Richtigkeit von Entscheidungen erlangt werden kann. Wer sich das als Unternehmer eingesteht, darf sich auch zu seinem Bauchgefühl oder zu seinem »Riecher« bekennen.

Als Gegengewicht zu der starken Beachtung, die der rationalen Wissenskomponente im Management geschenkt wird, stelle ich die irrationalen Einflüsse auf unsere nur vermeintlich streng rationalen Entscheidungen dar und plädiere dafür, diese Einwirkungen auf unser Denken und Handeln zu beachten sowie sie im Sinne einer noch erfolgreicheren Unternehmensführung anzuwenden. Die erforderlichen Erklärungen bietet uns das Gehirn mit seinen bewährten Spezifika und Prozessen. Wir lernen sein Erfolgsmuster ausgehend vom »Eisbergmodell« kennen und stoßen auf häufig tabuisierte Erfolgsfaktoren, die wir im persönlichen Umgang und in Unternehmen leider viel zu oft als irrationale Einflüsse diffamieren. Wir werden sehen, dass es die Erfolgsbedingung der Menschheit ist, dass und wie die beiden antagonistischen Komponenten oder Kompetenzen, die Sphäre harter Fakten, des Denkens, Rechnens und Wissens, und die Sphäre weicher Einflüsse, der Erfahrung, der Intuition und der Subjektivität, interagieren.

Diese Erkenntnis verlangt einen Paradigmenwechsel: Jeder von uns setzt sein Gehirn, ebenso wie seine anderen Körperteile, zur Bewältigung von Herausforderungen ein. Allerdings ist der Denkapparat das zentrale Arbeitsmittel für Menschen, die als Unternehmer oder Manager Führungsaufgaben erfüllen. In diesen herausgehobenen Positionen sollte niemand nur »IT-User« sein und sich mit der Bedienung angetroffener Oberflächen bescheiden. So wie ein IT-Administrator Hintergrundwissen über Strukturen, Zusammenhänge und Abläufe hat, sollten wir vom »Brain«-Anwender zum »Brain«-Administrator reifen. Eben dazu eröffnet mein Buch die Perspektive. Wir werden die bisher nur skizzierten Umstände näher betrachten und Nutzen daraus ziehen. Wir werden wertvolle Hinweise zur Nutzung beider Welten erhalten, Empfehlungen und Anregungen für Führungsaufgaben empfangen sowie mehrere Wege des Wachstums kennenlernen.

Diesem Konzept entspricht der Aufbau des Buchs mit einem ersten Teil, der mit dem methodischen Überbau die Theorie sowie die Anwendung der Erkenntnisse auf die Realitäten in der deutschen Unternehmenslandschaft bietet, und einem zweiten Teil, der die Kernaufgaben des Managements in der Unternehmenspraxis betrachtet. Hier fließen dann auch persönliche Beobachtungen und Tipps mit ein.

DAS EISBERGMODELL: DAS MEISTE BLEIBT VERBORGEN

Dieses populäre Bild findet überwiegend in der Kommunikationstheorie Verwendung, wurde aber auch auf Themen der Organisationskultur und der Unternehmenskultur übertragen.[1] Wie der Name bereits sagt, besteht die Kernaussage des Modells, das auf Gedanken von Siegmund Freud beruht, darin, dass das Wesentliche nicht (immer) sichtbar ist. Die rationale kognitive Sachebene, also unser Bewusstsein, macht wie bei einem Eisberg nur rund 20 % der Überwassermasse aus, während die im weitesten Sinne emotionale Ebene, die uns vergleichsweise nur schwer zugänglich ist, mit rund 80 % den wesentlichen Teil unserer Persönlichkeit und unserer Kommunikation repräsentiert. Diese Verhältnisse kennen wir vom Pareto-Prinzip, auf das wir noch zu sprechen kommen.

Der sichtbare, bewusste Teil beherbergt die Ratio, die Logik, die harten Fakten und Daten, die Systematik und die von uns so gern benutzten (mathematischen) Modelle. Der sehr viel größere unsichtbare, unbewusste Teil besteht aus unseren Emotionen, Werten, Paradigmen, Gefühlen und Merkmalen der Persönlichkeit. Beide Teile sind vielfältig miteinander verbunden und stehen in einem komplexen Beziehungsgeflecht, das die Medizin, die Psychologie, die Pädagogik und andere Disziplinen beschäftigt. Betrachten wir den Nutzen, aber auch die Grenzen des Eisbergmodells für unsere Thematik erfolgreicher Unternehmensführung wird klar, welche extreme Komplexität dadurch entsteht, dass Menschen in jedem Betrieb auf vielen Kanälen miteinander agieren, kommunizieren und sich beeinflussen, während uns dies alles nur als rationales Steuerungsproblem erscheint.

Manager sind Menschen mit Führungsaufgaben, die natürlich ebenfalls den Einflüssen unterliegen, die das Modell beschreibt: Rationalität und Emotionalität wirken permanent nebeneinander. Dabei fühlen wir uns in Entscheidungssituationen unwohl, wenn unsere beiden Ebenen nicht in Einklang stehen. Ein leuchtendes Beispiel sind »Meetings« auf allen Stufen der Hierarchie: In Diskussionen bemerken wir, dass Sachfragen in den Hintergrund treten, weil sie von anderen Motiven »unterhalb der Wasserlinie« verdrängt werden. Bei anderen, die sich vor unseren Augen und Ohren so verhalten, diagnostizieren wir dann gern Scheinargumente, bleiben indessen bei uns selbst eher blind für dieselben Einflüsse des Unterbewusstseins. Lauter Ereignismuster, auf die wir noch zurückkommen.

Das Eisbergmodell sensibilisiert uns für diese Zusammenhänge und lässt uns auf die Bedeutung der emotionalen Ebene aufmerksam werden. Das Ungenügende an diesem Ansatz besteht darin, dass die Effekte bisher persönlichkeitstheoretisch oder kommunikationstheoretisch betrachtet werden. Meine Beobachtungen weisen auf eine viel breitere Bedeutung für typische unternehmerische Problematiken hin. Diesbezüglich ist zu fragen, warum die wesentlichen 80 % des Unbewussten in der Managementliteratur kaum vorkommen, da sich die Flut der Untersuchungen und Publikationen den wenigen (unbedeutenden?) 20 % widmet, warum also die akademische Betriebswirtschaftslehre den übermächtigen, enormen verborgenen Teil unseres Wesens und Wirkens mehrheitlich ignoriert?

Ich lege im Folgenden dar, wie bestimmend und allgegenwärtig diese sinnbildlich unter Wasser liegenden Einflüsse auf unser tägliches Denken und Handeln in Unternehmen sind. Der Eisberg hat demnach nicht nur einen Gipfel, während er ansonsten aus einem riesigen unsichtbaren Sockel besteht, der diffus unterhalb unserer Bewusstseinslinie wabert! Nein, er hat zwei! Den bekannten, der von der Sonne der Aufmerksamkeit und der Wissenschaft bestrahlt und ausgeleuchtet wird, den Gipfel der Ratio, sowie den bisher übersehenen, aber ebenso sichtbaren, bemerkenswerten Gipfel der Irratio, den ich ins Bewusstsein rücken will. Zu diesem Zweck wird uns helfen, eine andere Modellvorstellung zu bemühen.

PRINZIP DER EVOLUTION: KERNTHEMA DER ÜBERLEBENSFÄHIGKEIT

Zunächst eine kleine Einführung: Erfolg bedeutet (üblichen Definitionen folgend) ganz rigoros zu überleben. Trotz veränderter Rahmenbedingungen und anderer Widrigkeiten nie aufzugeben und weiter zu bestehen. Erfolg heißt für Unternehmen explizit, sich im Wettbewerb durchzusetzen und zu behaupten. Erfolgreiches Überleben bedeutet stets aber auch, im Sinne effizienter Erweiterung, Steigerung, Vermehrung und Erneuerung zu wachsen. Dem Wachstum kommt besondere Bedeutung zu, da sich Alterndes abnutzt und Altes irgendwann stirbt, so dass Neues stets nachkommen muss, in der Natur wie im Lebenszyklus von Unternehmen. Kunden werden verloren, Produkte, Verfahren und Moden überholen sich und werden durch wieder Modernes ersetzt. Das ist der Lauf der Dinge.

Die Natur hat diverse Strategien und Konzepte entwickelt, um erfolgreich zu bestehen und zu überleben, was sich in der großen Artenvielfalt zeigt. Alle Arten haben in der Entwicklungsgeschichte ihre Nischen besetzt und spezifische Fähigkeiten ausgeprägt, um sich trotz des heftigen Wettbewerbs um dieselben Ressourcen immer wieder zu erhalten. Als Beispiele für solche Überlebenstechniken sind körperliche Vorteile wie Stärke, Schnelligkeit, Wendigkeit und Panzerung, aber auch Offensivstrategien wie gewisse Drohgebärden und Defensivstrategien wie Tarnen und Täuschen zu nennen. Zig tausend Arten haben auf unserer Erde, also unter denselben schwankenden Lebensbedingungen, verblüffend viele Wege gefunden, um in ihrem Überlebenskampf zu bestehen.

EIN HOCHLEISTUNGSORGAN: WETTBEWERBSVORTEIL DES MENSCHEN

Betrachten wir nun den Menschen. Vergleichen wir seine Fähigkeiten mit denen anderer Arten (Nischenspezialisten), stellen wir fest, dass er unter allen relevanten Aspekten im besten Fall durchschnittlich ist. Der Mensch ist weder das stärkste noch das schnellste, weder das größte noch das am besten geschützte Lebewesen. Er hat auch keine extrem leistungsfähigen Sinnesorgane, weder den besten »Riecher«, noch die schärfsten Augen oder die feinsten Ohren, hat sich aber in einer wettbewerbsintensiven feindlichen Natur durchgesetzt. Er muss also über einen anderen entscheidenden Wettbewerbsvorteil gegenüber allen Konkurrenten verfügen: Das Gehirn! Die besondere Bedeutung dieses Organs wird schon daran deutlich, dass es bei nur 2 bis 3 % Anteil am Körpergewicht 15 bis 20 % der Energie verbraucht. Es kann also nur interessant sein, das Gehirn in seinen Funktionsweisen und Prozessen, seinen Tricks und Raffinessen zu betrachten.

BESSER ALS COMPUTER: LEISTUNGEN DES MENSCHLICHEN GEHIRNS

Unser Gehirn ist als Hauptbestandteil des zentralen Nervensystems für die Aufnahme von Informationen da. Außerdem zur Speicherung und Auswertung dieser Informationen, Reize und Sinneseindrücke sowie zur Steuerung physiologischer und kognitiver, geistiger Abläufe, vor allem unseres Denkens. Die Signale aus der Umwelt und aus dem eigenen Körper (System) werden von Sinnesorganen und internen Sensoren aufgenommen bzw. wahrgenommen und verarbeitet. Die Auswertung erfolgt durch komplexe Speicher- und Vergleichsprozesse der Informationen und Impulse, die je nach Zweck und Bedeutung nur für Millisekunden im sensorischen Register, für kaum eine Minute im Kurzzeitgedächtnis oder für das ganze Leben verfügbar im Langzeitgedächtnis bevorratet werden.

Diese Vergleichs- und Entscheidungsprozesse erfolgen in verschiedener Geschwindigkeit, die von spontanen Reflexen bis zu grüblerischen Denkkaskaden reichen. Das phänomenale menschliche Gehirn besitzt rund 100 Milliarden Nervenzellen (Neuronen), wobei jedes Neuron durch Synapsen mit bis zu 1.000 anderen Neuronen verbunden ist und die Impulsübertragung zwischen den Neuronen durch elektrochemische Signale erfolgt. Legte man alle Nervenbahnen hintereinander, wären sie länger als der hundertfache Erdumfang. Wird eine solche Strecke zwischen zwei Neuronen regelmäßig durch Übung oder Lernen gereizt, bildet sich eine bevorzugte »Verdrahtung« aus, die wir salopp »Datenautobahn« nennen.

So bewerkstelligt unser Gehirn die Steuerung der Motorik von über 650 Muskeln, wobei unsere Sprechwerkzeuge besondere Erwähnung verdienen. Sprachen sind das Medium der kulturellen, zivilisatorischen Entwicklung der Menschheit. Im Übrigen bewertet unser Gehirn Alternativen und führt so Entscheidungen herbei. Damit bringt es großartige, aber auch abscheuliche Ideen und Leistungen hervor.

DAS HEMISPHÄRENMODELL: ZWEI HÄLFTEN UND TRICKS DES GEHIRNS

Laut diesem populärwissenschaftlichen Modell besteht das menschliche Gehirn aus zwei spezialisierten Hälften, wobei diese grobe Vereinfachung hier für anatomisch ungleich komplexere Gegebenheiten steht. Für unsere Überlegungen ist dieses einfache Modell jedoch durch seine Aussagefähigkeit legitimiert und geeignet: Eine sachorientierte, logische, in Formeln denkende, rechnende (linke) Hälfte, die Heimat der Zahlen, und eine in der Ökonomie tabuisierte rechte Hälfte, die für das verantwortlich ist, was wir als Bauchgefühl oder »Riecher« kennen.

Dieses Hemisphärenmodell beschreibt durchaus ähnliche Verhältnisse wie das Eisbergmodell, wobei sich die beiden Gehirnhälften jetzt aber schon in einem ständigen Dialog auf Augenhöhe, also ohne 80/20-Gewichtung, gegenüberstehen. Ein Bild, das sehr viel besser zu meinen Beobachtungen und Thesen passt. Der Philosoph Martin Heidegger hat diesen elementaren Dualismus als »Rechnendes Denken« (linke Hirnhälfte) und »Besinnendes Denken« (rechte Hirnhälfte) bezeichnet. Für meine Überlegungen beschreibt das Attribut »rechnend« die Aufgabe der linken Hirnhälfte so gut, dass ich sie im Folgenden als das »Rechnende Hirn« bezeichne. Die andere Hälfte, der gefühlte »Bauch«, beherbergt viele weiche Faktoren und ist daher nicht unter ein eindeutiges Attribut zu stellen.

Wenn Heidegger von der »Besinnenden Hälfte« spricht, meint er, dass die rechte Hirnhälfte die persönlichen, subjektiven Einflüsse »verwaltet« und so etwas wie individuelle Leitbilder erzeugt. Da in ihr die wesensmäßigen Denkmuster (»Mind-Set«) »wohnen«, prägt sie die eigene, unverwechselbare Weltsicht (Paradigmen). In Anbetracht dessen fällt es mir schwer, aus diesen weichen Attributen, die sich überlappen und durchdringen, Dominantes hervorzuheben. Dieser komplexe Hintergrund erklärt, warum ich die rechte Hirnhälfte das »Ideologische Hirn« nenne.

DAS »RECHNENDE HIRN«: DIE WELT DER ZAHLEN

Hier stoßen wir ohne jeden Zweifel auf einen herausragenden Erfolgsfaktor und zugleich auf ein Alleinstellungsmerkmal des Menschen. Es sind eben diese kognitiven Fähigkeiten, die in der linken Hirnhälfte angesiedelt sind, die ihn nach allem vorliegenden Wissen von anderen Spezies unterscheiden. Mit seinem rechnenden bzw. denkenden Gehirn hat der Mensch seine Umwelt untersucht und verstanden, um sie sich schließlich systematisch untertan zu machen. Seine Instrumente bestanden darin zu messen, zu analysieren, logische und kausale Zusammenhänge vom Mikro- bis zum Makrokosmos zu begreifen, Modelle zu entwickeln und Ereignisse formelhaft zu fassen. Diese Fähigkeiten brachten als Bedingungen für Fortschritt und Technik die Errungenschaften der Naturwissenschaften und der Ingenieurskunst hervor. Fast scheint es, als sei die ganze Welt streng logisch, rational und zahlenmäßig zu erfassen! Nur reproduzierbare Experimente und Ergebnisse zählen! So wurde der Forschergeist des Menschen, sein »Rechnendes Hirn«, das Maß aller Dinge, dem wir Innovationen und unser Wohlergehen verdanken. Das rechnende Hirn verspricht Kontrolle über die Welt. Kein Wunder, dass dieser strahlende Gipfel im Eisbergmodell so sehr betrachtet wird.

Der Mensch zeichnet sich ferner durch die Fähigkeit seines rechnenden Hirns aus, in verschiedenen Zeiten denken zu können. Dabei verfügt er neben seinem aktuellen Wissen über abgespeicherte Erfahrungen aus der Vergangenheit und kann diese situationsbezogen abrufen, wobei sich diese Historie stets und unvermeidlich in unser Denken und Handeln »einmischt«, oft, ohne dass wir dies merken. Außerdem denkt der Mensch in die Zukunft voraus. Er tätigt Annahmen über die Wahrscheinlichkeit dessen, was kommt. Er strebt danach und träumt vielleicht auch nur davon, selbst mit seiner Familie und seiner Firma in dieser erwarteten Zukunft erfolgreich zu bestehen. Dazu setzt sich der Mensch Ziele und versucht, sie durch die bewusste Festlegung von Handlungsschritten (im Gegensatz zu einem rein instinktiven Vorgehen) zu erreichen. Dies bedeutet zu planen. Das aber setzt Entscheidungen, meist zwischen mehreren Möglichkeiten, voraus. Dieser Drang, Zukunft durch Denken und Planen zu antizipieren, tritt (zumindest auf den ersten Blick) ebenfalls in der linken Hirnhälfte auf und ist eine zutiefst menschliche Eigenschaft, die keinem anderen Lebewesen vergleichbar zu eigen ist.

Eine besondere Domäne des rechnenden Hirns finden wir in der Welt der Wirtschaft und Finanzen. Ökonomisches Handeln gründet sich gemäß der herrschenden Lehre auf Fakten und Zahlen. Der »Homo Oeconomicus«, der stets streng rational die für ihn wirtschaftlich beste Lösung sucht, wurde zum Ideal erhoben. Tatsächlich sind ein Unternehmen ohne Zahlen und eine Unternehmensleitung ohne Ratio auch gar nicht vorstellbar. Im Management drücken sich die Überlebensfähigkeit und das Wachstum, also der Erfolg, in Zahlen aus. Alles, was sich ereignet, wird schließlich in Summen und Beträgen formuliert. Die rechnende Hälfte unseres Gehirns regiert. Dies gilt für die ständige Überwachung des laufenden Geschäfts ebenso wie für die strategische Planung und die Zukunftsgestaltung. Auch Maßnahmen und Abläufe sind unter Kosten-Nutzen-Aspekten quantifizierbar. So kann zwischen Alternativen abgewogen werden, was die notwendige Steuerung und Erfolgskontrolle von Firmen faktisch erst möglich macht.

Es geht also um die zahlenmäßige Durchdringung komplexer Abläufe und um die Messung von Effekten. Zum Schluss zählt der Output, der wirtschaftliche Erfolg, in Form einfacher Zahlen. Zahlen, die dann als Informationsgerüst für die »Shareholder«, die Eigentümer, und für die »Stakeholder«, für die Mitarbeiter sowie für interessierte Kreise außerhalb des Unternehmens (Kunden, Lieferanten, Banken, Fiskus) und der allgemeinen Öffentlichkeit im weitesten Sinne dienen.

Doch dieser Output wird nur bedingt durch den Input, also das eigene Handeln, bestimmt. Man sollte nie vergessen, dass zugleich äußere, meist nicht steuerbare Rahmenbedingungen großen Einfluss nehmen, etwa die konjunkturelle Entwicklung im In- und Ausland, Währungsprobleme und die Politik. Umstände, die schicksalhaft als Glück, Zufall oder Pech wahrgenommen werden, während sie den Erfolg oder Misserfolg von Unternehmen massiv mit herbeiführen können. Bei aller Verantwortung und Verpflichtung der Geschäftsleitung, den Erfolg des Unternehmens durch aktive, professionelle Führung zu sichern, bleibt damit stets ein externer, zufällig einwirkender, positiver oder negativer Faktor bestehen. Gefährlich wird es, wenn externe Begünstigungen nicht richtig wahrgenommen werden und ein Erfolg nur auf die eigene Leistung reduziert wird, Misserfolge aber als fatal und unvermeidlich erklärt werden. So menschlich diese Fehldeutungen sind, so sehr führen sie zur Überschätzung der eigenen Kontrollfähigkeit im Hier und Jetzt sowie im Hinblick auf die Planung und Gestaltung der Zukunft.

DAS »IDEOLOGISCHE HIRN«: DAS »BAUCHGEFÜHL«

So wie wohl niemand die Existenz und die Bedeutung des rechnenden Hirns in Frage stellen wird, ist zu akzeptieren, dass irgendwo in unserem Gehirn die Emotionen (Ängste und Begeisterung), Träume, Fantasien und die Kreativität beheimatet sind, das also, was im Eisbergmodell unsichtbar unter der Wasserlinie liegt. Diesem Bereich werden - irgendwie isoliert von der rationalen Sphäre - auch die schwer quantifizierbaren schöngeistigen Dinge jenseits der Geschäftswelt zugeordnet. Doch das ist viel zu kurz gedacht! Der Einfluss des ideologischen Hirns holt uns in unserer nur vermeintlich streng rationalen Geschäftswelt ständig ein.

Wir alle wissen, wie verschieden die Annahmen über die Zukunft und die Entscheidungen zwischen Alternativen bei Menschen ausfallen. Das mag zunächst überraschen, da gleiche Sachverhalte nach den Kriterien des rechnenden Hirns zu gleichen Ergebnissen führen sollten. Aber wir wissen, dass es Optimisten und Pessimisten gibt. Außerdem Menschen, die sich Realisten nennen und andere, die als Phantasten bezeichnet werden, Visionäre und Schwarzseher, Spieler und Planungsversessene, Technikgläubige und Fatalisten. Es ist die rechte ideologische Hirnhälfte, die Menschen durch ihre früheren Erfahrungen in ihren Einschätzungen und in ihren heutigen Entscheidungen zur Festlegung von Handlungen zur Gestaltung der Zukunft prägt. Aber auch das ist eigentlich seltsam! Kein Entscheider wird ernsthaft behaupten wollen, dass die Zukunft linear aus der Vergangenheit extrapoliert werden könne und trotzdem verhalten wir uns so als ob dies so wäre. Das Morgen soll seltsamerweise ein Abbild des Gestern sein.

Obwohl vielleicht etwas trivial, möchte ich das Gesagte an einem Beispiel verdeutlichen: Stellen Sie sich Menschen vor, die gemeinsam eine Bergwanderung machen wollen. Machen wir es uns einfach, und unterstellen wir, das Ziel sei bereits einmütig festgelegt worden und auch die Wetterprognose verursache keine Planungsunsicherheit. Sicher idealisierte Annahmen. Spätestens aber, wenn es um die Planung des »richtigen« Wegs zum Gipfelziel geht, schlagen die Einflüsse der individuellen ideologischen Hirne zu: Der Erste will die sportliche Herausforderung, die mit dem kürzesten und schwierigsten Weg verbunden ist. Der Zweite wünscht sich den Weg mit den schönsten Ausblicken zum Innehalten. Ein Dritter braucht zur eigenen Motivation eine Möglichkeit, um unterwegs einzukehren. Ein Vierter bevorzugt wegen seiner chronischen Gelenkprobleme den sanft ansteigenden Serpentinenweg. Jeder hat aus seiner Sicht Recht und favorisiert insofern den richtigen Weg. Keine leichte Aufgabe, die Gruppe zu einer gemeinsamen Lösung zu bringen. Auch auf diese Zusammenhänge gehen wir noch näher ein.

Diese subjektiven Erwartungen jedenfalls und die weiter wirksamen ganz persönlichen, früheren Erfahrungen machen die menschliche Individualität aus. Erinnerungsbilder, die sich als freudig, lustvoll oder als unerfreulich, schmerzhaft eingebrannt haben. Wird das rechnende Hirn vor allem von außen sowie durch Lernen und Üben kombinatorischer Fähigkeiten gespeist, wird das ideologische Hirn von privaten, intimen Erlebnissen und Erfahrungen, also von innen, animiert. Dahinter stehen Mechanismen, die ich jetzt als Tricks unseres Gehirns vorstelle.

VERARBEITUNG VON INFORMATION: SIEBEN, VERDICHTEN, ERINNERN

Die Speicherung von Informationen aus der Umwelt erfolgt nicht durch die Aufnahme aller erfassbaren Details, sondern in selektiver, komprimierter Form, was eine schnelle Wiedererkennung erleichtert, der erwähnten Pareto-Regel (Eisbergmodell) folgend: 20 % Information erlauben bereits zu 80 % eine gute Erfassung und Einschätzung eines Gegenstands oder Sachverhalts. Diese Simplifizierung, die Komplexität extrem reduziert, bewirkt, dass frühere Ereignisse oder Themen in unserem Gehirn so abgelegt sind, dass schon Konturen und markante Merkmale zum Aufruf dieser »abstrahierten Bilder« reichen. Denken wir an einen beliebigen Gegenstand, etwa an einen Baum. Es bedarf nicht der Aufnahme und Verarbeitung aller Informationen, also jeder Verästelung, jedes Zweigs, jedes Blatts, jedes Details des Stamms oder der Rinde, um ihn als solchen erkennen zu können (sogar die Art des Baums). Einige wenige charakteristische Bilddaten rufen das abgelegte Bild des Ganzen hervor und erlauben die (Wieder)-Erkennung.

Dasselbe gilt für Fotorätsel, die uns nur einen bestimmten Bildausschnitt zeigen. Auch hier erkennt der Mensch in einem oft sogar verfremdeten Teilausschnitt unmittelbar das Ganze. Piktogramme zeigen dasselbe Prinzip dieses Tricks. Selbst stilisierte Darstellungen bieten Sachverhalte extrem komprimiert und abstrahiert und dennoch für unser Gedächtnis sofort wiedererkennbar an. Beim Hinweis auf einen Notausgang gilt dies für den Umriss des fliehenden Menschen sowie für ein hochkantiges Rechteck, deren tatsächliche Beschaffenheit durch viel mehr, zum Verständnis des Sinns aber nicht notwendige Informationen geprägt ist. Der Mensch ist in der Lage, stilisierte oder verfremdete Informationen quasi in Nullzeit eindeutig zu identifizieren und in einen sinnvollen Kontext zu integrieren.

Dieser Trick ist sicher einer der wesentlichen Beiträge unseres Gehirns, der unser Überleben begünstigt. Vor allem dann, wenn akute Gefahr droht, kann es keine umfängliche Analyse der bedrohlichen Situation geben, sondern sie muss unmittelbar erfassbar und reflexartig zu beantworten sein. In diesem Zusammenhang fand ich diesen interessanten Hinweis: Jongleuren ist es völlig unmöglich, die Bewegung jedes einzelnen Objekts, das sie in der Luft haben, zu verfolgen. Das sensorische System des Menschen und die Verarbeitungskapazität des Gehirns lassen das nicht zu. Heute weiß man, dass sie einen festen Punkt, dort wo sich die Bahnen der Objekte kreuzen, fixieren und aus dieser Beobachtung sowie dank der im Gehirn abgelegten Erfahrungen das Bewegungsmuster aller Objekte unbewusst erkennen. Aus diesem Befund leiten sie ihre Motorik und ihre Korrekturmaßnahmen ab. In diesen automatischen Prozess bewusst einzugreifen, verschlechtert das Ergebnis. Ähnliches bezeugen Profisportler, etwa Boxer, aber auch Berufsmusiker: Intensives Üben veranlagt in einer Art Körpergedächtnis automatische, also unbewusste, Reflexe und Abläufe, die sehr viel besser funktionieren, als dies durch bewusstes, willentliches Handeln überhaupt möglich wäre.

Die These, die ich aus diesem Trick unseres Gehirns ableiten möchte, lautet: Auch bei Management-Entscheidungen sollte man gar nicht erst versuchen, umfänglich alle Informationen und Details zu ermitteln und zu bedenken. Die Gefahr ist groß, den Wald vor lauter Bäumen nicht mehr zu sehen. Zumindest sehr oft genügen die Konturen, um Situationen hinreichend einschätzen zu können. Stellt sich eine gefühlsmäßige Vertrautheit mit der Situation ein, erlaubt dies schon, eine gute Entscheidung zu treffen. Diesem Gedanken gehen wir später noch nach.

Viele Entscheidungen, vor allem solche, die spontan getroffen werden, folgen also demselben Prinzip: Den aktuellen Sachverhalt komprimiert und abstrahiert aufnehmen, ihn mit früheren Erfahrungen (abgelegten Bildern) vergleichen bis gefühlte Vertrautheit wahrnehmbar wird aus ihr das Pro und Contra bzw. die Reaktion gewinnen. Das erklärt aber noch nicht, wie diese »Beladung« der ideologischen Hälfte erfolgt. Hier hilft uns der nächste Trick des Erfolgsmodells Hirn.

DOPPELTE CODIERUNG: ABLAGE UND ERINNERUNG MIT BEGLEITMUSIK

Jetzt stoßen wir auf die Quelle, aus der sich unser ideologisches Hirn mit seinem weitreichenden Einfluss speist. Der Mechanismus der Aufnahme und Verarbeitung von Information ist nämlich nicht so simpel, sachlich und objektiv wie dargestellt. Jede abgelegte Information, jedes Bild, jede Erinnerung hat wie die Tonspur eines Films eine emotionale Begleitmusik. Damit erschließen wir die Urgründe des Bauchgefühls, die Sphäre jenseits des Rationalen. Gefühle, die sich mit früheren Ereignissen verknüpfen und Erinnerungen speichert das Gehirn wie Sachen.

Als Beispiel mag die Wahrnehmung eines Gegenstands, etwa einer roten Rose, ja, rot muss sie sein, dienen. Diesen Gegenstand »rote Rose« verbinden wir unmittelbar mit zurückliegenden Ereignissen und Eindrücken, etwa mit der glücklichen Erinnerung an einem wunderbaren Abend mit einem lieben Menschen, der mit der Aufmerksamkeit einer roten Rose begann. Eine andere, vielleicht sogar dieselbe Person wird mit einer weißen Rose an Sargschmuck erinnert. Das Erkennen des Gegenstands »weiße Rose« ruft dann Gefühle von Trauer und Einsamkeit auf. Vielleicht löst aber auch das Erkennen einer Rose die Erinnerung an einen spezifischen süßen Duft aus, der in Millisekunden das Urlaubserlebnis des Besuchs im Palast der tausend Düfte in einem arabischen Basar aktualisiert.

Diese simplen Beispiele zeigen, wie stark Beobachtungen von Dingen und Situationen mit ganz persönlichen Erinnerungen und Gefühlen verbunden sind, während ein oft jahrzehntelanger Zeitunterschied zwischen Erleben und Abspeichern und Wiederaufruf völlig unerheblich ist. Frühere Erfahrungen und Erlebnisse, Erfolge und Freude, Misserfolge und Schmerz: Alle diese Emotionen sind mit in unserem Gehirn abgelegt und beeinflussen unser Denken und Handeln und damit unsere Zukunftsgestaltung. Im Wiedererkennungsfall fördert unser ideologisches Hirn die Wiederholung einer bewährten Reaktion, sofern sich die früheren Entscheidungen als gut und richtig erwiesen haben. Je häufiger dies so war, umso lauter also die positive Begleitmusik spielt, um so stärker ist der Drang, erneut ähnlich zu entscheiden. Entscheidungen mit positiver Begleitmusik fallen uns leicht und erfolgen in der Regel rasch, während bei negativer Untermalung Zurückhaltung, Ablehnung oder gar Entscheidungsunfähigkeit vorrangig sind.

Diese Begleitmusik, das Bauchgefühl, das »Ideologisches Hirn«, ist naturgemäß höchst individuell und persönlich. Jeder von uns hat verschiedene Erfahrungen gemacht, und zwar durchaus auch in an sich sehr vergleichbaren Situationen. Erfahrungen, die abgespeichert wurden und die jedes Individuum anders prägen. Dies begründet die unterschiedliche Einschätzung einzelner Menschen, aber wohl auch Widersprüchlichkeiten in ein und derselben Person. Was viele nicht wahrhaben wollen, ist die Erkenntnis, wie wenig homogen, schlüssig und konsequent jeder einzelne von uns wirklich ist.

Den Auswirkungen dieses Tricks und den aus ihm resultierenden Einflüssen des ideologischen Hirns auch auf die harte Geschäftswelt gehen wir nun weiter nach. Halten wir also fest: Die rechte Hirnhälfte ist der Hort der Erinnerungen und Gefühle und existiert in jedem von uns, ob wir dies wollen oder mögen oder nicht! Beides beeinflusst uns und ist (für andere) spürbar. Doch diesen Hort der Erinnerungen und Gefühle gibt es nicht nur individuell. Ich bin davon überzeugt, dass etwas Vergleichbares auch kollektiv besteht, in der Sphäre, die wir Kultur nennen.

DIE FIRMENKULTUR: DAS »IDEOLOGISCHE HIRN« VON UNTERNEHMEN

Was das ideologische Hirn auf individueller Ebene bedeutet, stellt die Firmenkultur auf kollektiver Unternehmensebene dar. In jedem Betrieb hat sich in seiner Historie ein kollektives ideologisches Hirn herausgebildet, in dem die Erfahrungen der Organisation sowie ihre positiven und negativen Erinnerungen abgelegt sind. Einen eindrucksvollen, gut verwertbaren Beitrag zum besseren Verständnis der ideologischen Hirnhälfte von Unternehmen fand ich bei Tom Peters, der seinerseits auf einen unveröffentlichten Beitrag des schwedischen Wirtschaftsprofessors Gunnar Hedlund zurückgegriffen hat.[2] Dort geht es um die archaische Typisierung von Unternehmen als »Bauern« oder »Jäger«. Damit werden zwei grundverschiedene Konzepte mit sehr differenten Kulturmerkmalen, Strukturen und Führungsphilosophien dargestellt. Wichtig ist mir hier bereits der Hinweis, wie Firmenkultur, Geschäftsmodell, Führungsstil und Strukturen miteinander verbunden sind und ineinander greifen.

Die Jägerkultur ist durch Beweglichkeit, Flexibilität und Geschwindigkeit geprägt, wobei Pläne oder Langfristprognosen für Jäger von untergeordneter Bedeutung sind. Sie wissen, dass sie sich permanent ihrer sich rasch ändernden Umwelt und dem Verhalten des zur Strecke zu bringenden Wildes anpassen müssen. Ist ein Jagdgrund nicht mehr ergiebig, ziehen Jäger weiter und suchen ihren Erfolg in einem anderen Revier. In der Jägerkultur ist die Hierarchie kaum ausgeprägt. Informelle Gruppen oder Einzelkämpfer gehen auf die Pirsch. Besondere Erfahrungen, Mut, Geschick und eine hohe Erfolgsquote zeichnen den Anführer aus, der seine Jagdgenossen auf das gemeinsame Ziel fokussiert und motiviert. In diesem Sinne bin ich bei meinen Betrachtungen der deutschen Unternehmen, zumal bei den kleinen und mittleren, auf Merkmale dieser Jägerkultur gestoßen.

Ganz anders die Bauernkultur, die wir demgegenüber insbesondere Großunternehmen zuordnen. Hier versucht man, die Zukunft durch Stabilitätsbestrebungen und Planung abzusichern, so dass die Umwelt berechenbar zu gestalten sein soll. Weitblick, Technologien und Prozesse, aber auch möglichst aussagekräftige Prognoseverfahren, mit denen Maßnahmen in den Wachstumsperioden eingesteuert werden, kennzeichnen dieses Selbstverständnis. Solche Kulturen streben naturgemäß nach Größe, um Ackerflächen, Wiesen und Land ökonomischer bearbeiten und nutzen zu können. Bauern sind sesshaft und entwickeln bürokratische Strukturen, um ihre Systeme zu stabilisieren und berechenbar zu halten. Die Führung ist durch hierarchische, strategische und planerische Elemente geprägt.

Je unberechenbarer aber das Umfeld und die Märkte und je flexibler das Geschäftsmodell und die Strukturen sind, etwa bei Firmen im Handel, die nicht in spezielle Produktionsanlagen investieren, umso stimmiger und erfolgversprechender sind die Maßgaben der Jägerkultur. Und natürlich umgekehrt: Je langfristiger Zyklen zur Amortisation von Anlagen angelegt sind, umso mehr dominieren die planerischen, organisatorischen und die anderen Elemente der Bauernkultur.

Tatsächlich glaube ich, dass jedes Unternehmen durch diese beiden Paradigmen Kriterien für seine eigenen Kulturmerkmale finden und sich seine Positionierung bewusst machen kann. Wir gleichen diese Charakterisierung später mit der deutschen Unternehmenslandschaft ab und unterwerfen das Modell dem Praxistest.

Konträre Kulturelemente, die eigentlich abträglich sind, sind (hier überzeichnet und typisiert) beispielhaft eine übertriebene Risikofreude, die bis zum völligen Ausblenden eines erkennbaren Gefahrenpotentials reichen kann, gegenüber einer besonnenen Haltung, die auf Nummer sicher geht. Dazu gehört auch das Streben nach der »schnellen Mark«, etwa von »Private Equity«-Gesellschaften im Hinblick auf einen baldigen, lukrativen Exit (Deinvestition, Ausstieg) gegenüber den langfristigen (in Generationen denkenden) Aktionsmustern von Familienunternehmen. Dazu gehört zu lautes, marktschreierisches Verhalten gegenüber Handlungsweisen, die sich auf sachliche und technische Fakten stützen. Dazu gehören die vielen Nachahmer, die Pioniere und Innovatoren Erträge kosten.

Aber auch der Führungsstil, der integraler Teil jeder Firmenkultur ist, bietet Raum für gegensätzliche Interpretationen. Die Bandbreite reicht hier von patriarchalisch und autoritär über teamorientiert bis hin zu basisdemokratisch. Die Grundwerte der so verschieden auftretenden Menschen wurzeln tief, bisweilen in religiösen Überzeugungen. Ein Chef, der glaubt, dass sich der wirtschaftliche Erfolg seiner Gottgefälligkeit verdankt, wirkt anders als ein Chef mit karitativen Ambitionen.

Insofern scheint mir selbstverständlich zu sein, dass jeder Mensch und jede Firma eine Grundposition hat ohne sich diese aber unbedingt klar gemacht und sie definiert zu haben. »Heute so und morgen so« oder »etwas von allem« funktioniert jedenfalls nicht. Ich bin sicher, dass es diese Werte- und Erfahrungsbasis gibt, die in der ideologischen Hirnhälfte des Chefs und der Firmenkultur hinterlegt ist. Dieses Theorem lässt die Empfehlung zu, sich bewusst mit seiner Firmenkultur auseinanderzusetzen, um sich selbst (und sein Unternehmen) zu erkennen, seine Normen zu bestimmen und die Erkenntnisse daraufhin aktiv zu kommunizieren.

Halten wir an dieser Stelle fest: die Firmenkultur setzt gewissermaßen die Leitplanken, sie stiftet die Grundwerte und die Grundausrichtung. Sie steckt die Sicherheitszone des Unternehmens für Entscheidungen und Handlungen ab. Sonja Sackmann hat die enorme Bedeutung des Erfolgsfaktors »Unternehmenskultur« in ihrem Buch ausführlich beschrieben.[3] Ich komme darauf noch zurück.

DAUERND IM DIALOG: DER AUSTAUSCH DER BEIDEN HIRNHÄLFTEN

Unsere beiden Hirnhälften existieren aber nicht nebeneinander her, sondern sie stehen in einem ständigen Dialog und beeinflussen sich wechselseitig. Diese Interaktion der rechnenden und der ideologischen Hälfte bestimmt auf individueller und kollektiver Ebene den jeweiligen »Mind-Set«, also den Bereich, in dem man sich wohl und sicher fühlt, die Mentalität des Denkens und Handelns.

Dabei ist die Wirkung der Wechselseitigkeit zum Teil noch drastischer, da die ideologische Hirnhälfte wie ein Filter fungiert und Informationen zur bewussten Weiterverarbeitung in der rechnenden Hirnhälfte zulässt oder unterdrückt, und zwar je nachdem, ob die Konsequenzen der Befassung mit gewissen Inhalten ins existierende Gesamtbild, also ins eigene subjektive Weltbild, passen oder nicht.

Beobachtung: Jeder kennt das Phänomen, wie unterschiedlich die Bewertung und die Erinnerung von Menschen sind, die an derselben Sitzung teilgenommen haben. Dies liegt daran, wie wir Komplexität reduzieren, stets in der Gefahr, sehr subjektiv und unbewusst bestätigende Informationen zu bevorzugen und widersprechende zu verdrängen. Psychologen sprechen von selektiver Kognizität.

Die beiden Hälften unseres Gehirns sind eben keine separate Zentren, die weit auseinanderlägen. Sie beeinflussen sich ständig. Dadurch können vermeintlich objektive Fakten individuell höchst unterschiedlich betrachtet werden. Dabei ist gar nicht so klar, wer wen dominiert, ob die rechte die linke oder die linke die rechte Struktur. Alle wahrgenommenen Dinge und Situationen verlieren jedenfalls in ihrer Auswertung und Beurteilung ihre scheinbare Objektivität. Das ideologische Hirn sorgt dafür, dass unweigerlich irrationale Aspekte in die Befassung einfließen.

Das rechnende Hirn betrachtet die Fakten und zieht rationale Schlüsse. Das ideologische Hirn bestimmt den Toleranzbereich, in dem sich Individuen oder Unternehmen bewegen können, ohne ihre angestammte Sicherheitszone (nicht die Komfortzone!) zu verlassen. Das ideologische Hirn signalisiert Bedenken und Unwohlsein, wenn Entscheidungen zum Verlassen dieser Sicherheitszone führen. Im Ergebnis steht unsere subjektive Wahrnehmung, also das, was wir als wahr annehmen. Alles zusammen bildet unser Bauchgefühl. Demnach bestimmen weder die reine Ratio und Logik noch die Gefühle und das erlangte Weltbild unser Tun. Statt dessen ruft ein in uns nicht bewusst ablaufender ständiger Dialog und Austausch unsere Einschätzungen und Entscheidungen hervor. Etwas unheimlich, komplex und schwer zu akzeptieren, aber eine Erfolgswurzel der Spezies Mensch.

Wie richtig ist in diesem Zusammenhang doch die alte Volksweisheit, kritische Entscheidungen noch einmal zu überschlafen, um dem Gärprozess Zeit bzw. dem Dialog von rechnender und ideologischer Hirnhälfte Raum zu geben. Schauen wir doch zurück in die Menschheitsgeschichte: Bei vielen Völkern, auch bei unseren Altvordern, wurden weitreichende Entscheidungen in einem zweistufigen Verfahren herbeigeführt. Zunächst rational in Versammlungen mit Rede und Gegenrede, mit der Überzeugungskraft der Argumente und Fakten. Doch erst, wenn sich die Lösung in einem anschließenden Gelage in einem Rausch, der den Verstand benebelte, der also das rechnende Hirn beeinträchtigte und dem ideologischen Hirn Entfaltungsmöglichkeiten gab, immer noch als gut und richtig erwies, galt sie als gesichert. Ein Ansatz, dessen direkte Verfolgung in der unternehmerischen Praxis nicht empfohlen wird, seine Weisheit allerdings sehr wohl.

Mit der rechnenden und der ideologischen Hirnhälfte haben wir ein Erklärungsmodell, wenn wir auf irrationales Verhalten oder auf sich nicht selbst erklärende kulturelle Unterschiede bei Menschen und Völkern sowie bei Unternehmern und Managern stoßen. Alle bewegen sich zwischen den beiden Polen »rational/faktenorientiert = Zahl« sowie »individuell/gefühlsorientiert = Bauch«. Zur Abrundung nun noch zwei Tricks unseres Gehirns, die andere Erfolgsfaktoren betreffen.

PROFESSIONELLE AUFGABENTEILUNG: DEN KOPF FREI HALTEN

Die lebenserhaltenden Funktionen des Menschen werden unterhalb unserer Bewusstseinsschwelle kontrolliert und gesteuert. Die bewusste Sphäre des Gehirns mit ihren Denk- und Entscheidungsprozessen wird wie von einem Autopiloten von Routineaufgaben freigehalten. Dabei geht es um unzählige Informationen, die ohne jede Toleranz akribisch aufgenommen und verarbeitet werden müssen.

Unser Gehirn beschäftigt sich eben nicht bewusst mit der lebenswichtigen Erhaltung unserer Vitalfunktionen (Atmung, Herzfrequenz, Körpertemperatur, Stoffwechsel). Flapsig gesagt: Entweder reicht die Zuverlässigkeit bewusster Denkprozesse für diese akribischen Anforderungen nicht aus oder unser Kopf soll für die großen, weitreichenden Entscheidungen verfügbar sein. Letzteres würde erneut darauf hindeuten, dass die Informationsverarbeitung für Routinen und strategische, übergeordnete Themen in unserem Modell des Gehirns verschieden erfolgt.

DIE LEUCHTENDE AUSNAHME VON DER REGEL: DER GEISTESBLITZ

Unser Gehirn verfügt über die Fähigkeit, sich trotz seiner sonst durch das Vergangene vorgeprägten Einschätzungen und Reaktionen, plötzlich aus diesen Fesseln zu befreien, manchmal aus Not und manchmal ohne erkennbaren Anlass. Es verlässt seine ausgetretenen Trampelpfade und legt eine neue Entwicklungslinie an. Kennen Sie nicht auch das Gefühl, dass irgend etwas nicht in Ordnung ist, dass etwas nicht passt, dass man stutzt, dass es in einem arbeitet, bis der Ausbruch aus diesem »Gedankengefängnis« erfolgt, und zwar in Form eines spontan erlösenden Gedankens. Dies geschieht übrigens meistens dann, wenn man sich nicht aktiv mit den »anstößigen« Problemen befasst. Unsere beiden Hirnhälften haben eine gemeinsame Antwort auf eine offenbar schwelende Frage gefunden. Sie begegnet uns als ein Geistesblitz, der die vorgeprägten Denkmuster sprengt. Warum und wann unser Hirn seine alten, wohlbekannten Bahnen verlässt und neue Kombinationen (Synapsen) sucht, ist nicht klar. Es geschieht einfach und unser ideologisches Hirn hat offenbar nichts dagegen. Ein Ereignis, das uns überraschend und unangekündigt auf völlig neue Felder locken kann.

Im Rahmen unseres Erfolgsmodell überwiegen die erfahrungsbasierten Entscheidungen deutlich gegenüber denen, die sich Geistesblitzen verdanken. Diesbezüglich lehrt die Erfolgsgeschichte der Menschheit, dass die evolutionäre Vorgehensweise für das Überleben günstiger ist. Solche Entwicklungen sind Anpassungen oder Weiterentwicklungen des Bestehenden. Die Auswirkungen sind überschaubar, das Risiko ist relativ gering. Man bleibt dabei mit einem Bein in der Komfortzone, also in einem Kontext, in dem man sich auskennt und wohlfühlt. Das ist bei revolutionären Innovationen ganz anders. Hier springt man schlicht ins kalte Wasser, oft ohne Weg zurück. Hierzu gehören Mut, Neugierde und Selbstvertrauen. Eigenschaften, deren Ausprägung ganz massiv durch frühere Erlebnisse, Erfolge oder Misserfolge beeinflusst werden. Wohldosierte Geistesblitze, die ich in diesem Zusammenhang von nun an als revolutionäre Ideen bezeichne, sind insofern das Salz in der Suppe jeder Entwicklung. Diesem Gedanken und dem Thema der Kreativität gehen wir noch im Hinblick auf die Wege des Wachstums nach.

ENTSCHEIDUNGSGRÜNDE | BLICK AUF DEUTSCHE UNTERNEHMEN

Die Unternehmensstruktur in Deutschland (nach Betriebsgrößenklassen)
In Deutschland gibt es über drei Millionen Unternehmen, zu denen bei vollständiger Darstellung noch einige hunderttausend Kleinstbetriebe und Einmannfirmen kommen. Weniger als zehntausend Einheiten sind Großunternehmen. 30 Konzerne bilden den Dax. Die Abgrenzung nach Größe ist jedoch schwierig und uneindeutig. Je nach Definition und Mix der Kriterien (Gattung, Mitarbeiterzahl, Umsatz, Wertschöpfung, Bilanzsumme) ergeben sich wechselnde Zuordnungen.

Ganz grob ist festzuhalten, dass die Größenverteilung deutscher Unternehmen bildhaft übersetzt eine recht bald spitz zulaufende Pyramide mit einer sehr breiten Basis kleiner und kleinster Unternehmen (über 99 % von allen) ist, wobei die letzteren einzeln betrachtet nur relativ geringfügige Erträge zustande bringen, während die sehr wenigen wirklich stattlichen Unternehmen (weniger als 0,3 % von allen) durch die Bank sehr nennenswerte Umsätze erwirtschaften. Es gibt also am oberen Ende der Skala eine verschwindend kleine Gruppe meist multinational oder global aktiver Konzerne sowie am unteren Ende zahllose lokal und regional tätige Klein- und Kleinstbetriebe. Dazwischen befindet sich eine Pufferzone von allerhöchstens 90.000 (in unterschiedlicher Form international agierenden) Unternehmen, die dem (gehobenen) Mittelstand zuzurechnen sind.

Die mittlere und die obere Gruppe, die auch zusammengenommen nur einen ganz geringfügigen Prozentsatz an der Gesamtmenge ausmachen, repräsentieren den Löwenanteil des Gesamtumsatzes aller deutschen Unternehmen, während die vielen Kleinbetriebe in unserem Land insgesamt die Mehrzahl der Arbeitnehmer beschäftigen. Insofern überrascht nicht, dass die Anforderungen und die Gegebenheiten in den drei Größenklassen sehr verschieden sind. Gleichwohl lohnt die Befassung mit diesen Charakteristika im Zuge unserer Suche nach Erfolgsfaktoren sehr. Zu diesem Zweck werden die drei Unternehmensgruppen (groß, klein, mittel) weil es gar nicht anders geht, typisiert und vielleicht auch überzeichnet. Dies dient dazu, gewisse Rückschlüsse ziehen und Zusammenhänge zeigen zu können, um den Preis, dass die real vorliegenden diversen Vorgehensweisen und Überzeugungen etwas über einen Kamm geschoren werden.

Nicht verschwiegen werden sollte auch, dass diese Typisierung ein artifizieller Ansatz ist. Tatsächlich ist es ja so, dass fast alle Firmen historisch klein angefangen haben. Heute starke Mittelständler und Konzerne haben irgendwann mit einfacheren Strukturen und Verhaltensweisen in einer anderen Liga begonnen. Die Erfolgsfaktoren, die wir suchen, sind also auch im Zusammenhang mit dem Alter und dem Entwicklungsstadium von Unternehmen zu sehen. Die Typisierung findet ihre Rechtfertigung darin, komplexe Fragen recht plausibel zu beantworten.

DOPPELROLLE DER CHEFS: KLEIN- UND KLEINSTUNTERNEHMEN

In diese Gruppe fallen die meisten Arztpraxen, Rechtsanwalts- und Steuerberaterkanzleien sowie andere Freiberufler, das Bau- und Gaststättengewerbe, Werkstätten und die vielen Handwerksbetriebe. Firmen, die meist mit bis zu zehn Mitarbeitern deutlich weniger als eine Million Euro Umsatz machen. Der Geschäftszweck ist klar definiert und strikt auf die jeweilige Tätigkeit fokussiert. In der Regel beschäftigt man sich mit regelmäßig nachgefragten Standardprodukten und Standarddienstleistungen, um das lokale Umfeld des Standorts zu versorgen.

Einzelunternehmer, also voll haftende eingetragene Kaufleute, und Personengesellschaften, in denen mehrere Menschen mit ihren Einlagen haften, die in einer OHG, einer GbR oder einer KG einem gemeinsamen Unternehmenszweck nachgehen, wobei die geschäftsführenden Kommanditisten, die Komplementäre, persönlich haften, sind die absolut häufigsten Rechtsformen in dieser Gruppe.

Die Übersichtlichkeit des Geschäfts und seiner Strukturen sowie die klare Dominanz und Verantwortlichkeit des Chefs, der zugleich Gesellschafter ist, charakterisieren diese Firmen. Alle unternehmerischen und operativen Aufgaben konzentrieren sich auf eine (oder einige wenige) Person(en). Der Chef bestimmt alles. Er muss nur sich selbst Rechenschaft ablegen. Firma, Chef und Kapitalgeber sind eins. Der Überlebenskampf der Gesellschaft ist sein eigener Überlebenskampf.

Dabei sind die Erkenntnisse und Methoden der Wirtschaftswissenschaften auf diese kleinen Betriebe gar nicht zugeschnitten, aber sie brauchen diese Art theoretischer Professionalität auch nicht unbedingt. Ihre Öffentlichkeitsarbeit konzentriert sich auf Bekanntheit und Reputation bei Kunden (und Lieferanten), bei Patienten, Mandanten und Meinungsbildnern im direkten Einzugsbereich. Banken und Fiskus erfahren das unvermeidliche, notwendige Maß an Aufmerksamkeit.

Der gewünschte Geschäftserfolg verdankt sich guter Arbeit, viel Erfahrung auf dem klar definierten Feld, dauerhaft hoher Qualität und etwas Mund-zu-Mund-Propaganda, zumindest solange die alles tragende Person der Firma zur Verfügung stehen kann. Problematisch ist oft die Übertragung des Geschäfts auf einen Nachfolger, ob (traditionell bevorzugt) aus der eigenen Familie oder von außen.

Halten wir also fest: Das Geschäftsmodell der Kleinbetriebe ist typischerweise durch klassische Produkte und Dienstleistungen definiert, die in einem überschaubaren Einzugsbereich angeboten werden. Die Firmen haben einfache Prozesse und Strukturen, die durch die Erfahrung, die Überzeugungen und die Persönlichkeit des Chefs geprägt worden sind, der zugleich (Haupt-)Gesellschafter ist. Betrachten wir nun wegen des starken Kontrasts das andere Extrem, die Welt der Konzerne.

AUSHÄNGESCHILDER DER WIRTSCHAFT: GROSSE UNTERNEHMEN

Diese prominente Gruppe besteht aus Unternehmen, deren Jahresumsatz (»Top 100«) über 5 Milliarden Euro und bei den zehn allergrößten sogar über 50 Milliarden Euro liegt. Jeder dieser Konzerne beschäftigt mindestens einige 10.000, manche auch einige 100.000 Mitarbeiter. Diese Dimension und die aus ihr resultierende Macht sind die auffallendste Erkennungszeichen dieser »Global Player«. Die weltweit bekannten Vertreter dieser Gruppe sind die Gallionsfiguren unserer Wirtschaft. Sie haben den Stammsitz in Deutschland und sind mit eigenen Niederlassungen und Gesellschaften in allen relevanten Ländern rund um den Globus präsent. Weitere Kennzeichen sind diese Internationalität und die große Bekanntheit. Diese Giganten bestimmen das Bild, das Ausländer von der deutschen Wirtschaft haben. Hinzu kommen das gute Image im Hinblick auf die Qualität (»Made in Germany«) und der Aspekt der Spitzentechnologie. Die konsumorientierten Produkte dieser Anbieter rangieren oft im oberen Preisbereich für eine Käuferklientel, die, zumal in Übersee, ihren hohen sozialen Status darstellen will.

Wir finden diese Konzerne in den Industriesegmenten, die den täglichen Bedarf breiter Bevölkerungsschichten bedienen, auf den Feldern Energie, Mobilität, Logistik, Kommunikation, Gesundheit, Nahrung, Bekleidung und Wohnen. Hinter diesen, unmittelbar auf die Konsumenten ausgerichteten Unternehmen stehen andere Konzerne, die ihnen Rohstoffe, Vorprodukte und Prozesstechnologien zuliefern, etwa die Stahlindustrie, die Chemie-Industrie und der Maschinenbau. Obwohl alle diese Firmen Spitzentechnologien betreiben und weiterentwickeln, richten sie ihr Augenmerk auf die international effiziente Versorgung möglichst vieler Verbraucher mit hochwertigen, aber standardisierten Massengütern aus.

Da die dazu erforderlichen Produktionsanlagen enormer Investitionen bedürfen, müssen diese Firmen kritische Größen und eine entsprechende Marktbedeutung erreichen, um die erforderlichen Finanzierungen zu schultern. Der weltweite Betrieb von Fertigungsstätten mit der Möglichkeit, konzernintern von Technologietransfers und vielseitigem Marktzugang zu profitieren, erlauben es, die ebenfalls enormen Fixkosten durch Skaleneffekte (»Economies of scale«) abzudecken, indem Rationalisierungspotentiale konsequent genutzt und Kostenvorteile im Kampf um Wachstum realisiert werden, angefangen beim Einkauf von Rohstoffen. Marktführerschaft bedeutet oft Kostenführerschaft. Die hohe Kapitalintensität bedingt ferner die allgemein ausgeprägte Planungs- und Controlling-Kultur.

In diesen Konzernen gibt es eine ungeheure Kompetenz und im Rahmen starker Arbeitsteilung viel Expertenwissen auf höchsten Niveau, zwei absolute Pluspunkte, die auch durch die Präsenzen im europäischen Ausland und auf anderen Kontinenten, speziell in den Schwellenländern, zu erklären sind, wobei der hohe Bekanntheitsgrad als Teil dieser Kompetenz nicht vergessen werden darf. Das professionell betriebene Management stützt sich auf die neuesten Erkenntnisse und Methoden der Wirtschaftswissenschaften, begünstigt dadurch, dass diese Disziplin ihr Forschungsinteresse ohnehin überwiegend auf die Konzernwelt ausgerichtet hat. Betrachtet man die Strukturen und die Größenverteilung der deutschen Unternehmen, heißt dies, dass eine kleine, aber sehr bedeutende Minderheit die Maßstäbe setzt. Eine Folge dieses Umstands ist, dass wichtige Aspekte, nämlich fast alles, was sich auf »weiche« Faktoren bezieht, unterbelichtet bleiben. Dies tritt später noch im Abschnitt über Akquisitionen sehr anschaulich hervor.

Bei alledem überrascht nicht, alle Ausprägungen einer Bauernkultur vorzufinden, die wir mit ihren streng formalisierten Abläufen, Regeln und Organisationsstrukturen noch näher kennenlernen. Ein in seinen Konsequenzen weitreichender Unterschied zu den kleinen Unternehmen liegt im ungehinderten Zugang zu Kapital und damit auf der Eigentümerseite. Ist der Chef und Eigentümer im

Kleinbetrieb fast immer ein und dieselbe Person, fallen Management und Besitz bei den Konzernen auseinander. Großunternehmen sind Kapital- und Publikumsgesellschaften, die meist in der Rechtsform der AG (Aktiengesellschaft) agieren, neuerdings auch als SE (»Societas Européenne«). Geld wird am Kapitalmarkt im In- und Ausland bei Banken, institutionellen Investoren und bei (Klein-)Aktionären beschafft. Die Aktionäre sind als Gesellschafter Kapitalgeber, die ihre Anteile täglich aufstocken oder abstoßen können. Dieser Sachverhalt hat Folgen.

GETRIEBEN VOM MARKT: STRIKTE ÖFFENTLICHKEITSORIENTIERUNG

Die Aktionäre (»Shareholder«) und eine möglichst breite Öffentlichkeit (»Stakeholder«) stehen folglich im Fokus der Vorstände der Konzerne. Die Unternehmen müssen ständig sehr bewusst sowohl ihre »Investor Relations« als auch ihre »Public Relations« im Blick haben und sich attraktiv »verkaufen«. Diesbezüglich ist an den Bankier Carl Fürstenberg (1850 - 1933) zu erinnern, der hier mit zwei markanten Bonmots zitiert werden soll. Das eine lautet: »Aktionäre sind dumm und frech. Dumm, weil sie Aktien kaufen und frech, weil sie dann noch Dividende haben wollen.« Die andere: »Der Reingewinn ist der Teil der Bilanz, den der Vorstand beim besten Willen nicht mehr vor den Aktionären verstecken kann.«

Heute gilt, dass der Aktienkurs durch regelmäßige, proaktive Informationen »gepflegt« werden muss, möglichst durch gute Nachrichten. Die Aktionäre, aber auch große Geldinstitute, professionelle Analysten, Rating-Agenturen und die Wirtschaftsmedien wollen als wichtige Meinungsbildner für bestehende und potentielle Kunden/Aktionäre mindestens quartalsweise mit Zahlen, Fakten und Prognosen bedient werden. Durch diese ständige Berichterstattung entsteht der Zwang, kurzfristig zu denken und zu handeln. Stetige Erfolgsmeldungen sind auf dem Börsenparkett erwünscht, werden vom Publikum beklatscht und sind vor allem gut zu vermitteln. Das artet jedoch mitunter in opportunistischen Aktivismus aus. Maßnahmen, die den Ertrag rasch steigern (Börsen begrüßen Personalabbau losgelöst vom Beweggrund mit Applaus), sind besser zu vermitteln, als teure Vorleistungen für langfristig zukunftssichernde Schritte von Unternehmen.

Vor diesem Hintergrund sind Forschung und Weiterentwicklung notwendig, um die internationale Wettbewerbsfähigkeit zu erhalten, aber auch, um die Erwartungshaltung der mit Argusaugen ausgestatteten Finanzexperten, die Konzerne wie Wertungsrichter beim Eiskunstlauf beurteilen, zu erfüllen. In dieser Situation kann sich niemand auf rare Geistesblitze verlassen, sondern die Vorstände lassen ständig an Innovationen und Optimierungen arbeiten, wobei dieser große Aufwand außerordentlich zahlenorientiert ist und sich stark auf Methoden stützt, etwa auf das »Stage-Gate«-Modell. Erfolge sollen so generell bewusst geplant und anschließend konsequent aus dem System heraus herbeigeführt werden.

In diesem Sinne sind die Entscheidungen von Konzernen insgesamt von harten Zahlen und Fakten getrieben, und zwar unabhängig davon, ob deren Interpretation immer zutreffend ist. Dasselbe gilt für ihre Informationspolitik und für ihre Kommunikation. Konzerne haben de facto auch gar keine andere Wahl. Um den kritischen Fragen und Kommentaren der vielen externen Auguren standzuhalten und ihr Marktgebaren zu rechtfertigen, muss (theoretisch) alles nachvollziehbar und mehrheitsfähig sein. Das heißt, dass die internen Handlungsvorgaben und die Öffentlichkeitsarbeit einer strengen Logik und Rationalität folgen. Ganz anders also als in den »aus dem Bauch« operierenden Kleinbetrieben.

Zahlen, Daten, Fakten (ZDF): Uniforme Unternehmensführung

Diese Dominanz der Logik und Rationalität prägt dementsprechend auch das Führungsverständnis großer Unternehmen. Mehrere Vorstände müssen gemeinsam Entscheidungen treffen und deren Folgen zumindest im Hinblick auf Erfolg und Misserfolg verantworten. In dem Bemühen, diese Entscheidungen fehlerfrei bzw. in einem späteren Rückblick zumindest so getroffen zu haben, dass es nicht gut möglich ist, (haftungsrelevante) Vorwürfe zu formulieren, ist kein Platz für unorthodoxe individuelle Ideen und Entschlüsse. Statt dessen sind Kompromisse einzugehen. Vorbereitende Stellungnahmen diverser Fachabteilungen, die bestimmte Fragen wie in Ministerien oder Behörden voruntersuchen, sowie die zu erwartenden externen Reaktionen werden ständig reflektiert und fließen als Bedingungen in die Entscheidungen ein. Insofern bleibt kaum Raum für Intuition. Spätestens dann, wenn Aufsichtsrat, Hauptversammlung und Analysten Erklärungen fordern, geht es um die Mehrheitsfähigkeit der Argumentation. Alles, was jetzt durch Zahlen (Rechnungen), Daten und Fakten belegbar ist, dient dazu, das eingeforderte Gefühl von Sicherheit, Objektivität und Richtigkeit zu vermitteln.

Dass Vorstände nur für einige Jahre Verantwortung tragen und in dieser Zeit »gut aussehen« wollen, auch, um ihren Vertrag verlängert zu bekommen, fördert die Tendenz, so vorzugehen, dass bei Bedarf breite Akzeptanz hergestellt werden kann. Ebenso wird kurzfristige Wertsteigerung scheinbar belohnt. Beides unter dem Zwang, Erfolge rasch sichtbar zu machen. Daher besteht die Gefahr, Berechenbares und Erwartetes zu tun, auch, wenn man nicht voll und ganz dafür ist.

Diese Beschreibung einer verrationalisierten Welt soll kein Verriss sein. Kosten und Skaleneffekte, Materialflüsse, Kapitalflüsse und viele andere wichtige Dinge mehr haben für Konzerne existentielle Bedeutung. Diese Themen können und müssen in Zahlen und Formeln abgebildet werden. Doch aus der dem eigenen Selbstverständnis geschuldeten Verpflichtung, sich ausschließlich rational geben zu müssen, entsteht eine unangemessene Dominanz schematischen Denkens, die sich in der Zahlenfixiertheit spiegelt. Darüber hinaus prägen weitere Faktoren die Spielregeln der ganz Großen: Die volkswirtschaftliche Bedeutung jedes Konzerns, seine sektorale und seine beschäftigungspolitische Funktion sind so ausgeprägt, dass das ständige Echo der Öffentlichkeit, das allzu risikoreiche und individuell beeinflusste Handlungsweisen unwahrscheinlich macht, seine Berechtigung hat. Sie sind, wie wir in der Finanzkrise an Banken lernten, »too big to fail«.

Ob dieser Unternehmenstyp allerdings von der Betriebswirtschaftslehre als allgemeingültiger, vorbildlicher Modell- und Regelfall angesehen werden sollte, wage ich zu bezweifeln. Eher ist es wohl so, dass es eine Folge dieser strikten Ausrichtung der Betriebswirtschaftslehre auf Phänomene der Konzerne ist, wenn die rationalen Komponenten und die harten Faktoren weit mehr als die irrationalen Einflüsse und die weichen Faktoren, die wir bei den Kleinen herausgearbeitet haben, den Unternehmensalltag prägen. Zu menscheln passt nicht in diese Welt!

REGELTREUE ALS URPRINZIP: SICH SELBST STEUERNDE STRUKTUREN

Auch diesbezüglich hat die schiere Größe ihre Folgen. Merkmale von Konzernen sind (im Organigramm) klare, tief gestaffelte Hierarchien, hohe Arbeitsteilung und hohe Verantwortungsteilung sowie ausgefeilte Regelwerke mit einem Hang zur Bürokratie und latenter Intransparenz. Die Unterschiede im Hinblick auf den »eigenmächtig« handelnden Kleinunternehmer könnten krasser nicht sein, sind aber natürlich auch den dimensionsbedingten Notwendigkeiten geschuldet. Wir blicken eben nicht auf eine Handvoll Mitarbeiter, die unmittelbar von ihrem Chef gemanagt werden können, sondern auf komplexe Sozialgebilde. Je größer und komplexer diese Strukturen werden, und das sind ja gerade die Kernmerkmale dieser Unternehmensgruppe, umso mehr steigt der Aufwand zur Koordinierung und Ausrichtung aller Einheiten, Abteilungen und Menschen. Besonders die Beschäftigung mit kleineren, oft historisch oder durch Zukäufe begründeten (Rand-)Aktivitäten, seien es Marktnischen oder Nebenprodukte, werden bald als lästig und störend im Konzert der mächtigeren Aktivitäten empfunden und laufen über kurz oder lang Gefahr, übersehen zu werden, zu verkümmern und dann beendet zu werden. In einem großen Unternehmen zählt insbesondere Größe!

Konzerne brauchen wie alle anderen größeren Gemeinschaften und Gruppierungen Strukturen und Regeln, die das Zusammenspiel der vielen Beteiligten gewährleisten. Damit gewinnt das Kollektiv gegenüber dem Individuum an Bedeutung. Was erlaubt ist und was nicht, bestimmen firmenweit gültige Normen und nicht mehr so sehr der persönliche Wertekanon. Das ist so und muss auch so sein. Nachteilig ist, dass es in diesem wirtschaftlichen Umfeld reichen kann, zumindest aber Mitarbeitern so erscheinen mag, dass es am Wichtigsten wäre, sich an offenkundige Vorgaben gehalten und keinen Fehler gemäß dieses Regelwerks gemacht zu haben, obwohl das Ergebnis viel von Eigeninitiative profitiert hätte.

Eine grundsätzlich sinnvolle, unverzichtbare Verwaltung (Bürokratie), die dazu da ist, die Zusammenarbeit gerecht, fehlerunanfällig, rational und effektiv zu gestalten, muss sich hüten, durch Regelungswut in Bürokratismus zu erstarren. Sie erweist sich ohnehin oft genug als zu starr und weniger hilfreich als der aus dem System eliminierte gesunde Menschenverstand eines Mitarbeiters, der seine Verantwortung lebt. Wie jede Medaille hat also auch die Größe von Unternehmen ihre Kehrseite. Die Steuerbarkeit wird durch Verzicht auf Flexibilität erkauft.

KARRIERE STATT IDENTIFIKATION: MITARBEITER UND IHRE MOTIVATION

In tief gestaffelten Hierarchien mit hoch spezialisierten Einheiten, die strukturell nur noch Teile, nicht aber mehr zugleich das Ganze im Blick haben, ist es für Mitarbeiter viel schwerer als in transparenteren kleineren Firmen, ihren eigenen Beitrag am Gesamterfolg zu sehen. Der Aufstieg in diesen Hierarchien ersetzt ein Stück weit die Anerkennung und die Motivation, die sich normalerweise aus der Aufgabe und dem eigenen (kreativen) Handeln ergeben. Diese Identifikation mit der eigenen Rolle und die Befriedigung, die sich aus der oft erst viel später feststellbaren erfolgreichen Bewältigung der damit verbundenen Herausforderungen und Probleme ergibt, bestimmen das Verhalten untereinander nur noch bedingt. Im Ansehen innerhalb (und außerhalb) der Firma ist der nächste Karriereschritt im Hinblick auf neue Tätigkeiten wichtiger als die gute Erfahrung, eine Idee, ein Projekt oder ein Produkt erfolgreich zum Abschluss gebracht zu haben (»Nach mir die Sintflut!«). Auch hier ist die Betonung der Kurzfristigkeit unübersehbar, oft mit negativen Konsequenzen, etwa durch häufige Stellenwechsel in Konzernen, unter denen die Betreuung von Kunden und die Kontinuität in der Projektentwicklung leiden. Beständigkeit und Stabilität wären sicher wichtiger.

Andererseits sind (gut zahlende) Konzerne als Arbeitgeber mit hohem Markenstatus und internationalem Flair sehr begehrt. Während in kleinen Unternehmen im Wesentlichen das Fachwissen, das Können und (im wahrsten Sinne des Wortes) die langfristige Loyalität der Mitarbeiter zum Inhaber und zu seinem Geschäftsmodell zählen, verlangt der Aufstieg in Konzernen durch die Qualifizierung in verschiedenen Funktionen nicht nur fachliche Fähigkeiten auf bestimmten Feldern, sondern auch allgemeine Managementkompetenz. Konzerne bilden durch diese immanenten Charakteristika den Gegenpol zu Kleinunternehmen:

- Kapital und Geschäftsführung liegen nicht in einer Hand, was erhebliche Konsequenzen für das Verhalten der Vorstände und Führungskräfte sowie für die Ausübung von Verantwortung hat.
- Erwartungen werden selbst definiert sowie stark von außen herangetragen.
- Individualität tritt hinter eine starke Gemeinschaftsorientierung zurück.
- Professionalität wird als streng rationales, methodisches, zahlenorientiertes Agieren verstanden. Der »Bauch«, Unbewusstes und Gefühle, findet, zumindest im öffentlichen Bekenntnis, kein Gehör.
- Kurzfristige Erfolge sind wichtiger als langfristige Zukunftsfähigkeit. Branchenführer sind durch ihre Größe und ihre breite Aufstellung geschützt. Sie gelten in ihren heimischen Volkswirtschaften als systemrelevant (»too big to fail«).
- Der Zugang zu Kapital erlaubt Wachstum durch Zukäufe. Auch auf Technologiesprünge kann man mit seinen tiefen Taschen im Notfall zeitnah durch Akquisitionen von Pionierfirmen reagieren.
- Der hohe Kapitaleinsatz und die Größe erklären eine »Bauernkultur« (Berechenbarkeit, Strukturen, Hierarchien, Normen, Planung, Controlling), wie wir sie noch näher kennenlernen werden.
- Globale Präsenz zur Herstellung und zum Absatz standardisierter breiter Sortimente. Konzerne prägen und beherrschen den Weltmarkt und wachsen durch die Zunahme der globalen Nachfrage.

MERKSATZ | DAS SELBSTVERSTÄNDNIS UND DIE SPIELREGELN KLEINER UND GROSSER UNTERNEHMEN UNTERSCHEIDEN SICH DIAMETRAL, WAS MIT DEN KONTRÄREN BEGRIFFEN »BAUCH« UND ZAHL PLAKATIV ZU BELEGEN IST.

Schauen wir, was wir jetzt von der bisher ausgesparten spannenden Gruppe der Mittelständler und zwar vor allem von den »Hidden Champions« lernen können.

DIE HEIMLICHE ELITE: MITTELSTÄNDISCHE FAMILIENUNTERNEHMEN

Diese Gruppe liegt in allen relevanten Parametern zwischen den wenigen ganz Großen und den vielen ganz Kleinen. Obwohl auch hier die Abgrenzung schwierig ist und je nach Definition schwankt, geht es mir hier um den gehobenen Mittelstand, der fast ausschließlich aus konzernunabhängigen Unternehmen in Familienbesitz besteht. Knapp 5.000 dieser Firmen erzielen zwischen 50 Millionen und einer Milliarde Euro Jahresumsatz. 200 erlösen mehr als eine Milliarde. Auffällig ist eine prominente Untergruppe, die Namensgeber Hermann Simon »Hidden Champions« getauft, untersucht und in mehreren Büchern publiziert hat.[4] Das Bundesministerium für Wirtschaft und Technologie stufte 2012 rund 1.300 deutsche Mittelständler in diese Kategorie ein. Ihr durchschnittlicher Umsatz liegt bei 300 bis 400 Millionen Euro, also etwa zwei Zehnerpotenzen über dem Umsatz der ganz Kleinen und etwa zwei Zehnerpotenzen unter dem Umsatz der ganz Großen. Diese interessante Gruppe sollte zu Beantwortung unserer Leitfrage nach den verborgenen Erfolgsfaktoren besonders ergiebig sein. Auf sie wollen wir nun unsere Erkenntnisse aus dem »Erfolgsmodell Hirn« anwenden. Was beschreibt diese heimliche Elite? In der Literatur findet man diese Kriterien:

- Ihre Hauptprodukte, häufig mit Alleinstellungsmerkmalen, haben sie fast immer als Innovationen selbst entwickelt und eingeführt. Sie bieten in ihren Nischen nichts an, was andere auch produzieren.
- Diese Idee wird mit Passion, bisweilen auch mit Obsession verfolgt und zum Erfolg geführt, so wie man sein eigenes Kind behütet und voller Stolz aufzieht und fördert, bis es selbständig besteht.
- Die Unternehmen sind öffentlich kaum oder gar nicht bekannt (»hidden«).
- Auch ihre Produkte, Komponenten oder Prozesstechnologien, die im Endprodukt für den Verbraucher als verbaute Teile oft nicht mehr erkennbar sind, bleiben eher unauffällig (»hidden«). Sie entstammen oft dem Maschinenbau und der Elektroindustrie, aber auch anderen Industriezweigen.
- Sie führen in ihrer Nische, oft sogar in Europa oder weltweit (»Champions«).
- Sie sind konzernunabhängig und fast alle eigentümergeführt oder familiendominiert.
- Kundennähe und finanzielle Unabhängigkeit gehören zu ihrem Credo.
- Sie sind überdurchschnittlich erfolgreich und wachsen bei hoher Profitabilität schneller als ihre Wettbewerber.

In diesem Sinne handelt es sich offenbar um eine herausragende Gruppe von Unternehmen, die dem übergeordneten Ziel, langfristig überlebensfähig und erfolgreich zu sein, besonders gerecht wird. Was können wir von diesen Firmen lernen?[5]

GANZ BESTIMMTES SCHEMA: ERFOLGSFAKTOREN IM MITTELSTAND

Die Erfolgsgeschichte von Familienunternehmen beginnt meist mit einer (bahnbrechenden) Idee des Firmengründers, der mit seinem neuen Marktansatz einen dauerhaften Wettbewerbsvorteil schafft. Diese tragfähige Idee war in der Regel nicht das Resultat perfekt organisierter Forschungs- und Entwicklungsressourcen, sondern sie verdankte sich einem Geistesblitz, einer kreativen, eleganten Lösung für ein weit verbreitetes Problem, das bislang nur aufwendig zu beherrschen war.

Eine Ausnahme liegt vor, wenn das junge Unternehmen eine Ausgründung war. In solchen Fällen verlassen mutige Menschen, die von ihren Fähigkeiten und ihren Lösungsangeboten überzeugt sind, eine größere Firma, eine Forschungseinrichtung oder eine Universität, die an der Fortführung ihrer oft nicht einmal marktreifen Vorhaben kein Interesse hat oder für ihre weitere Verfolgung keine Möglichkeiten sieht, und machen sich mit der Projektidee selbständig. Dabei werden die Gründer der Vater oder die Mutter des Gedankens, eines Geistesblitzes, sein.

Das unerschütterliche Vertrauen in den Erfolg bestimmt das Denken und Handeln dieser Menschen, selbst dann, wenn sie mit ihrer Überzeugung mitunter alleine stehen. Für profunde Analysen und Projektionen fehlen Zeit und Geld und oft auch die eigentlich notwendigen belastbaren Fakten. Daher fällt diesen begeisterungsfähigen Innovatoren auch die externe Finanzierung ihrer Aktivitäten schwer. Sie sind jedoch bereit, ihre Ersparnisse für ihre Überzeugung einzusetzen und Einschränkungen zu akzeptieren. Dabei bestimmt eindeutig die ideologische Hirnhälfte mit ihren subjektiven Bewertungen und Erwartungen das Verhalten. Kein errechnetes Kalkül, etwa in Form eines ausgefeilten Business-Plans, sondern Neugierde und innere Kraft, unbelegte Annahmen, Ehrgeiz und der starke Wille, es der Welt zu beweisen, alles weiche, eher irrationale Faktoren, begründen und treiben solche Entscheidungen. Diese Menschen gehen daraufhin ohne Wenn und Aber unbeirrt ihren Weg. Insofern erstaunt nicht, dass Lehrbuchweisheiten und akribische Planungsmethoden kaum beherzigt werden.

Wenn ein neu gegründetes Unternehmen den Kinderschuhen entwachsen ist, reift laut Literaturangaben mit einer Erfolgswahrscheinlichkeit von rund 30 % eine Firma heran, die sehr von ihrem Gründer, der für alle relevanten Entscheidungen verantwortlich ist und sich auch verantwortlich fühlt, weil er für seine Entscheidungen persönlich haftet, geprägt ist. Sein »Mind-Set« bestimmt auch die herrschende Unternehmenskultur. Dem Gründer geht es nach der Pionierphase um den langfristigen Erfolg, schließlich um sein Lebenswerk und um dessen Fortbestehen. Er vermeidet risikoreiche Sprünge und zieht es vor, die Zukunft in kleinen Schritten zu gestalten. Dabei sind die Erwartungen Dritter nachrangig für ihn. Zudem ist er bestrebt, finanzielle Abhängigkeiten zu vermeiden. Die Sicherheit, die aus der selbstgesetzten Eigenkapitalquote (meist über 40 %) resultiert, wird zu Lasten rasanter Wachstumschancen favorisiert. Solide zu agieren ist viel wichtiger als spektakulärer Erfolg (und die Kür zum Manager des Jahres).

Im Lichte dieser Ausführungen konzentrieren sich »Hidden Champions« auf ihre Idee und besetzen eine Nische. Das heißt, dass sie sich bewusst spezialisieren und das Erreichte ständig weiter verbessern, ein Zeichen bewusst evolutionärer Entwicklung, die wir im zweiten Teil des Buchs besprechen. Die Wachstumsstrategie hält am erfolgreichen Gründungskonzept fest und strebt sukzessive eine kontrollierte globale Ausdehnung an. So verwundert nicht, dass die »Hidden Champions« heute im Schnitt mehr als die Hälfte ihres Geschäfts im Export abwickeln.

Dabei stellt der Aufbau des Auslandsgeschäfts für diese Mittelständler eine besondere Herausforderung mit hohen Eintrittsbarrieren dar. Was die Konzerne mit ihrem hohen Bekanntheitsgrad und ihren finanziellen Ressourcen oft vor vielen Jahrzehnten begonnen haben, muss mit relativ begrenzten Mitteln und anfangs noch ohne die Wirkung eines klangvollen Namens international zunächst in den wichtigsten Märkten nachgeholt werden, nämlich der Aufbau kundennaher Strukturen. Indessen sind die Anforderungen und Erwartungen an die spezifische Beschaffenheit und an die Qualität von Angeboten in verschiedenen Regionen der Welt sehr verschieden. Wer da nicht nah am Abnehmer ist, kann seine Ansprüche als Marktführer und Technologieführer nicht behaupten. Deshalb ist diese absolute Kundennähe bei hohem Spezialisierungsgrad und strikter Nischenorientierung für »Hidden Champions« noch erheblich wichtiger als für Konzerne. Sie ist ein Charakteristikum dieser interessanten Gruppe von Unternehmen.

Bei alledem geht es ja nicht um austauschbare, weltweit standardisierte Produkte und um Kostenführerschaft, sondern um ausgereifte Problemlösungen, die zu einem bedeutenden Teil in spezifischer Form erbracht werden. Dies setzt enge, vertrauensvolle Beziehungen zu Kunden voraus, in denen gemeinsame Erfahrungen gemacht werden, die ständige Optimierungen des Angebots bedingen. Dieses fast symbiotische Miteinander treibt die evolutionäre Weiterentwicklung der Produkte, Dienstleistungen und Prozesse. Eine unendliche Lernkurve, von der alle Aktivitäten, auch das Wachstum in diversen Ländermärkten, profitieren.

Die Mittelständler, die diesen Weg gehen, sehen sich jedoch in einer strategischen Zwickmühle: Einerseits möchte man sich in eigenen, gut kontrollierbaren Strukturen bewegen, andererseits weiß man um die Bedeutung der engen Zusammenarbeit mit seinen Kunden, um die ständig zu pflegende Nähe zu ihnen, die natürlich auch Offenheit für Einflüsse von außen bedeutet, um mit seinem Nischenangebot Bekanntheit, Reichweite und Reputation aufbauen zu können. Da manche Eintrittsbarrieren aus vielerlei Gründen hoch sind, wird der Einstieg in neue Auslandsmärkte oft durch Kooperationen, »Joint-Ventures« und Akquisitionen gesucht. Aspekte, auf die es sich lohnt, noch zurückzukommen.

Typisch für die »Hidden Champions« scheint zu sein, dass der Einstieg über Dritte jedoch nur erwogen wird, um im Ausland Fuß zu fassen. Tatsächlich wollen sie so bald wie möglich auch in fernen Ländern auf ihren eigenen Beinen stehen. Sie fühlen sich nur wohl, wenn eigene Leute in ihrem Sinne mit hoher Loyalität zur Firma und zum Produkt agieren, so dass Kontrolle und direkte Steuerung gewährleistet sind. Dabei erwarten »Hidden Champions«, dass alle Mitarbeiter, vor allem aber ihre Führungskräfte, den hohen unternehmerischen Anspruch, die Nummer eins auf der Welt sein zu wollen, teilen. Die Familie im Unternehmen oder hinter dem Unternehmen sucht Gleichgesinnte. Der Chef eines »Hidden Champions« prägt mit seiner Persönlichkeit und seiner Sicht der Dinge den gesamten Betrieb und entscheidet langfristige strategische Fragen heute noch eher patriarchalisch, auch wenn es längst einen professionell besetzten Beirat gibt.

Im operativen Bereich werden Leistungsbereitschaft und Teamorientierung verlangt. Was zählt, ist die Erfüllung und Befriedigung, die jeder in der Belegschaft in seiner Arbeit findet und auch feststellen kann und weniger die Karriere, die in diesen hierarchisch eher flach organisierten Firmen von Haus aus selten sind. Dafür gibt es operativ reichlich Freiheiten, viel Selbstverantwortung und ideale Möglichkeiten der Selbstverwirklichung, eine leistungsorientierte Mischung, die für hoch qualifizierte Mitarbeiter mit dem entsprechenden »Mind-Set« sehr attraktiv ist. Eine allgemein niedrige Gesamtfluktuationsquote belegt die Zufriedenheit, die dieses kulturelle Umfeld engagierten Mitarbeitern auf allen Ebenen erlaubt. Statistisch betrachtet wächst die Zahl der Beschäftigten im Mittelstand mehr als in Konzernen, falls deren Personalbestände überhaupt noch wachsen.

Insgesamt erweisen sich diese zielstrebig agierenden »Hidden Champions« mit ihrer anscheinend vorteilhaften Führungskontinuität trotz oder gerade wegen ihrer bedachten, traditionsbewussten Vorgehensweise nicht nur als sehr erfolgreich, sondern auch als überdurchschnittlich überlebensfähig.

Wenn die Pionierphase überstanden ist, spätestens aber dann, wenn ein »Hidden Champion« seine Nase in den rauen Wind der internationalen Märkte steckt, ist regelmäßig eine Professionalisierung zu beobachten, die sich mit einem methodischen Ansatz verbindet. Gleichwohl agieren Mittelständler nicht wie Konzerne.

> MERKSATZ | MITTELSTÄNDLER MIT IHRER ELITE DER »HIDDEN CHAMPIONS« SIND VERGLICHEN MIT DEN VIELEN KLEINEN UND DEN WENIGEN GANZ GROSSEN, ALS GROSSE KLEINE UND NICHT ALS KLEINE GROSSE EINZUSTUFEN.

Zur Untermauerung dieser zentralen Aussage zitiere ich aus einem Artikel von Dr. Martin Hagleitner, Partner im Malik Management Zentrum in St. Gallen, der die gravierenden Unterschiede von mittelständischen und großen Unternehmen so ähnlich wie ich aus seinem Blickwinkel beschreibt: ▸ 1. Orientierung an der langfristigen Lebensfähigkeit und nicht an Quartalszahlen. ▸ 2. Verteidigungsfähige Marktposition oder Marktführerschaft. ▸ 3. »Customer Value« als oberste Maxime. »Shareholder Value« in Folge von »Customer Value«. ▸ 4. Wertsteigerung in Folge von und nicht auf Kosten der Wettbewerbsfähigkeit. ▸ 5. Marktnahe und selbstorganisierte Strukturen statt Bürokratie und Hierarchie. ▸ 6. Solides Eigenkapital. 7. Gelebte Prinzipien, statt verschnörkelter Wohlverhaltensregeln.[6]

DAS »ERFOLGSMODELL HIRN«: ÜBERTRAGUNG AUF UNTERNEHMEN

Erste Erkenntnis: Viele Wege führen zum Erfolg, wobei die Größe des Unternehmens unmittelbar Einfluss auf die Wahl der Mittel nimmt. Dabei gilt, dass jedes Unternehmen sein eigenes Erfolgsmuster ausprägen darf und soll. Allgemeingültige Patentrezepte gibt es nicht, aber es sind mehrere Faktoren relevant.

Zweite Erkenntnis: Die ideologische Hälfte unseres Gehirns ist mächtig und bringt sich allgegenwärtig ein. Die Firmenkultur tariert diesen Dialog der beiden Hirnhälften aus, wobei sich der makroskopische erste Teil des Buchs der Firmenkultur widmet und der zweite Teil dem Einfluss des individuellen ideologischen Hirns.

In den Konzernen dominiert eindeutig und erklärbar die linke, »rechnende Hirnhälfte«. Die Einflüsse des ideologischen Hirns werden eher tabuisiert oder als unprofessionell verworfen. Zugleich wird alles dafür getan, um diesen (diskriminierten, unerwünschten) Einfluss durch Systeme und Methoden zu eliminieren.

Dabei ist durchaus davon auszugehen, dass die Dinge früher einmal anders lagen. Heute noch erzählt man sich episodenhaft Geschichten aus grauer Vorzeit, wie Vorstandsvorsitzende einsame, schlecht begründete oder gar nicht begründete, für viele jedenfalls nicht nachvollziehbare Entscheidungen einfach durchgesetzt haben, sich also nicht streng rational verhielten, selbst wenn es um wichtige Dinge wie die Aufnahme oder Beendigung von Geschäftsfeldern oder um die Akquisition von Firmen ging. Diese Fähigkeit zur erratischen, persönlichen Entscheidung sowie das Gespür für einen eigenen, nicht immer gleich einleuchtenden und nicht immer von Fakten, sondern von Überzeugungen angestifteten Weg, haben sich die »Hidden Champions« erhalten. Sie kennen und nutzen wissenschaftliche und methodische Ansätze, aber sie lassen sich nicht ausschließlich durch sie bestimmen. Sie vertrauen in virtuoser Weise auf »Bauch« und »Zahl«!

Anders als »die Großen« haben sie der (Betriebswirtschaftslehre) nicht Modell gestanden und suchen daher auch nicht ihr Heil in der alleinigen Anwendung rationaler, mathematisch erfassbarer Ansätze. Sie lassen Raum für die diffusen, weichen, ideologischen und irrationalen Einflüsse, die in Konzernen vorsätzlich ausgeblendet scheinen. Kleine und mittlere Unternehmen gehen ihre Wege ohne jeden Rechtfertigungszwang auch intuitiv oder ganz im Sinne der Haltung und der Einstellung ihrer Chefs. Für sie sind Theorien und Modelle keine absoluten Themen. Wichtig ist nur, sich beider Hirnhälften und ihrer Einflüsse bewusst zu sein und in dieser Klarheit seinen eigenen Weg authentisch zu gehen!

Dritte Erkenntnis: Anders, als die vielen kleinen Unternehmen zeichnet die »Hidden Champions« aus, dass sie in ihrem Wettbewerb nichts Vergleichbares bieten, sondern dass sie Neues einführen und ihrer Idee konsequent verpflichtet bleiben. Die meisten Kleinen bescheiden sich mit ihrem angestammten Geschäftsmodell und räumlich begrenzten Märkten, was das Wachstum limitiert. Man ist zufrieden mit dem, was man hat und kann, und begnügt sich damit, diese Fähigkeiten in guter Qualität zu pflegen. Für regelrechte Innovationen gibt es keinen Bedarf.

Verglichen mit Konzernen bieten Mittelständler Geistesblitzen und Innovationen einen viel besseren kulturellen Nährboden. Dass Konzerne versuchen, Innovationen systematisch zu planen und zu institutionalisieren, ist ein Ansatz, der meines Erachtens nicht funktioniert. In diesem Kontext ist es eine Binsenweisheit, dass sie trotz ihrer hohen Aufwendungen für Forschung und Entwicklung eben nicht der Innovationsmotor in Deutschland sind. Das ist nun mal der Mittelstand.

Vierte Erkenntnis: Die Großen haben alle Prozesse detailliert geregelt und dokumentiert. Ihre Komplexität und ihre überwachten Systeme (DIN/ISO) lassen auch gar nichts anderes zu. Ähnlich ist es bei den Mittelständlern. Da der Firmengründer meist ein von Erfindergeist erfüllter Tüftler ist, bedarf es guter Mitarbeiter, die helfen, die Prozesse und die Organisation schlank, aber effektiv zu gestalten. Eine marktführende Position braucht diese perfekt laufenden »Betriebssysteme« um Zuverlässigkeit und Qualität zu garantieren. Da diese Dinge »State oft the art« sind, also zum anerkannten Stand professioneller Unternehmensführung gehören, sind sie bei den Großen und im Mittelstand fest etabliert. Demgegenüber unterschätzen die vielen kleinen Unternehmen die Bedeutung effizienter Prozesse und Strukturen gern. Der Chef regelt die holprigen Sachen situativ, notfalls durch Improvisation. Er ist von Hause aus im »Trouble shooting« tätig. Dass dies mit wachsendem Geschäft immer weniger geht und dann schließlich gar nicht mehr ohne Reputationsverlust der Firma gelingt, müsste viel mehr erkannt und beherzigt werden. Irgendwann hilft auch noch so gute Arbeit nicht mehr weiter.

Ich erlaube mir an dieser Stelle die These, dass sich die Erfolgsfaktoren des wissenschaftlich gut untersuchten deutschen Mittelstands, zumal seiner »Hidden Champions«, durch das »Erfolgsmodell Hirn« plausibel erklären lassen. Der Ansatz heißt eben nicht, entweder »Bauch« oder »Zahl«, sondern die Aufgabe besteht darin, die richtige Mischung für dauerhaften Erfolg zu finden, und zwar in einem ungebremsten, offenen Dialog. Die perfekte, konsequente Anwendung wissenschaftlicher Methoden und ausgefeilter computergestützter Systeme bedingt allein keinen Erfolg. Ein solcher Schematismus ist inadäquat. Diese Feststellung hat viel Befreiendes. Sie erlaubt es Unternehmern, ihren eigenen Weg zu gehen, ihren guten Riecher, also das individuelle und das kollektive ideologische Hirn, mit einzusetzen und sich weder unmodern noch ignorant zu fühlen, wenn man nicht gleich jedem Trend nachläuft und nicht gleich jedem neuen Heilsrezept folgt. Die Intuition des Unternehmers und die Firmenkultur sind wichtiger.

Die richtige Balance von »Bauch« und »Zahl« zu finden, ist die hervorragendste Komponente von Erfolg. Voraussetzung ist allerdings, dass man sich dieser beiden organischen Einflüsse auf unser Denken und Handeln bewusst ist und ihre (Gleich-)Berechtigung anerkennt. Es lohnt sich, gerade den zweiten »Peak« des Eisbergs zu betrachten, den ich als Schattengipfel der Ratio bezeichne, und die vermeintlich irrationalen Regungen des Gehirns zu erschließen. Weitere unverzichtbare allgemeine Erfolgsfaktoren sind verlässliche, belastbare Prozesse und Strukturen (nicht gerade spannend, aber relevant) sowie eine von natürlicher Neugierde, Mut und Fehlertoleranz geprägte Innovationskultur.

Der zweite Teil geht ans Eingemachte. Wir betrachten die wesentlichen Herausforderungen aus dem nun erarbeiteten Blickwinkel. Die makroskopische wird zur mikroskopischen Perspektive. Wir kommen vom Allgemeinen zum Besonderen.

TEIL 2 | DIE PRAXIS: IRRATIONALES IN UNTERNEHMEN

Was berechtigt mich als Autor dazu, die komplexen, interdependenten Herausforderungen für das erfolgreiche Management von Unternehmen aus der Mikroperspektive zu betrachten? Was qualifiziert mich dafür, den kühnen Versuch zu unternehmen, aus meinen ganz persönlichen Berufserfahrungen Erkenntnisse mit dem Anspruch auf allgemeines Interesse und allgemeine Verwendbarkeit abzuleiten sowie Anregungen und Tipps zu geben? Ich möchte Ihnen diese Fragen gern beantworten und meine diesbezüglichen Ambitionen offenlegen.

ÜBERRASCHENDE IRRITATIONEN: ERFAHRUNGEN UND ERKENNTNISSE

Praktiker finden bedauerlicherweise nur selten den Mut und die Zeit, ihre Erfahrungen zu reflektieren und weiterzugeben. Nach Abschluss dieses Werks, das im Manuskript viele Umschreibungen erfahren hat und danach ordentlich lektoriert worden ist, verstehe ich allerdings viel besser, warum. Wie auch immer: Mir war es ein lang gehegtes Anliegen, meine gesammelten Erlebnisse und Beobachtungen nach knapp 40 Jahren Führungserfahrung als Manager und Unternehmer zu Papier zu bringen. Auslöser war, dass ich lange in beiden Welten gearbeitet habe.

Mein Berufsweg hat mich zunächst in einem internationalen Konzern (ein typischer Vertreter dieses Unternehmenstyps) in direkter Verantwortung nahezu alle Leitungsfunktionen kennenlernen lassen (Forschung, Vertrieb, Logistik, Einkauf, Produktion, Controlling), einschließlich der Geschäftsführung einer großen Gruppengesellschaft. Aufgaben, die im Anschluss ebenso lehrreich in einer familiengeführten Kommanditgesellschaft, die dem gehobenen Mittelstand angehört, mit der ganzheitlichen Verantwortung als Geschäftsführender Gesellschafter ihre Krönung fanden. 40 Jahre, die nach den eingangs aufgestellten Definitionen – ohne mich zu wichtig nehmen zu wollen – als erfolgreich bezeichnet werden dürfen. Zwei der drei Unternehmenstypen kenne ich also gut. Die vielen Leitungsfunktionen, die ich ausgeübt habe, haben mich dafür sensibilisiert, auf den Einfluss des Irrationalen aufmerksam zu werden und das Phänomen zu erkennen.

Dabei gibt es noch eine Besonderheit: Sicher hat auch die Regelung, dass mein eigenes Einkommen, einschließlich der Altersbezüge, ohne Fixum ausschließlich vom Erfolg des Unternehmens abhängig ist, dazu beigetragen, mich intensiv mit Prinzipien und Kriterien der Entscheidungsfindung, der Unternehmensführung und der Übernahme von Verantwortung auseinanderzusetzen. Hinzu kam noch ein glückliches Moment: Ich hatte in der letzten Phase meines Ausscheidens aus dem aktiven Berufsleben sowohl die Zeit als auch die Infrastruktur, um meine

Gedanken zu ordnen, zusammen zu tragen, die Themen zu reflektieren und zu Papier zu bringen. Mein roter Faden waren die unerwarteten, irritierenden Ereignisse, die sich nicht sofort von selbst erklären. Insofern ist der Ausgangspunkt des Buchs vor allem gewesen, einen möglichst umfassenden Erfahrungsbericht zu geben, wobei diese Intention in diesem zweiten Teil am meisten spürbar wird.

Die Initialzündung war, dass mir mehr und mehr bewusst wurde, wie sehr die Realitäten in Unternehmen von dem (stillschweigend unterstellten) Anspruch abweichen, Management stets rational zu begründen. Mir fielen die Allgegenwart und Macht irrationaler Einflüsse auf, die zutiefst menschlich sind. Diese Dinge und die hieraus zu ziehenden Schlüsse sind die zentralen Aussagen meines Buchs.

Bei alledem waren mir die Zeit und die Sammlung für die Überarbeitung meines ersten Entwurfs erst nach dem endgültigen Ausscheiden aus meinen Ämtern gegeben. Ein notwendiger neuer Anlauf, was ich nicht erwartet hatte. Ich war erstaunt, welcher Veränderungsbedarf sich noch in meinen Ausführungen zeigte und welche ungesteuerten Prozesse in meinem Kopf bei dieser zweiten Befassung mit meinem Text stattfanden und weitere Anregungen gaben. Besonders feststellbar war dies, wenn ich meine Arbeit am Text unterbrach, um meine Jogging-Runde einzulegen. Mein Denkapparat hat sich in diesen Ablenkungsphasen unbewusst und unkontrolliert mit dem befasst, was sich offenbar noch in einem mentalen Gärprozess befand. Jede dieser Arbeitspausen zahlte sich durch Ideen und Impulse aus, aus denen Änderungen und Ergänzungen resultierten. So entstanden sukzessive meine Modellvorstellungen mit dem Einstieg über das Eisbergmodell und den Ableitungen aus den Mechanismen des menschlichen Gehirns.

MEHRERE AMBITIONEN: NUTZEN FÜR UNTERNEHMER UND MANAGER

Jeder Autor sollte sich fragen, was die Menschen, die sein Buch vielleicht kaufen, von der Lektüre haben. Wurde diese Prüfung versäumt, holt sie sein Verlag hoffentlich nach. Da die meisten Leser in meinem Fall wohl umfangreiche eigene Erfahrungen als Unternehmer oder Manager haben, sollte es also niemanden überraschen, auf bekannte Problemstellungen und Sachverhalte zu stoßen. Alles andere wäre irritierend. Mein Beitrag zur Materie kann also nur darin bestehen, eine neue Betrachtungsweise zu eröffnen. Sie werden daher sowohl auf Bestätigendes als auch auf Provozierendes stoßen, auf Aussagen, die Sie teilen, die aber noch nichts zum Schwingen bringen, sowie auf solche, die etwas in Ihnen auslösen. Das sind nicht unbedingt die Überschriften, meine »Merksätze« oder die Tipps. Tatsächlich ist es so, dass das, was eher beiläufig in Nebensätzen und mitunter sogar nur zwischen den Zeilen steht, stärkere Wirkungen entfalten kann.

Daher habe ich auch der Versuchung widerstanden, zu Gunsten einer plakativeren Generalaussage auf manche Einlassungen und Details zu verzichten. In diesem Sinne erlaube ich mir hier, dem Epilog vorzugreifen und aus ihm zu zitieren: »Die ausführliche Managementliteratur mit ihren diversen Konzepten kann sicher helfen, die eigene Position zu hinterfragen und Anstöße für die eigenen Aufgabenstellungen geben. Dabei sind jedoch nie Patentrezepte und heilsbringende Wahrheiten zu erwarten. Schon die Fülle unternehmerischer Herausforderungen erzwingt die Betrachtung vieler und sehr verschiedener Einzelelemente.«

Wäre mir in frühen Jahren ein Werk wie dieses begegnet, hätte es mich gewiss weitergebracht. Ob ich allerdings die damals ja noch fremden und nicht selbst gemachten Erfahrungen hätte akzeptieren, verinnerlichen und leben können, weiß ich nicht. Diesbezüglich bitte ich meine Leser, das für sich herauszufinden.

Mein Ansatz ordnet sich in die aktuelle Beschäftigung mit den neurowissenschaftlichen Erkenntnissen ein, die in der Medizin und in der Psychologie gerade viele Einsichten fördern, hat aber keinen vergleichbaren Anspruch. Mir geht es nicht um die Erforschung der Funktionsweisen unseres Gehirns, sondern darum, welche praktische Bedeutung dessen unbestrittene Mechanismen für erfolgreiche Unternehmensführung haben. Meine Erfahrungen und Beobachtungen wollen das Leitbild korrigieren, das Management von Organisationen sei nur professionell, wenn es streng rational erfolge. Diese Prämisse ist meines Erachtens falsch.

Oder halten Sie für rational, was jeder von Ihnen aus dem Tagesgeschäft kennt und was ich Ihnen in dieser kleinen Liste, die sich leicht erweitern lässt, bieten will:

• Dass Teilnehmer einer Sitzung eindeutige Inhalte völlig verschieden verstehen?
• Dass hoch kompetente Menschen völlig andersartige oder sich gar völlig widersprechende Vorschläge zum selben Sachverhalt machen?
• Dass man bei jeder Budgetplanung mehr über den »Mind-Set« der Entscheider, also über ihre Haltung, ihre Denkweise, ihre Gemütslage und ihre Stimmung erfährt, als über die Zukunft der Firma?
• Dass eine Investitionsentscheidung mehr von der momentanen Situation als vom Potential, also vom künftigen Erfolg, abhängig gemacht wird?
• Dass bahnbrechende Entwicklungen von den Marktverantwortlichen mit dem seltsamen Kommentar gewürdigt werden: »Tolle Arbeit! Das stecken wir als Geheimwaffe in die Schublade!«
• Dass die sonst übliche und als unverzichtbar geltende Lektüre von Fachbeiträgen nach dem Urlaub aus Zeitmangel einfach unterlassen wird, was scheinbar keine feststellbaren Konsequenzen hat?

- Dass es in einer Prozesskette an den Schnittstellen hapert, jeder Beteiligte aber glaubt, seine Arbeit richtig und gut getan zu haben?
- Dass schnelle Erklärungen für Probleme oft die wirklichen Ursachen verdecken?

Ich bin sicher, dass Sie viele solcher Ungereimtheiten kennen und selbst beitragen können. Die vorläufige Erklärung für diese Phänomene lautet: Es menschelt halt! Richtig ist, dass jedes Unternehmen von Menschen geführt wird, die ihrerseits Menschen führen. Was aber geschieht dabei? Menschen sammeln Informationen. Sie kommunizieren. Sie analysieren. Sie treffen Entscheidungen und setzen sie um. Vor allem aber machen sie Fehler. Selbst, wenn sie in allen Aktivitäten erfolgsorientiert sind, folgen sie nicht immer diesem Ziel. Ja, es menschelt wirklich.

Genau hier scheiden sich die Geister! Ist dieses Menscheln in Firmen die Quelle allen Übels, die bekämpft oder beseitigt werden sollte? Behindert es das professionelle Management und reduziert es die Erfolgsaussichten? Führt das Menscheln zu negativen Verzerrungen bei Entscheidungen, die (mit Hardware und Software) durch Methoden, Algorithmen und ausgefeilte Systeme überwunden werden müssen? Lassen sich so auch Fehlleistungen vermeiden? Oder muss man sich damit abfinden und wohl oder übel damit leben, dass wir alle, Unternehmer, Führungskräfte und Mitarbeiter, eben nicht nur rational agieren und steuerbar sind? Oder ist das Menscheln, also das Irrationale in unserer nur vermeintlich rationalen Managementwelt, vielleicht sogar wichtig und hilfreich, um Erfolge zu erzielen? Ist es vielleicht sogar etwas, zu dem man sich durchaus bekennen darf?

Um es vorweg zu nehmen: Ich möchte das Positive und die Bedeutung des Menschelns, also der irrationalen Einflüsse auf unser Denken, Streben und Handeln, bewusst machen und aus der Tabuzone des Unprofessionellen holen. Wir sprechen über eine wertvolle Eigenschaft unserer Spezies, die keine Diskriminierung verdient. Dächten und handelten wir wirklich ständig streng rational, gäbe es kaum Raum für Individualität. Wir würden uns wie geklonte Computer verhalten. Beteiligte müssten bei gleicher Faktenlage stets zu gleichen Ergebnissen kommen. Das ist aber im richtigen Leben, auch im Tagesgeschäft, nicht der Fall! Eben dies anhand meiner gesammelten Beobachtungen und Gedanken aufzuzeigen und die auftretenden Phänomene zu erklären, ist die Zielsetzung dieses Buchs.

PERFEKTE ANALOGIEN: DIE ENTSTEHUNGSGESCHICHTE DES BUCHS

Zunächst noch ein Hinweis auf den Prozess, den ich als Autor vollzogen habe: Der eigentliche Ausgangspunkt war die Sammlung insbesondere überraschender Erkenntnisse. Von diesem Ansatz leben alle Kapitel. Das Buch ist insofern vor allem ein Erfahrungsbericht. Dabei stieß ich immer wieder auf das Menscheln, auf den Einfluss von Kräften jenseits der Ratio. In der Auseinandersetzung mit dieser immer deutlicheren Wahrnehmung wuchs eine Modellvorstellung als Erklärungsmuster heran: das Eisbergmodell und das aus ihm entwickelte »Erfolgsmodell Hirn«. Unser Gehirn mit seinen Konzepten, Abläufen und Tricks machte mir viele der Phänomene verständlich, die ich in meiner Unternehmenspraxis beobachtet habe. Ich stieß auf die Mechanismen wie die beiden so verschiedenen Hemisphären miteinander interagieren, die Erklärungen, Ableitungen und Anregungen in Beantwortung der Leitfrage erfolgreicher Unternehmensführung erlauben. Darüber hinaus setzen wir uns mit dem zweiten Aspekt des Menschelns, mit der Gefahr von Fehlleistungen, auseinander. Daher habe ich mich in Umkehrung der Abfolge entschlossen, zuerst die kleinen, mittleren und großen Unternehmen in Deutschland in ihren Wesensmerkmalen zu betrachten und mit meinem »Erfolgsmodell Hirn«, speziell mit dem Dualismus von »Bauch« und Zahl, abzugleichen. In der Erörterung der unternehmerischen Herausforderungen, die von diesen Analogien profitieren, treffen wir jetzt in der mikroskopischen Betrachtung selbstverständlich immer wieder auf die Erklärungen unseres Modells.

Nun geht es wirklich zur Sache. Wir verlassen die theoretisch abgeklärte, wohlgeordnete Welt und dringen in den Dschungel der Herausforderungen ein, die sich mit der operativen Leitung von Unternehmen verbinden. Wir stoßen auf die vielen kleinen und die großen, weit tragenden Entscheidungen, auf komplexe Zusammenhänge und Wechselwirkungen, auf Überraschungen und dies alles im Zeichen sich ständig ändernder Rahmenbedingungen. Für diese vielschichtigen Aufgaben eine simple Struktur zu finden, entspräche der Quadratur des Kreises.

GEDANKEN FÜR DIE GLIEDERUNG | SCHIFF AUF GROSSER FAHRT

Eine Firma gemäß unseres eingangs formulierten Anspruchs erfolgreich zu leiten, kann nicht wirklich vorprogrammiert und einstudiert werden. Insofern steckt die gesamte Führungsthematik seit es sie gibt, in einem chronischen Defizit. Jeder Unternehmer und jeder Manager ist ein Stück weit darauf angewiesen, sich letztlich als Autodidakt an (hoffentlich vorhandenen) Vorbildern zu orientieren.

Diese Aufgabe ist am besten metaphorisch zu beschreiben. Sie entspricht der Fahrt eines Schiffs in unbekannte Gewässer, und zwar unter unkontrollierbaren, unvorhersehbaren Wetter- und Strömungsbedingungen. Identifizieren wir also die Bedingungen, um dann die Erfordernisse und die Lösung zu entwickeln. Dabei steht unser »Erfolgsmodell Hirn« wieder Pate. Um hier zu folgen, ist das Bild eines klassischen Großseglers besser als das eines modernen Containerfrachters.

DIE OBERSTE INSTANZ AN BORD: DER KAPITÄN

Jedes Schiff braucht eine klare Führungsstruktur. An der Spitze steht der Kapitän. Dieses wichtige Wort kommt in fast allen Sprachen vor. Es geht auf das Lateinische »caput« (Kopf, Haupt) sowie auf »capitaneus« (Anführer) zurück. Offenbar besteht also eine der vornehmsten Aufgaben darin, zu führen bzw. anzuführen.

Das Kommando über ein Schiff übertragen zu bekommen, setzt ein Kapitänspatent oder ein entsprechendes Diplom voraus. Der duale Nachweis der Eignung und der Fähigkeit zur Führung eines Schiffs besteht heute aus einem Hochschulstudium (Nautik) mit akademischem Abschluss und aus einer mindestens zweijährigen Erfahrungszeit auf hoher See. Der erste Teil ist durch die Aneignung erlernbaren Wissens aus Büchern, Vorlesungen und Seminaren zu bewältigen, das ein breit gefächertes theoretische Rüstzeug mit einer Fülle von Fakten vermittelt: Grundlagen in den Fächern Physik, Mathematik, Recht, Englisch, Wirtschaft, Chemie, klassische Navigation, Schiffssicherheit, Informatik und Arbeitsrecht. Im Hauptstudium kommen die Fächer Technische Navigation, Manövrieren, Meteorologie, Verkehrsrecht, Ladungstechnik, Ladungssicherheit, Seehandelsrecht, Seebetriebswirtschaft und Personalführung hinzu. Das anspruchsvolle Ausbildungsprogramm sieht auch Übungen im Simulator vor und erhält mit einem Semester an Bord und einer Ausbildungsfahrt noch mehr Praxisbezug. Diese Jahre enden mit der Ernennung zum Wachoffizier, ein Status, in dem noch einmal zwei bis drei Jahre zuzubringen sind, um auf See Erfahrungen zu sammeln. Dadurch entsteht gutes Gespür für Situationen, das Intuition und Pragmatismus reifen lässt.

Sie werden mir zustimmen, dass Eignung und Können aus den beiden Komponenten (faktisches) Wissen und (praktische) Erfahrung besteht. Dabei wird leicht übersehen, dass sich Erfahrungen nicht von selbst einstellen, nur weil jemand irgendwie irgendwann irgendwo dabei gewesen ist, sondern dass sie sich durchlebten Ereignissen verdanken, vor allem aber auf den im Rückblick verstandenen erfolgreichen oder eben nicht erfolgreichen Entscheidungen des Menschen beruhen. Die wichtige Erfolgskomponente der Erfahrung bringt so durch die Hintertür die Subjektivität des Individuums und seine emotionale Erinnerungen ins Geschehen ein, die seine Bewertungen und Entscheidungen jederzeit prägen. Regelrechte Erfahrungen, die spätere Handlungen optimieren, sind nicht ohne diese irrationalen Elemente zu haben. Bei meinen Ausführungen über die vielen Anforderungen an die Firmenleitung stoßen wir immer wieder auf diesen Punkt.

Jeder Kapitän durchläuft also eine ausgesprochen gründliche theoretische Ausbildung, in Deutschland ein Studium an einer Fachhochschule oder an einer Universität. Nach dieser hochkarätigen Lernphase braucht es dann noch mindestens drei, im Schnitt jedoch sogar fünf Jahre, bis der Aufstieg vom Offizier zum Kapitän erfolgt, so dass man ein Schiff verantwortlich führen darf. Die theoretische Ausbildung fordert das rechnende Hirn, die lange Berufspraxis dient dazu, Erfahrungen zu sammeln, die vor allem im ideologischen Hirn gespeichert werden. Kapitän zu werden, entspricht also den Erkenntnissen, die wir aus dem ganzheitlichen Hemisphärenmodell und aus dem Dialog der beiden Hirnhälften kennen.

GENERALVERANTWORTUNG: ROLLE GEGENÜBER EIGNER UND REEDER

Der Eigentümer oder der Betreiber des Schiffs überträgt dem Kapitän die Verantwortung für einen langfristigen erfolgreichen Dienst. Ersterer stellt damit das Kapital und letzterer übernimmt die Verantwortung für ein Unternehmen auf See.

OPERATIVE LEITUNG: SCHIFF UND CREW AUF LEISTUNG TRIMMEN

Zunächst muss das Schiff selbst funktionstüchtig gehalten werden. Hierzu zählen Ordnung und Sauberkeit sowie Instandhaltung und Wartung, etwa die Entfernung angebackener Muscheln am Rumpf, aber auch die Kontrolle und die Behebung von Bohrwurmbefall. Mit zu diesem Komplex gehören Veränderungen, Anpassungen und Beseitigungen von Schwachstellen und Engpässen, und zwar oft als Reaktion auf neue Bedingungen an Bord. Des Weiteren muss die Mannschaft so rekrutiert werden, dass alle Aufgaben professionell und selbst unter widrigen Umständen zuverlässig erledigt werden können (Arbeitsteilung, Kompetenz). Zudem sind die Kommandostruktur und die Abläufe festzulegen (Aufbau- und Ablauforganisation, Verantwortlichkeiten, Berichtswege). Das Zusammenspiel der Tätigkeiten muss trainiert und perfektioniert werden (Prozesskette, Routinen). Hier fällt uns der Trick des Gehirns, den Kopf freizuhalten, wieder ein.

Jedes Mitglied der Crew muss in der Lage sein, selbstständig und zuverlässig viele Tätigkeiten adäquat auszuführen und die damit verbundenen Entscheidungen zu fällen. Entscheidungen erfolgen also ständig auf allen Ebenen. Auf der Durchführungsebene geht es um tausend Kleinigkeiten täglicher Verrichtungen. Sie betreffen das Heute und sind weitgehend unabhängig vom Ziel der Fahrt, vom Morgen. Dabei geht es um Entscheidungen, die dem Austausch der beiden Hirnhälften unterliegen. Ganz grundsätzlich aber muss die Mannschaft zusammengeschweißt werden. Die Werte und Erwartungen der Matrosen müssen übereinstimmen, um die externen Herausforderungen und Risiken jeder Fahrt ohne zusätzliche interne Probleme zu bewältigen (Moral, Teamgeist, Kultur). Wir erinnern uns diesbezüglich an die Ausführungen zur Firmenkultur. Hinsichtlich aller hier genannten Aufgaben haben Eigner, Reederei und Kapitän in der Auswahl und Bewertung von Alternativen schon eine Fülle von Vorentscheidungen getroffen. Damit aber sind nur die Voraussetzungen für eine erfolgreiche Fahrt erfüllt.

DIE FÜHRUNG DES SCHIFFS: WOHIN SOLL DIE REISE GEHEN?

Jetzt beginnt die nächste Aufgabenstellung des Kapitäns, nämlich (mit dem Reeder) die Destination festzulegen, um die Fahrt und den Kurs zu planen. Diese Entscheidungen betreffen die Zukunft, das Ziel der Reise, das Morgen. Diesbezüglich ist es nicht damit getan, per GPS, wenn es dies damals bereits gegeben hätte, die Koordinaten einmal festzulegen, einzugeben und dann (per Autopilot) anzusteuern. Den Kurs einzuhalten unterliegt ständiger Kontrolle und Korrektur. Zu diesen Zwecken wird die Position mit wissenschaftlichen Methoden und nautischen Instrumenten ständig überprüft (rechnendes Hirn). Unerwartete interne und externe Umstände rufen jedoch immer wieder Entscheidungen und Maßnahmen hervor, die auch dem Einfluss des ideologischen Hirns unterliegen.

Interne Ereignisse entstehen überall dort, wo Menschen denken, entscheiden und handeln. Dabei werden regelmäßig Fehler gemacht, die meist dem Einfluss des ideologischen Hirns geschuldet sind. Die meisten Fehler werden rasch unbemerkt begradigt, andere machen die Einschaltung der Schiffsleitung erforderlich. Ein falscher Knoten oder schlecht gesicherte Ladung können erhebliche Konsequenzen heraufbeschwören. Und dann gibt es noch ganz andere Widrigkeiten wie schlechtes Wetter, gefährliche Strömungen, Meerengen, Untiefen und Klippen. Treten sie auf, ist zwischen den drei Optionen, den Kurs zu halten, bewusst einen Umweg zu steuern oder gar den Kurs nachhaltig zu ändern, zu entscheiden, was wiederum im Dialog der beiden Hirnhälften erfolgt. Hier gilt, dass kein Kapitän bei aller Rationalität je gegen sein Gefühl, also gegen seine Erfahrungen, votiert.

DIE FÜHRUNG DES SCHIFFS: WIE WIRD VERANTWORTUNG GELEBT?

Der Kapitän muss die Mannschaft bei allen Aufgaben durch sein Vorbild und seinen Führungsstil hinter sich und seine Entscheidungen bringen. Das bedeutet, blinden Gehorsam zu erzeugen oder gute Argumente (rechnende Hirnhälfte) zu besitzen, Überzeugungskraft und Empathie. Eine Kursänderung oder gar eine Zieländerung, die einst wegen fehlender Kommunikationsmöglichkeiten nicht mit dem Eigner abgestimmt werden konnte, bedarf im Nachgang einwandfreier überzeugender Erklärung, wobei überhaupt nur zwei Gründe zugelassen sind: Um unvertretbare Risiken und Not für Schiff, Crew und Ladung vermieden, oder um unerwartete, besonders lukrative Chancen ergriffen zu haben. Die begeisternde Sicherheit, das gesteckte Ziel zu erreichen, muss beim Kapitän authentisch feststellbar sein. Dabei treffen wir historisch in der Seefahrt auch auf einen autoritären, militärischen Führungsstil, der heute anderweitig noch in akuten Krisen und Gefahrensituationen zu Wasser, an Land und in der Luft Konjunktur hat.

Nicht zu vergessen ist, dass über allem das Oberziel steht, langfristig Erfolg zu haben, zu überleben und stets das Beste aus den Gegebenheiten zu machen. Dieser gemeinsame Wille des Kapitäns und seiner Mannschaft sollte bei allen kleinen und großen Entscheidungen herbeigeführt oder eben notfalls (heute sicher nur noch selten) erzwungen werden. Diese Aufgaben rufen eine ununterbrochene Kette von Entscheidungen hervor. Halten wir kurz inne, um die Themen zu rekapitulieren. Ausgangspunkt ist die auf mehreren Ebenen übertragene Verantwortung. Ihr wird der Kapitän durch folgende Verhaltensweisen gerecht:

- Die Rahmenbedingungen erkennen, um Regeln und funktionstüchtige Strukturen mit klaren Verantwortlichkeiten zu schaffen und zu erhalten. Hierzu gehört, die Ablauf- und die Aufbauorganisation zu definieren sowie einen gemeinsamen Wertekanon (Firmenkultur) als Basis (Gemeinsamer Nenner) einer erfolgreichen Zusammenarbeit festzulegen und zu leben. Außerdem geht es um die Instandhaltung der »Hardware« und um deren Optimierung.
- Führung, Zielsetzung (das Wohin), Festlegung zukunftssichernder Maßnahmen, Analysieren, Entscheiden, Planen und Kontrollieren. Gegebenenfalls Korrekturen vornehmen und veranlassen.
- Führungsstil und Motivation (das Wie) durch Überzeugungsarbeit und Einbindung aller Crew-Mitglieder (Mitarbeiter) zur Erreichung der gesteckten Ziele.

Von dieser Aufzählung lassen wir uns leiten. Sie dient als Vorlage der Strukturierung. Nach dem massigen Brocken »rund ums Führen« wenden wir uns später den »Wegen zum Wachstum« zu und machen den Versuch eines Zwischenfazits.

VOM SCHIFF ZUM UNTERNEHMEN | SPUREN DES IRRATIONALEN

AUFGABEN DER FIRMENLEITUNG: AUSÜBUNG VON VERANTWORTUNG

Genauso wie bei Schiffen verhält es sich mit Unternehmen! Auch hier beginnt alles damit, dass die Eigentümer bzw. Gesellschafter Verantwortung auf die Geschäftsführung übertragen. Jedes Unternehmen braucht eine oberste Instanz für Entscheidungen, also eine Führungebene! Sie steht für das erfolgreiche Überleben des Hauses ein. Diese Aufgabe sollte am besten von mehreren Menschen ausgeübt werden, mit zwei oder auch drei oder vier Personen im leitenden Führungsteam, mit hohen Anforderungen an jeden Einzelnen und seine Vorbildfunktion.

Natürlich gibt es heute immer noch geniale Patriarchen, die ihr Unternehmen im Zuge direktiver Führung zu großem Erfolg gebracht haben. Aber das sind immer rarere Ausnahmen, vielleicht sogar Angehörige einer bestimmten Generation, wobei die Historie zeigt, dass so geführte Unternehmen Probleme bekommen, wenn Dauererfolg blind macht (keine neuen Synapsen zulässt) oder aber, wenn dieser einzigartige Mensch auf der Kommandobrücke, warum auch immer, das Ruder übergeben muss. Bei der Betrachtung der deutschen Unternehmen nach Betriebsgrößenklassen haben wir die Bedeutung und die Auswirkung dieser Thematik kennengelernt. Indessen können Firmenkulturen mit ihren rationalen und irrationalen Einflüssen sehr heterogen sein. Sie bringen jedenfalls gut unterscheidbare Verhaltensmuster hervor. Aber schauen wir erst noch auf weitere Aspekte.

Unternehmer und Manager: Verantwortung und Autorität

Außer der Verantwortung gegenüber den Gesellschaftern besteht Verantwortung gegenüber Mitarbeitern, Geschäftspartnern, Banken, dem Staat, der Öffentlichkeit und der Umwelt. Diese Verantwortung zu interpretieren lässt allerdings gewisse Freiräume für Handlungen und Entscheidungen zu. Die Geschäftsleitung muss selbstverständlich in der Lage sein, ihre Vorhaben durchzusetzen. Sie braucht die Macht und ihre Mittel. Sie braucht ganz konkret Autorität, und zwar sehr viel mehr als nur rein formale Amtsautorität. Führung setzt hervorragende Fachkenntnisse (rechnendes Hirn) sowie belastbare, signifikante Erfahrungen (ideologisches Hirn) voraus. Man muss die Vielfalt der Herausforderungen kennen, sie beurteilen und im Sinne der Sachen (klug) entscheiden können. Dazu gehört unbedingt Kompetenz. Die erfolgreiche Umsetzung von Vorhaben beruht jedoch auch auf Glaubwürdigkeit, Verlässlichkeit, Vertrauenswürdigkeit und Überzeugungskraft, alles Quellen der persönlichen Autorität. Letzteres auch eine ganz wesentliche Facette, die wir noch an anderer Stelle mehr beleuchten.

Beginnen wir nun mit der Betrachtung einzelner Führungsaufgaben, und behalten wir dabei den bewährten Trick des Gehirns, den Kopf freizuhalten, im Auge.

Führung 1 | Rat der Evolution: Robuste Rahmenbedingungen

Prinzipien der Führung: Prozesse und Strukturen

Zunächst haben wir uns bewusst zu machen, dass zum Unternehmenserfolg und zur Erreichung von Zielen mehrere oder viele sowie in großen Unternehmen sogar sehr viele Menschen beitragen. Die Aufgaben und die Verantwortlichkeiten dieser Menschen müssen daher strukturell geordnet und festgelegt werden.

Geschäftsprozesse und Strukturen dienen dazu, die reibungslose Abarbeitung wiederkehrender Abläufe zu gewährleisten. Dabei geht es um eine möglichst hundertprozentige Zuverlässigkeit und um die Verkettung von Teilabläufen in einem Gesamtprozess. Der Sinn solcher Prozessketten besteht darin, den Kunden Waren oder Dienstleistungen zum gewünschten Zeitpunkt in der gewünschten Qualität zum gewünschten Preis zur Verfügung zu stellen und dafür bezahlt zu werden. Es geht also um Routinen, die über die Kundenzufriedenheit und damit über die Belastbarkeit und die Zukunft von Geschäftsbeziehungen entscheiden. Diese wiederkehrenden Abläufe und Prozesse müssen störungsfrei sein. Sie müssen ohne ständige Korrekturen, also ohne dauernde bewusste Eingriffe, lauffähig sein, selbst wenn sie von Stellvertretern ausgeführt werden. Wir erinnern uns.

Die lebenserhaltenden Grundfunktionen unseres Körpers wie Atmung, Herzfrequenz, Temperatur, Stoffwechsel usw. (das vegetative Nervensystem), einschließlich der gesamten Informationsaufnahme und Informationsverarbeitung, sowie die Steuer- und Regelfunktionen werden bemerkenswerterweise unterhalb unserer Bewusstseinsschwelle wie von selbst ausgeführt und überwacht, wir fliegen also quasi mit Autopilot. Die Selbstverwaltung dieser existentiellen Prozesse wurde uns genetisch in die Wiege gelegt oder wie zur Steuerung unserer Motorik von Kindesbeinen an unbewusst und später auch bewusst eingeübt, bis alles sitzt. Diese Prozesse erfolgen also ohne bewusste Inanspruchnahme des Hirns, es sei denn, es läge eine Erkrankung, mithin eine Störung der körperlichen und seelischen »Betriebsabläufe« vor. Das denkende Hirn wird von diesen grundsätzlichen Routinen freigehalten, um seine Kapazität für kognitive Aufgaben zu nutzen. Hier erfolgt jetzt die Übertragung auf mein Themenfeld: Die Grundfunktionen eines Unternehmens, die es ständig zur Lösung seiner Aufgaben braucht, müssen ebenso sitzen! Seine Prozesse müssen definiert und optimiert sein und quasi automatisch fehlerfrei gelingen. Insofern ist der Ausprägung und der Einrichtung der Betriebsabläufe viel Aufmerksamkeit, Zeit und Expertise, auch externer Natur, zu widmen. Das Unternehmen und seine Leitung muss sich auf das perfekte Funktionieren der Organisation verlassen können. Sonst gelingt ansonsten nichts.

> MERKSATZ | EINE HÄUFIGE URSACHE, WARUM JUNGE UNTERNEHMEN AUF DER STRECKE BLEIBEN ODER UNNÖTIG MIT PROBLEMEN KÄMPFEN, IST, DIE BEDEUTUNG EFFIZIENTER ROUTINEPROZESSE ZU UNTERSCHÄTZEN. DIE VERSUCHUNG IST GROSS, DIESE ALS TECHNOKRATISCH UND IM VERGLEICH MIT ANDEREN UNTERNEHMERISCHEN AUFGABEN ALS LANGWEILIG EINGESTUFTEN AUFGABEN ZU VERNACHLÄSSIGEN. DAS DARF ALLERDINGS NICHT SEIN.

TIPP: Lohn der Mühe! Robuste, gesunde Prozesse und Abläufe (Routinen) müssen akribisch erarbeitet werden. Beispielsweise ist Datendisziplin, die besonders gründliche Pflege der Stammdaten, ein absolutes Muss. Sie bringt Kundenzufriedenheit, die Basis des Geschäftserfolgs, hervor und hält der Geschäftsleitung den Kopf frei für ihre Kernaufgabe, die Zukunft des Unternehmens zu sichern.

Wenn das Top-Management dauernd eingreifen muss, wurden die notwendigen Hausaufgaben nicht gut genug gemacht oder veränderte Rahmenbedingungen zeigen neue Schwachstellen auf. In dem Maße, in dem sich die Unternehmensleitung um operative Probleme des Alltagsgeschäfts kümmern muss, tritt ihre eigentliche Aufgabe, die Zukunftssicherung, ungebührlich in den Hintergrund.

Die Zuverlässigkeit von Routinen bildet dank der unternehmerischen Tugenden Effizienz, Wirtschaftlichkeit und Berechenbarkeit die Voraussetzung für jeden Markterfolg, ein ganz wichtiger Umstand also, der zentrale Bedeutung für die Überlebensfähigkeit von Firmen hat. Diese komplexe Aufgabe ist zumindest in mittleren und großen Einheiten auf ausgefeilte integrierte IT-Systeme angewiesen, deren Verlässlichkeit sich vor allem auf die Abläufe und Prozesse beziehen muss. Sie setzt allerdings auch eine leistungsfähige Aufbauorganisation mit eindeutigen Festlegungen der Arbeitsteilung und der Verantwortlichkeiten voraus. Das Interesse der weiter oben besprochenen drei Unternehmenstypen an dieser Frage der Selbstorganisation fanden wir sehr verschieden ausgeprägt. In diesem Sinne betrachten wir hier zunächst nur die technischen und die organisatorischen Aspekte, um uns später mit den zwischenmenschlichen Aspekten, der Zusammenarbeit in Gruppen sowie dem Verhältnis Führer/Geführter zuzuwenden.

Gliederung der Bereiche: Die Aufbauorganisation
In einem Unternehmen, das die oft holprige Anfangsphase hinter sich hat, bildet sich normalerweise eine hierarchische Struktur heraus, die auf das spezielle Geschäftsmodell abgestimmt ist. Die einzelnen Tätigkeiten und Verantwortlichkeiten wurden in sich ergänzende Kompetenzbereiche aufgeteilt. Ein solches Gerüst ist wichtig. In der Praxis haben sich diese Organisationsprinzipien in Unternehmen etabliert: Funktional, divisional und zeitlich befristete Projektstrukturen.

Normale Aufgabenteilung: Die funktionale Organisation
Dieser Ansatz strukturiert Unternehmen im Hinblick auf ihre Funktionsbereiche wie Einkauf, Verkauf, Forschung und Entwicklung, Produktion, Lager, Versand, IT, Buchführung, Finanzwesen, Controlling etc. Je homogener das Produktprogramm ist, je weniger Verschiedenes ein Unternehmen in seinem Angebotsportfolio hat, umso mehr kann diese klassische Organisationsform Anwendung finden.

Mehrere Geschäftsfelder: Die divisionale Organisation

Je mehr Marktsegmente oder Produktlinien unter einem Unternehmensdach bedient und betrieben werden, umso eher versagen zentrale Funktionseinheiten wie Entwicklung, Produktion und Vertrieb. Die Organisation sollte sich hier nach den Geschäftsfeldern richten. Bei solchen Divisionen ist festzulegen, welche Einzelfunktionen in die jeweiligen Geschäftseinheiten zu verlagern sind. Übergeordnete Dienstleistungen sind gut und oft zentral darstellbar (»Shared Services«). Zu ihnen zählen die IT, die Buchhaltung, das Finanzwesen sowie Personal und Recht.

Anstiftung neuer Kreativität: Befristete Projektorganisation

Diese Organisationsform schafft für besondere Aufgaben zeitlich befristete Bedingungen wie sie in der Pionierphase von Unternehmen üblich sind. Einige oder mehrere Mitarbeiter schließen sich zu einem Projektzweck zusammen, wobei sich jeder als Vertreter der entsendenden Einheit, zugleich aber auch als Mitglied des Projektteams fühlt, und auf das gemeinsames Projektziel ausgerichtet ist. Dass solche Organisationsformen dynamisch sind, liegt auf der Hand. Nach dem Abschluss des Projekts geht das Team wieder auseinander. Hier fällt mir wieder unser »Erfolgsmodell Hirn« ein, mit seinem plastischen Verhalten und seiner Fähigkeit, flexibel und schnell Verknüpfungen (Synapsen) herzustellen. So findet ein (interdisziplinäres) Projektteam häufig überraschende Lösungen, die in den eingefahrenen Bahnen von Abteilungen und ihrer Routinen nicht gefunden würden.

> MERKSATZ | AUF DER VERANTWORTUNGSEBENE ENTSTEHEN OFT KONFLIKTE ZWISCHEN DEN PROJEKTTEAMS MIT DEN IN SIE ENTSANDTEN MITARBEITERN UND DEN ENTSENDENDEN ABTEILUNGEN DER AUFBAUORGANISATION.

STABILE PROZESSKETTEN: OPTIMIERUNG DER ABLAUFORGANISATION

Parallel zur Gestaltung der Aufbauorganisation ist der reibungslose Durchlauf von Aufgaben und Aufträgen durch die verschiedenen Abteilungen bzw. Funktionsbereiche zu gewährleisten. Das Zusammenspiel der organisatorischen Einheiten und der Verantwortlichen muss durch klar definierte Geschäftsprozesse sichergestellt sein. Diese betrieblichen Prozesse und die Betriebssysteme sind wie die lebenserhaltenden Funktionen unseres Körpers zu verstehen und dem entsprechend ebenso perfekt zu gestalten. Unternehmen durchlaufen diesbezüglich in der Regel eine (längere) Lern- und Optimierungsphase. Wiederkehrende Störungen zwingen dazu, sich mit seinen Prozessen zu beschäftigen und sie so zu optimieren, dass die Kunden wirtschaftlich und termintreu bedient werden können.

Die ISO 9000 bietet eine systematische Struktur sowie eine ausführliche Anleitung zur Überprüfung und Optimierung der Tauglichkeit von Systemen an, also eine Checkliste und eine »Guideline«, zwei für jedes größere Unternehmen und sein Qualitätsmanagement unverzichtbare Hilfen. Die ISO-Norm enthält die für das Funktionieren betrieblicher Systeme und Abläufe wesentlichen Kriterien und Regeln, was der Ablauforganisation bzw. dem Denken in Prozessketten Beachtung verschafft. Dabei geht es darum, Informationsverluste zwischen Funktionen und Abteilungen (Abteilung kommt von abteilen!) durch Implementierung einer gemeinsamen Sichtweise und klare Handlungsanleitungen zu vermeiden. Diese Entwicklung wird von »kanalisierenden« IT-Systemen geordnet und getrieben.

Typische Prozessketten in Firmen sind: Die Lösung von Kundenproblemen (Anfrage, Beratung, Produktauswahl, Qualifizierung, Angebot); die Auftragsabwicklung (Annahme, Bestätigung, Fakturierung, Debitorenabwicklung, Kreditorenabwicklung) und die Produktbereitstellung (Beschaffung, Transport (eingehend), Lager/Logistik, Produktion, Qualitätsprüfung, Lager/Logistik, Transport (ausgehend).

MERKSATZ | DIE ZUVERLÄSSIGKEIT DER PROZESSE IST DURCH KUNDEN-
BEFRAGUNGEN, SOFERN SIE NICHT ZU OFT DURCHGEFÜHRT WERDEN UND
BELÄSTIGEN ODER IN WILLFÄHRIGEN FORMALISMUS ABGLEITEN, DURCH
DEN GRAD DER ZUFRIEDENHEIT ZU MESSEN. IDEALE ABLÄUFE BLEIBEN LEI-
DER DENNOCH EINE UTOPIE. WO MENSCHEN HANDELN, SIND FEHLER UN-
VERMEIDLICH. DAS IST EINE ANDERE FACETTE DES MENSCHELNS. ZUDEM
SIND BETRIEBLICHE PROZESSE VIELEN ANDEREN STÖRUNGEN AUSGESETZT.

Da es trotz aller Mühewaltung gerade an den Schnittstellen in der Prozesskette zwischen den Beteiligten immer wieder zu Störungen kommt, was sich in der Häufigkeit von Rückfragen zur Klärung offenbar uneindeutiger Sachverhalte zeigt, sind diese Stockungen als Hinweise auf Defizite und Verbesserungspotentiale zu verstehen. Jeder Mitarbeiter muss sich in nur scheinbarem Widerspruch zum Erfordernis klarer Strukturen und Verantwortlichkeiten über die Grauzonen und die Ermessensspielräume an allen Schnittstellen der Prozesskette bewusst sein. Die Bereitschaft und die Befähigung, über den eigenen Tellerrand zu schauen, sind also unbedingt zu fördern. Je älter und arbeitsteiliger eine Organisation jedoch ist, umso mehr neigt sie dazu, nur die direkten engen Verantwortungsbereiche wahrzunehmen. Diesbezüglich habe ich oft erlebt, dass es Mitarbeitern reicht, keinen Fehler gemäß ihrer Vorgaben gemacht zu haben, obwohl das Gesamtergebnis im Zusammenspiel mit den Kollegen offensichtlich ungenügend ist.

Je jünger, pionierähnlicher und kleiner ein Unternehmen ist, umso mehr ist hingegen die Einstellung ausgeprägt, sich proaktiv als Gruppe zu verstehen und ein gemeinsames Verantwortungsgefühl mit wechselseitiger Hilfestellung zu leben. Aber das ist auch nicht die Lösung! Ein diffuses Teamkonzept, in dem sich jeder um alles kümmert, hilft nicht wirklich weiter. Eine solche Organisationsform wird spätestens im Zeichen von Krisen und Fehlleistungen versagen und dann zu Schuldzuweisungen führen. Im Übrigen bleiben Doppelarbeit und Unterlassungen nicht aus, da ja keiner verlässlich weiß, was andere tun. Also lieber die Hauptzuständigkeiten klar definieren und einen wachen Geist für gemeinsame Verantwortung an den Schnittstellen in den Prozessketten fordern und fördern.

TIPP: Ein probates Mittel, um den Horizont seiner Mitarbeiter zu erweitern, besteht in einer befristeten Job-Rotation. Die kurzzeitige Übernahme einer anderen Funktion im Unternehmen, am besten durch Aufgabentausch zweier Mitarbeiter an der Schnittstelle von benachbarten Funktionsbereichen, sensibilisiert durch das eigene Erleben der jeweils anderen Perspektive für das Übergabeproblem, bewirkt so Verbesserungen und ruft ein ganzheitliches Verständnis hervor.

Eine grundsätzliche Gefahr besteht darin, dass Abläufe mit der Zeit durch ihre Überfrachtung immer intransparenter werden, so dass die operativen Notwendigkeiten und Zusammenhänge kaum noch erkennbar sind. In der Praxis ist es eine große Herausforderung, Mitarbeiter turnusmäßig zum Entschlacken solcher Prozesse zu bewegen, die betreffenden Abläufe hinsichtlich ihrer Sinnhaftigkeit und Zeitgemäßheit zu überprüfen und »alte Zöpfe« entschlossen abzuschneiden.

STÄNDIGE UPDATES DES SYSTEMS: ABSOLUTE DATENDISZIPLIN

Klassische Probleme entstehen an den Schnittstellen von Prozessketten immer dann, wenn Daten nur unvollständig vorliegen oder uneindeutig sind. In diesem Moment geraten die sonst so perfekten integrierten ERP-Systeme (»Enterprise Ressource Planning«) außer Tritt. Mitten in der Auftragsabwicklung sollte aber kein aufwendiger Klärungsbedarf entstehen, so dass sich eine geplante Auslieferung bei hohem internen Effizienzverlust verzögert. Daher müssen die Stammdaten vollständig und auf dem letzten Stand vorgehalten werden. Jede Information hinsichtlich der Preise und der Verpackung, aber auch tausend andere Details im System, sind unbedingt aktuell zu halten bzw. zu pflegen. Was für ein liebevolles Wort für eine ungeliebte Tätigkeit! Dabei handelt es sich um eine sehr hohe, bedauerlicherweise aber oft vernachlässigte Verpflichtung aller Prozessbeteiligten, insbesondere im Verkauf und im Außendienst. Die im Prinzip perfekten IT-Systeme versagen, wenn es keine absolut zuverlässige Datendisziplin gibt.

Trotz aller Forderungen, perfekte automatische Routinen zu unterhalten, wird in der betrieblichen Praxis natürlich nie ein abschließender Endzustand erreicht. Die scheinbar unbegrenzte Erfindungsfreude von Behörden, die ständig neue Anforderungen formulieren, denen sich kein Unternehmen entziehen kann, sowie viele interne Wünsche, die unter der Hand in hausgemachten Bürokratismus ausufern können, verursachen permanente Anpassungen. Dadurch aber werden Redundanzen und schließlich Altlasten entstehen, die Firmen Effizienz kosten, solange sie mitgeschleppt werden. Mein Rat lautet daher, seine Routinen regelmäßig zu entschlacken und alles über Bord zu werfen, wo Aufwand und Nutzen nicht oder nicht mehr in vertretbarem Verhältnis zueinander stehen. Auch Firmen müssen immer wieder auf (meist schon alte) Gewohnheiten bewusst verzichten.

Diese turnusmäßige Selbstreinigung ist freilich schwieriger als gedacht. Die handelnden Personen wollen die ihnen vertrauten Abläufe nicht infrage stellen. Und obwohl gerade von den Mitarbeitern, die täglich unter der ungerechtfertigten Belastung durch überholte Prozesse leiden, die besten Veränderungsvorschläge zu erwarten sein sollten, geschieht eben dies nur selten. Die Menschen betreiben ihren Aufwand ja aus Überzeugung. Aus ihrer Sicht beschwören die Reduzierung oder gar der Wegfall von Tätigkeiten Risiken herauf, die sie in ihrer Verantwortung nicht zu tragen bereit sind. Sehr wohl aber können intern solche Vorschläge zur Prozessoptimierung abverlangt werden. Das Management muss diesbezüglich seine Veränderungsbereitschaft und seine Risikobereitschaft glaubhaft machen und entsprechende Ideen stimulieren. Verbesserungs- oder Vereinfachungsvorschläge sind stets ernsthaft zu prüfen. Natürlich bleibt es das Recht der Geschäftsleitung, Regeln festzulegen und diese jederzeit wohl überlegt und wohl begründet anzupassen. Aber sie ist auch in besonderer Weise zu deren vorbildlicher Einhaltung verpflichtet. Sie darf zwar in Einzelfällen Ausnahmen zulassen, muss diese aber den Führungskräften und Mitarbeitern erklären können.

Eine andere Frage im Hinblick auf Organisationen lautet: Zentrale oder dezentrale Strukturen? Das Thema spielt jedoch erst bei Firmen ab einer gewissen Größe und Komplexität sowie bei (ausländischen) Tochterunternehmen eine Rolle.

Praxisbeispiel ▶ Zentrale Strukturen, die typischerweise durch einheitliche (gruppenweite) Regelungen und durch eine einheitliche IT-Infrastruktur geprägt sind, erlauben (theoretisch) Transparenz und vermitteln der Zentrale oder der Muttergesellschaft zumindest das Gefühl, wirksam Kontrolle auszuüben. Den Vorteil dieser Organisationsform sehen die Befürworter in der Möglichkeit, die Zielsetzung, die Synergien und die Effektivität zentral zu steuern und unter zentrale Verantwortung zu stellen. Der Nachteil besteht darin, dass die Bedürfnisse aller

Beteiligten in einem solchen System naturgemäß meist sehr aus Sicht der Zentrale wahrgenommen werden. Einzelne Einheiten, zumal, wenn sie in anderen Kulturkreisen agieren, ticken aber anders. Denken Sie hier noch einmal an die oben angesprochene Funktionsweise unseres Gehirns zurück, bestimmte Bilder mit »Begleitmusik« abzulegen. Diese Unterschiede finden in einem zentralen Standardsystem kaum Berücksichtigung. Alles wird (unfreiwillig) über einen Kamm geschoren, mit der Gefahr, dass die Synergien beim Versuch der zentralen Steuerung doch nicht gehoben und nur suboptimale Ergebnisse erreicht werden.

Ein strikt dezentral ausgerichtetes System bildet demgegenüber ideal die notwendigen spezifischen Situationen als optimal angepasste Einzellösungen ab. In der Praxis entsteht so allerdings häufig eine kaum kompatible, standortbezogen unvergleichbare und somit schwer bis gar nicht steuerbare Gemengelage.

Was ist nun richtig bzw. was ist das kleinere Übel? Hier gibt es erwartungsgemäß keine generelle Antwort, doch unser »Erfolgsmodell Hirn« erlaubt eine interessante Grundaussage: Es hat keine exklusive Steuerzentrale! Alle Informationen und alle lokalen Randbedingungen ständig zentral zu erfassen, zu bewerten und zu steuern, scheint nicht möglich, zumindest aber in Anbetracht der Mechanismen dieses Hochleistungsorgans, nicht sinnvoll. Daraus geht im Analogieschluss hervor, dass weiche, durch Kultur und Tradition geprägte Besonderheiten sowie verschiedene Vorgehensweisen einzelner Firmeneinheiten, die unter anderen Marktbedingungen oder unter landesspezifischen Umständen arbeiten, individuell geregelt werden sollten. Die Synergien zwischen solchen Einheiten sollten folglich nicht überschätzt und schon gar nicht erzwungen werden. Selbst wenn solche strategischen Synergien durch die Vereinheitlichung von Vorgehensweisen errechnet wurden, würden sie oft mit Nachteilen für die operativ agierenden lokale Einheiten erkauft. Gerade das Verantwortungsbewusstsein der Mitarbeiter vor Ort muss zu Widerständen zwischen der Mutter und den Tochterfirmen führen. Solche Konflikte häufiger oder gar dauerhaft auszutragen, schadet mehr als die erwarteten Synergien an Vorteilen bringen. Anders sieht es bei den Aufgaben aus, bei denen lokale bzw. marktbedingte Unterschiede keine große Rolle spielen. Buchhaltung, Logistik, Qualitätsmanagement und IT können mit zentralen EDV-Systemen in »Shared services« übergreifend eingesetzt werden.

LIEBER FLACH ALS STEIL: DIE TIEFE DER ORGANISATION

Hier auch noch ein Wort zur Hierarchie in Unternehmen. Die Zahl und die Ausprägung der Ebenen hängt natürlich von den Dimensionen ab. Allgemein gilt, je flacher die Organisation, umso besser. Die dabei entstehende breite Führungsbasis macht es leichter, delegieren zu können, also Verantwortung auf einer unteren Ebene zu übernehmen und Entscheidungen dort zu treffen, wo Nähe zum Problem und Sachkompetenz gegeben sind, zumindest aber vorherrschen sollten.

Diesbezüglich gebe ich einen Hinweis, der an vielen Stellen des Buchs sinnvoll wäre: Keine noch so ausgefeilte Gliederung von Unternehmen bildet die tatsächlichen Wechselwirkungen und Abhängigkeiten der Lebenswirklichkeit überzeugend ab. Die Dinge greifen ineinander und wirken sich naturgemäß in verschiedener Form an verschiedenen Stellen in Unternehmen aus. Insofern hätte ich diese und die folgenden Aussagen über das Delegieren ebenso im Abschnitt über die Ausübung von Verantwortung oder unter dem Stichwort »Führungsstil« behandeln können. Qual der Wahl! Im Übrigen gibt es zum komplexen Thema der Organisation viel Literatur und einen breiten wissenschaftlichen Diskurs.

ÜBERTRAGUNG VON VERANTWORTUNG: DIE KUNST DES DELEGIERENS

Die Festlegung einer Organisationsstruktur bedeutet zwei Dinge: Arbeitsteilung sowie die Übertragung von Teilaufgaben von der obersten Leitung auf nachgeordnete Führungskräfte. Das Top-Management kann nicht jede Entscheidung treffen und sollte dies auch gar nicht tun. Die Zuordnungen finden üblicherweise in Stellenbeschreibungen (»Job Descriptions«) statt. Die schriftliche Pflichtenübertragung etabliert die juristischen und haftungsrechtlichen Verbindlichkeiten.

Diese Eindeutigkeit ist in vielen operativen Zusammenhängen nicht gegeben. In Stein gemeißelte verbindliche Vorgaben sind hier kaum möglich. Zwei Beispiele:

Beispiel 1, Bestände ▶ Eine berechtigte Forderung von Kunden ist, kurzfristig beliefert zu werden. Dies ist nur durch ausreichende Lagerhaltung möglich, die bei langen Beschaffungswegen und Beschaffungszeiten besonders ausgeprägt sein wird. Bestände bieten also Liefersicherheit, jedoch für teures Geld und mit dem Risiko, dass die Vorräte an Qualität verlieren oder aus den verschiedensten Gründen unverkäuflich werden. In der Praxis findet also ein ständiges Ringen zwischen möglichst geringer Kapitalbindung durch möglichst geringe Bestände und dennoch hoher Lieferbereitschaft statt, also der Fähigkeit, Kundenwünsche rasch zu befriedigen. Diese Herausforderung beschreibt eines der vielen Antipodenpaare, in Anbetracht derer die Kunst von Unternehmen darin besteht, eine gesunde, wirtschaftliche Balance zu finden. Die Verfolgung nur eines der beiden gegenläufigen Extremziele führt unweigerlich ins Abseits, obwohl jedes Ziel für sich betrachtet berechtigt ist. Wo für Unternehmen im Entscheidungsfall, und jeder ist hier anders gelagert, die richtige Norm liegt, ist leider wieder nicht eindeutig zu sagen. Wenn man nicht jede dieser (unter Umständen prekären) Entscheidungen unfreiwillig zur Chefsache machen will, braucht es ein übergeordnetes Grundverständnis, das der anschließend diskutierten Firmenkultur entspringt.

Beispiel 2, Kapazitätsauslastung ► Margenschwache Geschäfte können zur besseren Auslastung vorgehaltener Strukturen »mitgenommen« werden, falls sie einen Deckungsbeitrag erbringen, der höher als die direkten Kosten ist. Problematisch wird es, wenn übernommene deckungsbeitragsarme Geschäfte die Kapazitäten nachhaltig blockieren und insofern die Hereinnahme deckungsbeitragsstärkerer Geschäfte verhindern, die deutlich attraktiver wären. Der kritische Blick aufs Große und Ganze darf also nie verloren gehen. Nur wenn die Summe aller Deckungsbeiträge die Fixkosten erkennbar übersteigt, gibt es ein positives Betriebsergebnis. Die Gefahr besteht also darin, zu viele deckungsbeitragsschwache Geschäfte an Land zu ziehen, die zwar eine Kapazitätsauslastung bewirken, allerdings ohne alle Fixkosten zu decken, so dass es letztlich kein positives Betriebsergebnis gibt. Dabei ist es im Alltag von Unternehmen faktisch unmöglich, alle diesbezüglichen Entscheidungsmuster theoretisch präzise festzulegen, da sich die konkreten Umstände und die Gegebenheiten zu sehr unterscheiden und andauernd dynamisch ändern. Daher braucht jeder, der in solche Fragen involviert ist, gewisse Ermessensspielräume, die ebenfalls aus der Firmenkultur erwachsen.

ÜBERLEITUNG ZUR FIRMENKULTUR | VORGABEN UND ERMESSEN

Auch hier wollen wieder beide Hirnhälften beteiligt werden. Das rechnende Hirn schafft es, viele entscheidungsrelevante Kriterien zahlenmäßig in Bandbreiten festzulegen, etwa Mindestmargen, Zahlungsziele und Konditionen, Spezifikationen, Lagerreichweiten, Besuchshäufigkeiten, Einsparungen etc. In der Realität ist es jedoch so, dass noch so gute Standards und Normerwartungen in diversen Situationen versagen, zumal oft keine Zeit für Rückfragen bei Vorgesetzten oder in Einzelfällen gar beim Top-Management besteht, das die Vorgaben gemacht hat.

Es bedarf also übergeordneter Sinnkriterien, vor allem für die Interpretation der Regeln. Diese ergeben sich aus der von mir so stark strapazierten Firmenkultur. Es geht um Orientierungshilfe. Diese »Leitplanken« erlauben kulturverträgliche Entscheidungen in eigener Verantwortung auf allen Ebenen und ohne die Sorge, später Vorhaltungen zu erfahren. Diese firmeninternen Normen, die »Do's and Dont's« also das, was man normalerweise tut, weil es erwünscht, jedenfalls aber erlaubt ist, als auch das, was unerwünscht und vielleicht unerlaubt ist, müssen für jeden Mitarbeiter einschätzbar sein und ihm verstatten, nach unternehmenseigenen Standards selbst zu entscheiden. Zumindest aber sollte so verhindert werden, dass es unter unglücklichen Umständen zu abwegigen, einsamen Fehlhandlungen kommt, die »vom System« im Nachhinein nicht toleriert werden (können).

Im Zweifelsfall wird es keine klare Zuordnung der Verantwortlichkeit geben. In diesem Sinne behält die oberste Führung trotz aller ausgefeilten Festlegungen die Verantwortung für das Wohl und Wehe, also in letzter Konsequenz für das Überleben des Unternehmens. Wenn es nicht gut läuft, wird die beauftragte Führungskraft ihre Verantwortung spüren und auch beanspruchen, so dass in schwierigen, strittigen Situationen oft ein Kompetenzgerangel festzustellen ist, aus dem durch das nachträgliche In-die-Schuhe-Schieben von Verantwortung (»Schwarze-Peter«-Spiele) Rechthaberei oder Schuldzuweisungen resultieren. Die dem Skat entlehnte Regel »Ober sticht Unter«, ist in diesem Zusammenhang, in dem es um Lösungen für Notfälle im Management geht, leider kein rettendes Delegationsprinzip. Die Beharrung auf rein formalen Delegationsprinzipien aber auch nicht!

Praxisbeispiel ▶ In der Praxis habe ich in Unternehmen selten scharfe Zuspitzungen von Zuständigkeitsproblemen erlebt. Den Grund dafür erkenne ich in der Wirkung der nun schon mehrfach zitierten Firmenkultur, die gewissermaßen als Kitt und als gemeinsamer Nenner jeder Form von Zusammenarbeit fungiert. So entsteht ein Vertrauensverhältnis der Mitarbeiter untereinander sowie über die Hierarchie-Ebenen hinweg, was gemeinsame Lösungen in gemeinsam empfundener Verantwortung erlaubt. Die Geschäftsleitung hat sich also der besonderen Bedeutung der Firmenkultur in ihrer Hauptfunktion als (emotionales) Fundament eines berechenbaren Entscheidungs- und Handlungsrahmens bewusst zu sein und sollte sie aktiv entwickeln und pflegen. Achtsamkeit hier zahlt sich aus.

Sinn der Firmenkultur: Das »Bauchgefühl« von Unternehmen

Die Firmenkultur haben wir bisher als den »Bauch« oder den »Mind-Set« von Unternehmen bezeichnet. Wie in unserem eigenen ideologischen Hirn unsere individuellen Bilder und Erlebnisse aus der Vergangenheit abgelegt sind, gilt dies für Unternehmen mit ihren speziellen historischen Erfahrungen. Die Firmenkultur ist das ideologische Hirn des Unternehmens. Es lohnt sich sehr, in dieses komplexe Thema einzusteigen und auf die vielen Aspekte und Facetten einzugehen.

Wie das ideologische Hirn von Natur aus in jedem Menschen angelegt ist, so existiert ein übergeordnetes ideologisches Hirn (Firmenkultur) auf kollektiver Ebene. Voraussetzung seiner Existenz ist der Bestand einer Gruppe von Menschen, eines sozialen Gebildes, die miteinander in festen oder temporären Beziehungen stehen. Wikipedia bietet hier eine etwas sperrige Definition (nach Robert K. Merton): »Ein Kollektiv ist eine Mehrzahl von Personen, die aufgrund eines Systems von gemeinsamen Normen und Werten Gefühle der Zusammengehörigkeit entwickeln.«[7] Zeitgemäße Unternehmen wollen eben nicht, dass Arbeitnehmer ihre Arbeitskraft wie eine Maschine zur Verfügung stellen. Ein Satz, der in Familienunternehmen gar nicht erklärt werden muss. Er braucht ein Mindestmaß an Geborgenheit in der Gruppe und die Erfahrung, mit ihr übereinzustimmen. Seine persönlichen Ansichten und Werte müssen von den anderen Gruppenmitgliedern weitgehend mitgetragen und geteilt werden. Diese homogenen Gruppenwerte und Gruppennormen in einem Unternehmen bilden seine Firmenkultur.

In sehr kleinen Firmen wird diese Firmenkultur, wie ich in meiner Betrachtung der Betriebsgrößenklassen dargelegt habe, stark oder ausschließlich vom ideologische Hirn des (allmächtigen) Chefs geprägt sein. Schwierig wird es bei zwei oder noch mehr gleichberechtigte Firmengründern, wenn sie nicht über ganz ähnliche Werte und Sichtweisen verfügen. Diesbezüglich ist oft festzustellen, dass einer aus diesem Gründerkreis relativ bald das »Handtuch wirft«, und zwar weniger auf Grund rationaler Gründe, sondern wegen Meinungsverschiedenheiten in Anbetracht derselben Fakten. Wir alle kennen die regelmäßigen Verlautbarungen, dass auch bei großen Firmen eine Trennung von einem Manager aus unterschiedlichen oder unüberbrückbaren Auffassungen erfolgt, sofern dieser Sachverhalt nicht als Uneinigkeit in strategischen Fragen verklausuliert wird.

Tatsächlich aber geschieht etwas ganz anderes: Nicht die analytische, logische, rationale Bewertung, nicht das rechnende Hirn, kann zu divergierenden Ergebnissen kommen: Dafür sind die individuellen Interpretationen und Erwartungen verantwortlich. Es geht um den Einfluss des ideologischen Hirns! Je größer eine Firma, je mehr Mitarbeiter sie hat, umso mehr prägen sich variantenreiche interne Strukturen aus. Der oberste Entscheider bleibt zwar Leuchtturm und Leitfigur, aber er setzt die für das Haus geltenden Werte und Normen nicht mehr allein. Eine Firmenkultur, die als gemeinsamer Nenner für viele dienen muss, entsteht.

Das Wissen um das ideologische Hirn ist genauso wichtig wie das Wissen um die breiten Wirkungen der Firmenkultur! Wegen ihrer Effekte auf das ganze Unternehmen ist sie mit den Werten von der Geschäftsleitung schriftlich zu fixieren.

SEIN SELBSTVERSTÄNDNIS KLÄREN: FIXIERUNG DER FIRMENKULTUR

Schon länger bestehende Unternehmen werden relativ gut zu klaren und beschreibbaren Erkenntnissen über ihre Firmenkultur kommen, gewissermaßen zu einer Generallinie. Historische Erfahrungen (Erfolge, Fehler, Rückschläge) sind bereits in die Unternehmenskultur integriert oder wurden von ihr absorbiert. Oft fehlt es nur daran, sich diese unspektakulären, beiläufigen Prozesse bewusst zu machen und solche Vorgänge und ihre Verarbeitungsmuster zu formulieren.

Junge Unternehmen haben hingegen noch keine Erfahrungskurve. Sie müssen ihr Handeln, ihre Erfolge und ihre Misserfolge umso sensibler bewerten, um ihre Grundüberzeugungen abzuleiten, mit der Markenentwicklung beginnen und im Laufe der Zeit durch »Veredlung« ihres Verhaltens ihren Stil und ihren Weg finden. Ständige Experimente, also ein Zickzackkurs im Marktauftritt, werden ebenso zu schlechten Ergebnissen führen, wie der Fehler, seine Geschäftsprinzipien (Werte und Firmenkultur) weder bewusst zu definieren noch zu kommunizieren.

Ich glaube daran, dass so eine belastbare gemeinsame Ausrichtung möglich wird. Sie ist deswegen so wichtig, weil sie die Harmonisierung der Meinungen und die Fokussierung auf das gemeinsame Unternehmensziel erlaubt. Die verbleibende natürliche Bandbreite verschiedener Ideen, Ansätze und Auffassungen können und sollten in einem internen Dialogprozess in den gemeinsamen Weg (Konsens) eingearbeitet werden. Dieses Sich-Einbringen jedes Mitarbeiters steigert die Motivation und ruft bessere Lösungen hervor. Schließlich erlaubt ein definierter und publizierter Wertekanon jedem Mitarbeiter auch, seine Freiräume einzuschätzen und festzustellen, wann Entscheidungen im üblichen Rahmen getroffen werden können bzw. wann Momente vorliegen, die so ungewöhnlich sind, dass die Abstimmung mit der nächst höheren Ebene bis zum Top-Management geboten ist.

MODERNE UNTERNEHMENSFÜHRUNG: »GOOD GOVERNANCE«

Der Begriff »Governance« überlappt mit dieser Thematik. Er dient in der modernen Unternehmensführung allerdings hauptsächlich dazu, die Grundwerte des Unternehmens, die bereits besprochenen Steuer- und Regelungssysteme, Prozesse und Strukturen sowie die Kontrollfunktionen zu beschreiben und bleibt insofern weit hinter dem gerade aufgezeigten Anspruch an die Firmenkultur zurück.

Praxisbeispiel ▶ »Governance« soll eigentlich den Lenkungsrahmen beschreiben, der meines Erachtens aber zu oft als formalisiertes, blutleeres Regelwerk begegnet. Firmenkultur muss leben! Sie soll niedergelegt werden, doch viele der perfekt ausformulierten Thesen in den Hochglanzbroschüren von Unternehmen, die von einer PR-Agentur so glatt geschliffen wurden, dass sie bisweilen sogar populistisch wirken, greifen zu kurz. Gerade Konzerne präsentieren sich gern mit solchen pseudophilosophischen Rundumschlägen und Wohlverhaltensregistern, mitunter vielleicht auch, weil sie sich von der Öffentlichkeit dazu gezwungen wähnen. Ihr kollektives ideologisches Hirn soll um jeden Preis als politisch korrekt, elaboriert und schön begegnen. Die beiden Hauptelemente der Firmenkultur, die Werte und Prinzipien, werden wohl formuliert in Szene gesetzt, sind aber leider kaum spezifisch und überzeugen daher nicht. Sie orientieren sich an internationalen Standards und decken alle rechtlichen und ethischen Themenfelder in austauschbarer Manier ab. Alles, was man (die Weltöffentlichkeit!) an Verpflichtungen und Tugenden erwarten darf, wird geboten. Die Verhaltenskodizes (»Codes of conduct«) von Konzernen klingen fast alle gleich. Originär sind allenfalls die Unternehmenszwecke. Aber eigentlich kann es auch gar nicht anders sein.

Das Top-Management muss sich seiner Werte und Prinzipien, seiner Kulturmerkmale, also seines ideologischen Hirns, bewusst sein. Nur auf den so abgesteckten Feldern wird die Einbindung jedes Mitarbeiters ins Gesamtsystem sowie die Ausrichtung auf gemeinsame Ziele möglich. Dabei können durch die Dynamik der Rahmenbedingungen und der ebenfalls kaum vorhersehbaren internen Entwicklung mittel- und langfristig auch systemverträglich Korrekturen notwendig sein.

TIPP: Investieren Sie Zeit, Kraft und Konzentration nicht nur in die Beschreibung der harten Faktoren Ihres Geschäftsmodells (Märkte, Produkte etc.), sondern formulieren Sie Ihre spezifische Firmenkultur bewusst und kommunizieren Sie die Erkenntnisse Ihren Mitarbeitern, Lieferanten und Kunden klar. Seien Sie sensibel für den spontanen Grad der Übereinstimmung oder Abweichung aller Beteiligter.

Die große Bedeutung des individuellen und des kollektiven ideologischen Hirns für den Erfolg der Unternehmensführung ruft weitere Überlegungen auf, um die Komplexität durch Analogien zu reduzieren. Dabei stoßen wir wieder auf einen Knotenpunkt, an dem so viele Dinge miteinander verbunden sind, dass die Würdigung der vielen Aspekte bedeutet, vom Hölzchen aufs Stöckchen zu kommen, während der rote Faden verloren gehen könnte. Aber versuchen wir es!

Mir wurde auch erst bei der Ausarbeitung dieses Buchs richtig bewusst, was für eine komplexe Herausforderung die oft geschmähte Managementarbeit ist. Ein Aufgabenspektrum, das wie die Führung eines Schiffs ein hohes Maß an Erfahrung verlangt. Diesbezüglich fällt mir die Bemerkung eines befreundeten Pathologen anlässlich seines 65. Geburtstags ein: »Richtig gut bin ich erst mit 60 geworden. Erst dann hatte ich so viel Erfahrung in der Beurteilung von Gewebe gesammelt, so viele Grenzfälle und Außergewöhnliches gesehen, dass sich bei uneindeutigen Befunden ein Riecher für die wirkliche Ursache entwickelt hatte, der verlässliche Befunde, Interpretationen und Empfehlungen an meine Kollegen in der Chirurgie erlaubte.« Genau das ist es! Das aktiv betriebene Zusammenspiel der beiden Hirnhälften lässt Leistungen zu, die selbst mit absolutem Lehrbuchwissen nicht erzielbar sind. Bei guten Unternehmern und Managern ist das ebenso.

Diese ständige Wechselwirkung der Firmenkultur mit dem individuellen »Mind-Set« der Führungskräfte, aber auch aller Mitarbeiter, schauen wir uns im Hinblick auf die Personalauswahl näher an. Die Menschen machen das Unternehmen aus.

INDIVIDUELLE UND KOLLEKTIVE WERTE: IDEALE MITARBEITER

Im Rahmen des bisher Gesagten liegt nahe, dass sich verschiedene Menschen aufgrund ihres eigenen »Mind-Sets« (individuelle ideologische Hirnhälfte) in einer Firma mit affinen Kulturmerkmalen (ideologische Hirnhälfte des Unternehmens) wohlfühlen werden. Die Mitarbeiter und die Geschäftsleitung brauchen diesen gemeinsamen Nenner, dieses gemeinsame Grundverständnis, auch. Konfuzius sagte schon vor 2.500 Jahren: »Wenn man in den Grundsätzen nicht übereinstimmt, kann man einander keine Ratschläge geben« (Konfuzius 14. Brief, 39. Zeile).

TIPP: Bei Einstellungsgesprächen von Bewerbern und in der (leider fast immer zu kurzen) Probezeit sollte mehr auf die Stimmigkeit der irrationalen Seite (die individuelle ideologische Hirnhälfte) des Kandidaten mit der Firmenkultur geachtet werden. Wenn Sie also diesbezüglich vergleichen wollen, ist es folglich vorteilhaft, zeitnah (möglichst am selben Tag) mehrere Kandidaten zu interviewen.

Die Einstellung neuer Mitarbeiter ist eine signifikante Investition und beeinflusst einen wesentlichen Erfolgsfaktor von Unternehmen, was zu allergrößter Sorgfalt verpflichtet. Natürlich kommt es zunächst auf die fachliche Qualifikation und auf die Erfahrung an, aber eben auch auf die kulturelle Affinität, auf die Identität von Werten, Verhaltensmustern und Überzeugungen. Nur so entsteht und besteht das Vertrauen für eine gute Zusammenarbeit und die Delegation von Aufgaben.

Fachliche Mängel allein führen übrigens selten zu einer späteren Trennung. Solche Defizite sind feststellbar und eigentlich auch abstellbar. Problematisch sind die weichen Faktoren, deren Unverträglichkeit sich erst nach längerer Zeit, wenn bereits viel Geld und Know-how in den Mitarbeiter investiert wurde, herauskristallisiert, oft an Kleinigkeiten. Daher sind Vorstellungsgespräche mit Augenmerk auf die Kulturaspekte so wichtig. Bei mehreren eingeladenen Bewerbern erschweren längere Pausen zwischen Terminen den Vergleich sehr und machen es quasi unmöglich, eine faire Entscheidung zu treffen. Der direkte zeitnahe Vergleich, also die relative Beurteilung, führt hingegen meist zu einem eindeutigen, richtigen Votum. Dabei blitzen auch hier die Einflüsse des ideologischen Hirns der Beurteiler auf. Ihre Stimmungslage kann zu verschiedenen Zeitpunkten verschieden sein, mit negativer Wirkung auf eine faire vergleichende Beurteilung.

TIPP: Sie sollten stets ein zweites Vorstellungsgespräch führen. Dieselben Bewerber bzw. die schon vorausgewählten Bewerber sollten am selben Tag häufiger in einem direkten Vergleich interviewt werden. Ich habe jedenfalls oft erlebt, dass diese Vorstellungsrunden durchaus uneinheitlich verliefen. Wenn derselbe Kandidat den Wettbewerb zweimal als Bester beendet, ist er auch der Richtige.

Die kulturelle (ideologische) Identität bietet neuen Mitarbeitern genauso wie der Stammbelegschaft auf allen und zwischen allen Hierarchie-Ebenen Orientierungen und Möglichkeiten, sich mit Gedanken und Gefühlen einzubringen, an.

MERKSATZ | KEIN UNTERNEHMER SOLLTE SICH WUNDERN, DASS IHN FÜHRUNGSKRÄFTE UND MITARBEITER NACH EIN BIS DREI JAHREN WIEDER VERLASSEN, WENN SICH DEREN VORSTELLUNGEN UND DIE FIRMENKULTUR ALS ZU UNTERSCHIEDLICH ERWEISEN. LEIDER IST DIE ÜBLICHE PROBEZEIT VON SECHS MONATEN ZUR EINSCHÄTZUNG SOLCHER UNSTIMMIGKEITEN ZU KURZ. DIE ENTTÄUSCHUNG SOLLTE SOFORT ZU STRENGEREN AUSWAHLKRITERIEN FÜHREN. DIE KONGRUENZ VON MITARBEITERN UND UNTERNEHMEN HAT ALLERHÖCHSTE BEDEUTUNG FÜR DEN LANGFRISTIGEN FIRMENERFOLG.

HOMOGENE FIRMENKULTUR: DISPARATE INDIVIDUELLE WERTE

Ein exemplarisches Beispiel zeigt die Affinität und die Folgen einer Unstimmigkeit zwischen dem individuellen ideologischen Hirn von Mitarbeitern und der Firmenkultur. Konkret geht es mir um einen Mitarbeiter im Vertrieb, der wegen seines Kundenkontakts sehr wichtig für das Unternehmen ist. Vertriebler haben ja die Aufgabe, Kunden von einem Angebot im Vergleich zu Konkurrenzangeboten zu überzeugen. Hier muss man verstehen, dass alle Geschäfte letztlich zwischen Menschen gemacht werden, und zwar zwischen Menschen mit rechnenden und ideologischen Hirnhälften, mit rationalen, analytischen Fähigkeiten sowie mit inneren Bildern, Erwartungen und Emotionen. Es geht also darum, dass Menschen andere Menschen von etwas überzeugen. Das aber gelingt nur, wenn der Verkäufer Vertrauen aufbaut und sein Unternehmen so authentisch wie widerspruchsfrei vertritt. Er ist die Schnittstelle, wobei die meisten Kunden ihr Bild von der Firma, die hinter diesem Verkäufer steht, ausgehend von dessen »Mind-Set«, seiner Attitüde sowie seinen geäußerten und gelebten Werten entwickeln.

In diesem Zusammenhang las ich vor einiger Zeit die Formel: »Vertrauen = Kompetenz x Sympathie«, die Christian Belz in seinem Buch »Spannung Marke« zitiert und die wohl auf den Schweizer Unternehmer Gustav Werder zurückgeht.[8] Mich an diese Aussage haltend, schlage ich im Hinblick auf den Dualismus unserer beiden Hirnhälften eine abgewandelte Beschreibung vor: Kompetenz steht bei mir für Ratio und Fachwissen, Sympathie für die ideologische, empathische Hälfte. Nur wenn beides ausgewogen ist und zusammenkommt, entsteht Vertrauen. Es ist dasselbe Vertrauen, das eine Firma intern funktionstüchtig hält und das im Außenverhältnis die Grundlage jeder stabilen Geschäftsbeziehung bildet.

Marktexperte Stefan Vogler überträgt diesen Gedanken analog zu meinen Thesen auf Unternehmensmarken (»Corporate Brands«). Er postuliert in seinem Fall für Banken, dass den vier »P« im Marketing-Mix (»Product«, »Price«, »Place«, »Promotion«) ein fünftes »P« für die Persönlichkeit des Menschen hinzugefügt werden sollte. Die Identität der individuellen und der kollektiven Haltung (»Mind-Set«) erklärt er so: »Die Marke [In meinen Termini: die Firmenkultur] muss von der ganzen Organisation (Bank) gelebt werden. Der CEO prägt den Markenwert mit!«[9]

Nun zurück zu den Verkäufern als Beispiel dafür, wie wichtig die Übereinstimmung von Werten und Kulturmerkmalen ist: Als erste, bereits besprochene Ableitung, ist bei jedem Verkäufer, wie auch bei allen anderen nach außen wirkenden Mitarbeitern, darauf zu achten, dass sie die Grundwerte, die Strategie und die Philosophie des Unternehmens kennen, teilen und praktizieren. Diesbezüglich muss eine hinreichende Kongruenz zwischen der ideologischen Hirnhälfte des individuellen Mitarbeiters (Verkäufers) und der seines Hauses bestehen. Einem marktschreierisch auftretenden Verkäufer nimmt niemand ab, ein solides, technisch versiertes Unternehmen zu vertreten. So entwerfen Kunden völlig falsche Bilder, zumindest aber treten Irritationen auf, die unbedingt zu vermeiden sind.

Praxisbeispiel ▶ Ich weiß, dass jeder Markt, jede Branche und jedes Geschäftsmodell im In- und Ausland eine eigene Kultur besitzt, die von den Akteuren gelebt wird. Erfolgreiche Verkäufer brauchen diesen Stallgeruch ihrer Kunden, müssen ihre Sprache sprechen und ihre jeweiligen Spielregeln kennen und beherzigen.

Die zweite Erkenntnis ist: Mitarbeiter mit Aufgaben zu betrauen, die von ihrem bisherigen »Mind-Set« abweichen, stellt eine große, manchmal unüberwindbare Herausforderung dar. Als triviales Exempel möge ein Verkäufer dienen, der erfolgreich Standardprodukte in großen Mengen abgesetzt hat. Wenn dieser bis dahin gute Marktbearbeiter nun kleine Mengen Spezialitäten verkaufen soll, was von der ersten Bemusterung bis zum erst viel später anlaufenden Geschäft oft einen langen zeitlichen Vorlauf verlangt, ist der Misserfolg nicht weit. Für diese Aufgabe werden Verhaltensweisen, Erfahrungen und Methoden gebraucht, die er in seinem bisherigen Repertoire kaum oder gar nicht angelegt haben wird. Insofern glauben zu wollen, volumenträchtige Standardprodukte und entwicklungsintensive Nischenprodukte zugleich aus einer Hand anbieten zu können, ist also mit hoher Wahrscheinlichkeit keine gute Idee. Seinen »Mind-Set« oder auch nur seinen Stallgeruch zu wechseln, um Kunden mit ihren Erwartungen in einem ganz anderen kulturellen »Setting« nachhaltig zu überzeugen, ist sehr schwer.

Die dritte Erkenntnis bezieht sich darauf, dass ebenso die Beziehung eines Vertrieblers zu einem Einkäufer gestört sein wird, wenn die rechnenden und die ideologischen Voraussetzungen nicht kompatibel sind. Selbst die richtigsten und besten Sachinformationen des Verkäufers werden die rechnende, sachliche Hirnhälfte des Einkäufers nicht stimulieren, wenn der Filter seiner ideologischen Hirnhälfte keine Zustimmung zu einer positiven Wahrnehmung gibt, etwa weil der Verkäufer negative Assoziationen (Aversionen) beim Einkäufer weckt oder weil er von dem (inneren) Bild abweicht, das der Einkäufer vom anbietenden Unternehmen hat. Solche Divergenzen, die im ideologischen Hirn begründet sind, sind kaum durch »Empathie-Training« auszugleichen. Verkäufer müssen von ihren Produkten, aber auch von ihren Unternehmen, spürbar mit Herzblut begeistert sein.

Lebendiger Ausdruck der Firmenkultur: Das Betriebsklima

Beschreibt die Firmenkultur den grundsätzlichen Rahmen, der nur ganz allmählichen Änderungs- und Anpassungsprozessen unterliegt, so beschreibt das Betriebsklima die kurzfristigen Strömungen und Empfindungen in Unternehmen: Umstände, die mal so sind und mal so, Ereignisse, die kommen und gehen, die vielleicht sogar heiß eine Zeit lang diskutiert werden, die aber den Rahmen der Firmenkultur nicht verlassen und normalerweise in ihr aufgehoben sind. Oft sind es ja Nichtigkeiten, denen Vorgesetzte nachgehen sollten, um Position zu beziehen. Unterlässt man dies, staut sich das Missliebige auf. Dabei gilt wie stets auch hier, dass eine frühe, rasche Reaktion den Schaden und die Schmerzen minimiert.

Gesunde Streitkultur: Sympathie und Antipathie austarieren

Beginnen wir im Kleinen, beim Menschen, bei uns selbst. Wir glauben alle, einen uns fremden Zeitgenossen quasi in Echtzeit einordnen zu können. Gesten, Mimik, Frisur oder Kleidung lassen uns aus früheren Erfahrungen und Erlebnissen mit anderen Personen blitzschnell Rückschlüsse ziehen und Einstufungen vornehmen. Es ist also recht eigentlich gar nicht der neue unbekannte Mensch allein, der da gerade vor uns steht, sondern es sind ähnliche frühere Begegnungen, die Sympathie oder Skepsis bis hin zur Ablehnung motivieren. Dabei erhalten Menschen mit demselben Vornamen, demselben Geburtsort oder Geburtsdatum wie man selbst unbemerkt einen Bonus ohne sie näher zu kennen. Manche kann man gut, andere überhaupt nicht riechen. Das Alles hat wenig mit Rationalität zu tun!

TIPP: Einen neuen Menschen wirklich richtig einschätzen zu können, setzt Mühe voraus und die souveräne Offenheit, ihm und sich mindestens eine zweite Chance zu einer profunden Prüfung seines Wesens und seiner Eigenschaften zu geben.

Wie wir noch sehen werden, besteht alles unternehmerische Handeln, aber auch alles Handeln ganz allgemein, aus einer ständigen Abfolge von Entscheidungen. Dabei handelt es sich oft um die Wahl zwischen Alternativen, die von Menschen mit verschiedenen ideologischen Hirnen bewertet werden, mit Ergebnissen allerdings, die meist generell akzeptabel sein sollen. Wegen der diversen Erfahrungen und Sichtweisen werden die Einschätzungen jedoch uneinheitlich sein und es wird hinsichtlich der gemeinsamen Ziele nötig, alle Beteiligten mit ihren Meinungen offen und fair zu harmonisieren. Dazu braucht es eine gesunde Streitkultur.

In allen diesen Harmonisierungsprozessen, aber auch prinzipiell, bei der Suche nach neuen Konzepten und Strategien, geht es nie darum, wer gewinnt und wer verliert, sondern dass es gelingt, innerhalb der gesetzten Leitplanken eine überzeugende, möglichst gerechte Lösung zu finden. Das Durchdrücken einsam gesetzter Ziele und Maßnahmen »von oben« dürfte (fast) immer scheitern. Wir wissen ja schon, wie sehr unsere Emotionalität die Vermittlung von Inhalten prägt.

Am Ende wirklich gerecht zu entscheiden, bedeutet: Hinhören, reflektieren, keine hierarchische Macht einsetzen, jeden Beitrag und jeden Beitragenden ernst nehmen und das Ziel der besten Lösung, die ja oft Ideen und Elemente anderer individueller Beiträge zusammenführt, über jede Form der Rechthaberei zu stellen.

Zu beachten ist auch, dass manche Begründungen, gerade für Ablehnungen und Streitereien, vordergründige Zwecke verfolgen und nicht substantiell unterfüttert sind. Jeder Mensch hat Abwehr- und Bestärkungsmechanismen entwickelt und setzt sie ein, um seinen eigenen Weg weitergehen zu können, der auf seinen früheren Erfahrungen beruht. Damit tut er seiner »ideologischen Hirnhälfte« genüge. Reflexartiger Protest ist also zu hinterfragen, um die tieferen Gründe für den Widerstand zu suchen und durch stetige Befragung auf den Kern der Ablehnung, also auf die innere Warnung, zu stoßen. Nur so ist eine Öffnung für neue Gedanken zu bewirken. Das Verfahren ist mühsam, aber ohne Alternative.

TIPP: Bei vielen Menschen führen die eingespielten Bilder der »ideologischen Hirnhälfte« dazu, eine Angelegenheit für nicht weiter verfolgenswert, beendet oder aussichtslos zu halten. Eben dort aber, wo der ein oder andere spontan sein Waterloo erlebt, indem er etwas fokussiert, was man angeblich als nicht veränderbar akzeptieren muss, liegt der Anfang für wirklich neue Wege und Lösungen.

Meist trägt ein ernst gemeintes Hinterfragen, das manchmal mehrere Anläufe braucht, dazu bei, solche tief verankerten Vorurteile zu überwinden, neue Wege attraktiv erscheinen zu lassen und damit Durchbrüche zu erzielen. Ein bewährter Abwehrmechanismus besteht darin, subtil indirekt auf sein vermeintlich fehlendes Vertrauen gegenüber dem Zweifler und sein vermeintlich defizitäres Urteilsvermögen hingewiesen zu werden. Dadurch sollte sich niemand vom Befragen des Widerstand und der Ausflüchte abhalten lassen! Dieses Ringen um die Überwindung von Blockaden muss möglich sein. Aber mit aller Fairness, ohne Verletzung der Person sowie mit der Bereitschaft, Kompromisse einzugehen und sich selbst überzeugen zu lassen, also womöglich auch zurückzustecken. Bei alledem ist der Lohn dieses kommunikativen Aufwands groß. Es winkt die beste Lösung!

TIPP: Ganz wichtig, privat und im Beruf: Nie nachtragend sein! Zur Ehrlichkeit jeder Streitkultur gehören Offenheit und die Kraft, Kontroversen auszuhalten. Nach einer Entscheidung gibt es kein Nachkarten mehr. Was in diesem Zusammenhang überhaupt nicht geht, ist jemanden danach auf den Kieker zu nehmen.

Coaching ist ein geeignetes Mittel, um diese einvernehmliche Streitkultur sowie die handelnden Personen zu entwickeln. Konstruktiv gestaltete Gegensätze sind als integraler Teil der Firmenkultur die Bedingung für eine oft genutzte Form der Zusammenarbeit auf und zwischen hierarchischen Ebenen, der Arbeit in Teams.

TOLERANZ STATT DOMINANZ: SUBJEKTIVITÄT UND INDIVIDUALITÄT

Die naturgemäß verschiedene innere Begleitmusik unserer Entschlüsse führt unweigerlich zu Meinungsverschiedenheiten von Menschen, auch wenn sie auf dieselbe Faktenlage schauen, mit Folgen, die zerstörerisch, neutral, aber auch heilbringend sein können. Langfristiger Unternehmenserfolg beruht auf letzerem.

MISSVERSTÄNDNISSE UND MISSHELLIGKEIT: DIE NEGATIVE SEITE

Wenn jeder nur seine eigene Wahrheit anerkennt und durchsetzten will, sind Missverständnisse, Meinungsverschiedenheiten, Unverständnis, Feindschaft und Streit bis hin zu Kriegen unausweichlich die Folge. Dies gilt für jeden Menschen, für die Menschheit und für Unternehmen. Machen sich die Beteiligten hingegen ihre eigene Subjektivität und die Subjektivität der anderen bewusst, nimmt dieses Verstehen der Bedingungen Auseinandersetzungen die Schärfe und hilft, einen gemeinsamen Weg zu finden. Dieses Verfahren spart sehr viel Zeit und Kraft.

Vielfalt und Ideenwettbewerb: Die positive Seite

Eine konstruktive Konsequenz heterogener Sichtweisen auf individueller und aggregierter Ebene finden wir in der Erscheinungsform von Wettbewerb. Unternehmen bringen verschiedene Konzepte und Angebote hervor, die miteinander und gegeneinander um dieselben Käufer ringen. Wie die vielen Spezies in der Natur ihre Nischen besetzen und dafür sehr spezielle Fähigkeiten ausgebildet haben, dürfen und sollen Unternehmen ihren jeweiligen, zu ihnen passenden Weg wählen. Die Märkte bieten dafür den Raum und zeigen Bedarf für viele differenzierte Ansätze. Wettbewerb ist gut und Wettbewerb braucht Unterscheidungen. Jedes Unternehmen soll und darf daher ausdrücklich seinen eigenen Weg gehen.

Diese Maxime halte ich für eine ganz wesentliche Wurzel von Erfolg. Selbst, wenn es so etwas wie die objektiv einzig richtige, rationale Lösung aufgrund einer eindeutigen Faktenlage gäbe, müssten ja alle Unternehmen konsequenterweise dasselbe tun, so dass unser Leben und unser Marktgeschehen ganz schön langweilig wären. Das Einheitsangebot wäre statt von bunter Vielfalt von knochenhartem, ideenlosem Wettbewerb geprägt. Dabei bleiben die meisten Unternehmer mit ihren Unternehmen nicht nur durch den Wettbewerbsdruck in Verfolgung der einen, objektiv richtigen Lösung auf der Strecke, sondern dann, wenn dieser Weg ihr individuelles oder ihr kollektives ideologisches Hirn aus der Komfortzone zerrt. Sie fühlen sich trotz rationaler, also logisch begründeter, Fakten überfordert, und zwar im Sinne ihrer Erfahrungen und ihrer Werte, so dass Vieles obsolet wird, worüber ihre ideologische Hirnhälfte wacht, was ihr Selbstvertrauen schwächt. Die Verfolgung der zweitbesten Lösung, die in ihren »Mind-Set« und in ihre Komfortzone passt, hat dadurch höhere Erfolgschancen und erscheint den handelnden Personen und Unternehmen (falsch) als bessere Option.

Menschen fokussieren: Synergien durch Interaktion

Ein Rückschluss in eine ganz andere Richtung bringt uns zum Thema der interaktiven Zusammenarbeit von Menschen, trotz oder gerade wegen ihrer unterschiedlichen Erfahrungen und Sichtweisen. Es ist nun einmal so, dass der Gesamterfolg in Unternehmen (mit mehr als einem Mitarbeiter) vom Zusammenspiel vieler Protagonisten abhängig ist. Diese Menschen auf gemeinsame Ziele auszurichten und insofern Einfluss auf ihr Denken und Handeln zu nehmen, stellt für die Unternehmensleitung die zentrale Herausforderung dar. Leiten heißt Führen! Dabei geht es eben nicht darum, Menschen gleichzuschalten, zu klonen oder Abweichler einer Gehirnwäsche zu unterziehen. Das würde bestenfalls Grabesruhe schaffen. Unterschiede im Wissen, in den Erfahrungen, in den Denkweisen, verschiedene Charaktere: Alles das ist gut. Es schafft Spannung und bringt im Zusammenspiel neuartige Ideen und bessere Lösungen hervor. Die vielen Einzelinteressen jedoch auf ein gemeinsames Ziel auszurichten, ist und bleibt eine anspruchsvolle Sache. Unter den Stichworten »Team« und »Firmenkultur«, dem Nährboden fruchtbarer Interaktion in Unternehmen, der sich geteilten Werten und Prinzipien verdankt, setzen wir uns noch mit diesem Gedanken auseinander.

PFLEGE DER FIRMENKULTUR: PERSÖNLICHE VORBILDFUNKTION

Dies ist eine wichtige Führungsaufgabe, speziell für die oberste Führung, wobei der Ausdruck »oberste Führung« eigentlich zu anonym ist. Es geht um jede einzelne Person in der Geschäftsleitung und um ihre Signale. Wenn hier Diskrepanzen zwischen beanspruchten und gelebten Werten auftreten, ist dies verheerend. Entweder braucht die tradierte Firmenkultur dann eine Überarbeitung oder die besagte Führungskraft ist fehl am Platz! Jede Führungskraft stärkt oder schwächt mit ihrem Denken und Handeln durch ihr Vorbild die Firmenkultur. Hier hat es ein sich um seinen Chef drehendes Kleinunternehmen und vielleicht auch mancher Mittelständler leichter als ein Vorstand im Konzern.

ZWEI NACHHALTIGE INSTRUMENTE: KOMMUNIKATION UND VORLEBEN

Das Management, von ganz oben bis nach unten, muss sich der Bedeutung einer kontrollierten, aber nachhaltig und emotional wirkenden Kommunikation als Mittel der Kulturpflege bewusst sein. Wie Botenstoffe (Hormone) massiv unsere Gefühlslage und damit die gesamte Leistungsfähigkeit des »Systems Mensch« beeinflussen, so beeinflussen Kommunikation und glaubwürdiges Vorleben massiv die Effizienz und das Erscheinungsbild des Unternehmens. Wie Hormone auf äußere Impulse reagieren und unseren Körper konditionieren, prägt Kommunikation gepaart mit dem persönlichem Verhalten und der Glaubwürdigkeit der Führungspersonen die Qualität von Unternehmen. Die Wirkung tritt oft nur nach und nach sowie als Lohn dauernder Anstrengungen ein. Ist das Informationsbedürfnis hinsichtlich harter Fakten bei jedem Mitarbeiter erfahrungsgemäß schon verschieden, so gilt dies umso mehr in Anbetracht der Vermittlung »weicher« Inhalte. Letztere laden zu noch mehr Interpretationen ein. Diesbezüglich regelmäßig den richtigen Weg und das richtige Maß zu finden, ist eine große Kunst.

NICHTS FÜR DIE EWIGKEIT: NOTWENDIGE ANPASSUNGEN

Tatsächlich steht eine Firmenkultur mir ihren Werten nicht im Rang eines unver-
änderlichen Naturgesetzes, aber sie ist auch keine strategische und keine takti-
sche Komponente. Firmenkultur bildet sich normalerweise allmählich heraus und
sie ist langfristig angelegt. Sie bildet den beständigen, berechenbaren Rahmen
für alle Menschen im Unternehmen. Änderungen im Sinne von Anpassungen
sind stets nur mit Bedacht und mit dem Wissen um ihre allmählich einsetzende
Wirkung möglich. Plötzliche Kehrtwendungen oder gar ein schnelles Hin und Her
verbieten sich in gesunden Unternehmen. Soweit also meine Gedanken zu Führungsaufgaben rund um die Schaffung und die Pflege von Rahmenbedingungen, Regeln und funktionstüchtigen Strukturen mit klaren Verantwortlichkeiten.

Über all den »weichen« Faktoren (Regeln, Prozesse, Organisation, Werte, Kultur)
ist die »Hardware« natürlich nicht zu vergessen. In Anlagen und Betriebsausstat-
tungen ist in der Regel viel Geld gebunden. Erhaltung, Optimierung und Ausbau
sind folglich mit erfolgsbestimmend. Dem Ausbau wenden wir uns im Abschnitt
über Wachstum und Investitionen zu, der Optimierung im Kapitel über Verbesserungen. Hier sei kurz der Aspekt »Reparaturen/Instandhaltung« angesprochen.

BEWUSSTE PROPHYLAXE: PROFESSIONELLE INSTANDHALTUNG

Je nach Firmengröße und Anlagenlastigkeit werden verschiedene Strategien verfolgt. Kleinbetriebe und Teile des Mittelstands halten es mit dem amerikanischen
Slogan »Ain't broke, don't fix«, also mit der »Feuerwehrstrategie«, getreu dem
Motto: Reparieren, wenn ein Schaden sichtbar wird. Sie betreiben schadensab-
hängige Instandhaltung. Demgegenüber führen Unternehmen, in denen die Verfügbarkeit der Anlagen so wichtig ist, dass Stillstände oder Ausfälle unbedingt
vermieden werden müssen, in festgelegten Intervallen an verschleißgefährdeten
Bauteilen und Aggregaten Wartungs- oder Austauscharbeiten durch ohne erst
den Eintritt eines Schadens abzuwarten. Sie betreiben vorbeugende Instandhaltung, indem sie gewisse Zeitfenster einhalten oder nach turnusmäßigen Ver-
schleißmessungen routinemäßig zustandsabhängige Maßnahmen einleiten und

ausführen. Diesem Prinzip folgen alle größeren Firmen. Es garantiert die Verfügbarkeit und gewährleistet die Sicherheit für Mitarbeiter und Umwelt, wenn auch nicht immer. 100%ige Sicherheit gibt es nicht. So bleibt die Abwägung zwischen der Sicherheit durch vorbeugende Maßnahmen und Abwarten mit der »Feuerwehr-Strategie« eine individuelle Entscheidung, die der Komplexität der Anlagen, der Tragweite von Stillständen und einmal mehr der Firmenkultur geschuldet ist.

Verlassen wir nun das Kapitel der Führungsaufgaben, die sich mit den Randbedingungen befassen, nicht ohne noch einmal auf deren Bedeutung für nachhaltigen Geschäftserfolg hinzuweisen und stoßen wir in den nächsten, sicher spannenderen, Aufgabenkomplex der Führung vor, der in Erinnerung an das Bild des Schiffs und seines Kapitäns dem »Wohin« gewidmet ist: Ziele bestimmen, Analysieren, Entscheiden, Planen (Zukunftssicherung), Kontrollieren und Korrekturen vornehmen. Damit betreten wir den immerwährenden Management-Zirkel.

Vornehmste Pflichten: Entscheiden und Richtung geben

Aus der Beschäftigung mit dem Anforderungsprofil des Kapitäns wissen wir: Führen heißt vor allem: Entscheiden und Richtung geben! Mit den damit verbundenen Einflüssen haben wir uns im Rahmen der Betrachtung der Modelle und Ausprägungen in den einzelnen Firmentypen bekannt gemacht.

Jede Entscheidung bedeutet, eine als notwendig oder vorteilhaft erachtete Verhaltensweise oder Handlung festzulegen, um Ziele in der Zukunft zu erreichen, kurz: Um Erfolg zu haben. Zur Beurteilung der Erfolgsaussichten der Optionen werden rationale zahlenbasierte Kriterien (»harte Fakten«) genutzt und erkennbare Wirkmechanismen bedacht. Unser rechnendes Hirn sucht nach faktengestützten logischen Lösungen. Doch nicht alles was logisch ist, ist auch psychologisch! Ein Satz, der den Nagel auf den Kopf trifft. Schlüsse und Entscheidungen werden nicht ohne inneren Dialog der rechnenden mit der ideologischen Hälfte unseres Hirns und bei mehreren Beteiligten aus verschiedenen Blickwinkeln getroffen. Trotzdem einen klaren Kurs abzustecken, um gemeinsam Ziele zu erreichen, ist die hohe Kunst des Führens. Dabei geht es um zwei Arten von Entscheidungen: Tagesbezogene und richtungsweisende, weitreichende strategische Fälle.

Führung 2 | Kaum verlässlich: Langfristige Entscheidungen

Richtung geben, Steuern, den Erfolgskurs für die Zukunft zu finden, ist eine herausragende Aufgabe des Top-Managements. Richtung zu geben, umfasst sämtliche Aufgaben, die mit Zielsetzung, Zielerreichung und Zielüberwachung zusammenhängen. Hier ist an den ewigen Kreislauf zu denken: Analyse der Ausgangs-situation, Annahmen über die Zukunft, Entscheidung, Planung, Durchführung der geplanten Maßnahmen, Kontrolle (Abweichungsanalyse), Neubewertung, gegebenenfalls Korrektur. Bei diesen großen strategischen Fragen tritt das rech-nende Hirn sofort in den Vordergrund, da zunächst fast immer das Sammeln, Be-werten und Festlegen von Fakten gefragt sein wird. Doch wir stoßen dennoch bald auf die Einflüsse des ideologischen Hirns. Verfolgen wir die einzelnen Schritte.

ZWEI THEMEN: ANALYSE DER LAGE UND ANNAHMEN ÜBER KÜNFTIGES

Beginn jeder Planung und Zielsetzung sollte eine Ausgangsanalyse sein. Fakten und Zahlen sind gefordert, Faktenchecks angesagt: Das ist die Kernkompetenz des rechnenden Hirns. Und das ist auch gut so. Informationen müssen ermittelt, verarbeitet und bewertet werden. Daten aus dem Unternehmen, die meist zah-lenmäßig und mit guter Zuverlässigkeit vorliegen. Aber auch Daten aus dem en-geren Umfeld, aus Märkten (Kunden, Wettbewerber, Kapitalgeber) sowie aus dem weiteren Umfeld (Politik, Gesetzgebung). Außerdem sind (problematische) Annahmen über die Zukunft zu treffen. Im Übrigen gilt heute mehr denn je, aus globaler Sicht aus gesellschaftlichen und technologischen Trends Rückschlüsse auf die Belange des eigenen Unternehmens zu ziehen. Spätestens bei diesen Umfeldanalysen wird es durch die Fülle der Informationen und die notorische Unsicherheit von Annahmen mit der Transparenz und Zuverlässigkeit schwierig.

Praxisbeispiel ▶ Diese Schwierigkeiten werden dadurch verstärkt, dass die mei-sten Menschen nicht etwa diszipliniert auf der Stufe der Analyse stehenbleiben, sondern unbemerkt in die Bewertung der Fakten sowie in die Entscheidungsfin-dung mit konkreten Maßnahmenvorschlägen übergehen. Die ganze Planungs-kette wird unglücklicherweise gleich versuchsweise bis zu ihrem Ende durchde-kliniert. Die subjektiv vollzogenen Schlussfolgerungen werden oft genug vehe-ment vertreten. Voreilige Festlegungen werden mit der eigenen Person und ih-rer Bedeutung verbunden. Die Sorge vor Gesichtsverlust belastet die Offenheit für Alternativen oder Kompromisse. Zur eigentlichen Analysestufe findet man dann oft genug nicht mehr zurück. Diese Prozesse müssen unterbrochen werden.

Ohne um diese Neigungen und Zusammenhänge zu wissen, ohne eine gepflegte Firmenkultur als gemeinsamen Nenner, ohne Spielregeln, leiden die Qualität aller Gedankenarbeit und aller Tätigkeiten (hier der Analyse), die Motivation aller Be-teiligten und schließlich der Erfolg. Hier verweise ich auf spätere Ausführungen über die Arbeit im Team. Einstweilen aber fragt sich, wie die Informationsflut und die Komplexität im Rahmen einer sauberen Analyse zu verarbeiten sein soll?

Erinnern wir uns, was unser Erfolgsmodell »Hirn« macht, wenn es darum geht, externe Informationen zu verarbeiten und auszuwerten: Verdichten, Abstrahieren, Aussieben und Vergleichen. Jedenfalls versucht es gar nicht erst, komplexe Situationen, vor allem bei schnellen Entscheidungen umfassend mit allen Details analysieren zu wollen. Dies zur Erinnerung: Ein völlig anderes Verfahren als im oben abgehandelten Bereich der Routineprozesse und Abläufe, in dem 100 % Datentreue und Datendisziplin gefordert sind. Für die meisten Entscheidungen reicht zur Einschätzung der Sachlage eine Wiedererkennung mit früher abgelegten Bildern ähnlicher Sachlagen aus. Es genügt das subjektive Gefühl, mit einer Situation vertraut zu sein, um sich in seiner Einschätzung sicher zu werden.

Hier drängt sich noch einmal die Parallele zum Pareto-Prinzip auf, der guten alten 80:20-Regel. In ihrer Übertragung auf unsere Thematik reichen bereits 20 % der verfügbaren Informationen aus, um eine zu 80 % zutreffende Einschätzung vorzunehmen. Bei unternehmerischen Entscheidungen, die typischerweise unter hoher Unsicherheit getroffen werden, verlangen die weiteren 80 % Informationsbeschaffung und Informationsverarbeitung überproportional viel Zeit und Mühe, ohne adäquaten Erkenntnisgewinn zu bieten. Also sollte der Versuch, alle Daten berücksichtigen zu wollen, um so die eine, allein richtige Lösung zu finden, oft gar nicht erst unternommen werden. An dieser Stelle muss sich Widerstand regen, da doch die Gefahr besteht, wichtige Informationen zu übersehen und unbedacht zu lassen! Stimmt! Und trotzdem bleibe ich bei meiner Empfehlung, die den Prozessen in unserem Hirn entspricht. Die Begründung lautet wie folgt:

1. Es geht ja gemäß unseres eingangs formulierten Anspruchs, Erfolg bestehe darin zu überleben, nicht darum, die beste oder tollste Lösung zu finden. Niemand muss immer neue Rekorde brechen, sondern man hat vor allem dafür zu sorgen, mit möglichst wenig Aufwand auch in Zukunft zu bestehen.

2. Entscheider, die unter dem Einfluss ihres ideologischen Hirns mitten im Geschehen stehen, haben einen guten Riecher für die wirklich relevanten Informationen und Entwicklungen. Die bedeutsamen Informationen werden also mit hoher Wahrscheinlichkeit erkannt. Dabei bleiben andere, ebenfalls wichtige Informationen, für die der Entscheider nicht sensibel ist, im Filter des ideologischen Hirns hängen und werden in diesem Moment ignoriert. Also: Mut zur Lücke!

3. Wenn solche unbearbeiteten Informationen in der weiteren Entwicklung einer Situation an Relevanz gewinnen, nimmt auch die Bereitschaft zu, sich auf sie einzulassen und sie adäquat zu verarbeiten. Sie werden also später durchaus für eine Korrekturentscheidung zugelassen. Diese Flexibilität muss sein!

Dem Rat, insofern auch auf sein begründetes Bauchgefühl zu hören und sich zunächst mit einer unvollständigen Sammlung und Verwertung der verfügbaren Informationen zufrieden zu geben, darf eine Geschäftsleitung nach meiner erfahrungsgestützten Überzeugung im vollen Bewusstsein ihrer Verantwortung folgen.

Praxisbeispiel ▶ Wenn trotzdem immer wieder der Versuch unternommen wird, die Vollständigkeit, Richtigkeit und Validität von Analysen steigern zu wollen, indem zusätzliche Informationen beschafft oder erhoben werden, indem man Arbeitskreise bildet oder Berater involviert, und zwar mit dem Anspruch, so zu besseren Ergebnissen zu kommen, liegt die wahre Ursache für dieses Verhalten oft nur in der Scheu, eine markante Entscheidung zu treffen und die Verantwortung für sie zu übernehmen. Absicherungen dieser Art machen Entscheidungen aber nur selten besser. Im Übrigen kann nicht jede Entscheidung, egal, mit wie viel Aufwand sie untermauert wurde, richtig sein. Dazu sind die Rahmenbedingungen und die Informationen meist viel zu unsicher und zu komplex. Zudem weichen die späteren realen Gegebenheiten fast immer von den Annahmen ab.[10]

Dan Ariely teilt in seinem Buch »Denken hilft zwar, nützt aber nichts«, das den schönen Untertitel hat »Warum wir immer wieder unvernünftige Entscheidungen treffen«, hier gut passende, gesicherte Erkenntnisse mit. So belegt er unter anderem am Beispiel des chinesischen Heerführers Xiàng Yǔ, warum uns Alternativen von Zielen ablenken und warum es bisweilen zu keinen oder zu verzögerten Entscheidungen kommt.[11] Wir sollten uns also außer der Unmöglichkeit, alle Informationen sammeln und verarbeiten zu können, der Subjektivität unserer Interpretation bewusst sein und zu ihr stehen. Was hier für die Informationsaufnahme und für die Analyse gilt, holt uns noch mehr auf der (nur theoretisch sauber abtrennbaren) nächsten Stufe des Management-Entscheidungs-Zirkels ein.

STÄNDIGE NACHJUSTIERUNGEN: BEWERTUNG UND ENTSCHEIDUNG

Zu den Unzulänglichkeiten der selektiven Informationsaufnahme gesellt sich die durch das ideologische Hirn beeinflusste Beurteilung der Dinge und Daten. Dabei ist zu berücksichtigen, dass eigentlich jede Entscheidung nur begrenzt haltbar ist, nämlich bis zu ihrer Widerlegung, ein Punkt, den der Philosoph Karl Popper, der Begründer der Schule des kritischen Rationalismus, mit seinem Falsifizierungsgebot ausgearbeitet hat.[12] Jeder Entscheider und jedes Unternehmen muss daher regelmäßig die Kraft aufbringen und die Fähigkeit haben, seine Entscheidungen im Lichte neuer Einsichten, die sich den Änderungen der Rahmenbedingungen, mitunter aber auch aus der Korrektur der eigenen Fehleinschätzungen ergeben, in Frage zu stellen. So klug zu sein, stellt keinen Gesichtsverlust dar!

Betrachten wir auch hier die Unternehmenstypen, ist der vorgeschlagene Pragmatismus in den kleinen Einheiten und bei den meisten Mittelständlern gängige Praxis. Konzerne tun sich damit viel schwerer. Mit dem Unfehlbarkeitsanspruch, der aus dem hohen Aufwand resultiert, Entscheidungen objektiv richtig und nachvollziehbar gestaltet und getroffen zu haben, steht man sich selbst im Weg. Der Rechtfertigungszwang vor den vielen internen und externen Kampfrichtern sowie die möglichen Konsequenzen machen manchem Vorstand Angst. Zumal viele Annahmen über die Zukunft, so lapidar das auch ist, nur selten zutreffend sind.

Der durch das »Erfolgsmodell Hirn« nahegelegte Mechanismus, die Aufnahme und die Beurteilung vorgefundener Umstände und Informationen durch die Zulassung von Emotionen in ihrer Komplexität zu reduzieren, heißt, dass sich der »Bauch« einmischt und im Dialog mit dem rechnenden Hirn nicht nur die Analyse, sondern auch unsere Entscheidungen im ganzen Planungsprozess infiltriert.

Bei allen Bewertungen und Entscheidungen treffen wir also auf Einflüsse des ideologischen Hirns. Wir werden an das Menscheln erinnert, da unsere Entscheidungen tatsächlich nicht nur einfach, rational und kausal erfolgen, obwohl uns das so scheint. Und das Gehirn spielt uns zusätzlich noch einen Streich. Es ist rückwärtsgewandt und färbt mit dieser Ausrichtung dauernd unsere Entscheidungen.

LEBEN AUS ERINNERUNG: RÜCKWÄRTSGEWANDTHEIT ALS PRINZIP

Wir wissen jetzt schon, dass uns die ideologische Hirnhälfte im Rückgriff auf gute Erfahrungen in der Vergangenheit gut zureden wird, während Konnotationen mit früheren negativen Erfahrungen Vorbehalte und Ablehnung aktivieren. Unterliegen wir aber diesen Einflüssen - und ich denke, dass wir das viel mehr tun als wir uns eingestehen - sind unsere Entscheidungen nicht nur subjektiv, sondern auch vergangenheitsbasiert aus unseren Erfahrungen abgeleitet. Unsere Biographie bestimmt die heutigen sowie die in die Zukunft reichenden Entscheidungen.

Unsere aktuellen Entscheidungen, die ja die Absicherung unserer Existenz oder der Existenz eines Unternehmens in der Zukunft betreiben wollen, werden durch das ideologische Hirn von unseren (hoffentlich) verarbeiteten Erfahrungen, also von den mit emotionaler Begleitmusik abgelegten und seither im (Berufs-)Leben verstärkten Bildern geleitet. Was immer auch unser rechnendes Hirn analysiert und logisch entwickelt, braucht die Zustimmung der vergangenheitsgeprägten ideologischen Hälfte des Hirns. Diese Rückwärtsorientierung ist einprogrammiert. Insofern ist gar nicht daran zu rütteln, dass sämtliche Prozesse, die (in der Wirtschaft) als streng rational und nur objektiven Kriterien folgend betrachtet werden, dem allgegenwärtigen Einfluss ganz anderer Parameter unterliegen, ob wir wollen oder nicht, ob wir es gerne hören oder nicht. Mit ganz erheblichen Folgen jedenfalls für unsere unzähligen Entscheidungen in der strengen Verstandeswelt der Technik und des Managements. Also auf Feldern, auf denen solche Dinge nach Meinung vieler Menschen eigentlich gar nichts zu suchen haben.

In diesem Sinne erklärt sich auch meine Aussage, dass jeder Versuch, das Menscheln zu eliminieren, scheitern muss. Das Menscheln zeigt, dass wir keine seelenlosen Maschinen sind. Wir sind nun einmal mit zwei Hirnhälften gesegnet, die in intensivem ständigem Austausch miteinander stehen. Und deshalb können wir zwar manches ganz ausgezeichnet, nur halt eben nie wirklich streng rational und nur halt eben nie fehlerfrei! Und was wäre das auch für eine langweilige, erschreckende Vision, Unternehmen würden kalt wie ein Schach-Computer agieren!

Ist das nun eine Falle, die uns unser ideologisches Hirn stellt? Sind wir Gefangene seiner Gaukeleien und können wir uns nur um den Preis der Angst von seinem immanenten Einfluss befreien? Spannende Fragen, denen wir nachgehen werden.

Resümieren wir: Unsere zurückliegenden freudvollen Erinnerungen dienen unbewusst als Mut machendes Muster, die schmerzlichen als Hemmungen für die Bewältigung von Problemen sowie für die Entscheidungen aktueller (ähnlicher) Sachverhalte. Was früher gut war, so besagt unser Gehirn, sollte in der Prognose auch künftig gut sein und was schlecht war, sollte auch künftig schlecht bleiben!

Das ist natürlich eine Simplifizierung, die suboptimale Ergebnisse hervorbringen kann. Und trotzdem: So tickt unser Gehirn und wenn wir den Mechanismus anerkennen, ist er ein wesentlicher Teil der erfolgreichen Überlebensstrategie des Menschen. Die Natur setzt ganz offenbar auf evolutionäre kontinuierliche Weiterentwicklung, da letztere gewissermaßen die Fortschreibung der Rückwärtsorientierung ist. Einige Wissenschaftler betrachten diese subjektiven Anteile als Entscheidungsverzerrungen, die dazu führen, eine objektiv richtige Entscheidung negativ zu verformen. Hierauf kommen wir im Kapitel über Wachstum zurück.

Praxisbeispiel ▶ Meine Gegenthese lautet, dass die subjektiven Faktoren Menschen Entscheidungen überhaupt erst erlauben, wobei die subjektive Sicht für viele von uns aus welchen Gründen auch immer auch objektiv die richtige Sicht ist. Dabei geht es privat und beruflich eben nicht nur um das Ego, um Rechthaberei. Mit einer Entscheidung, mit der man sich voll identifiziert, gewinnt man sein Selbstvertrauen und erlangt die Gewissheit, sie erfolgreich umsetzen zu können. Dieses starke Erlebnis beruht auf der Zustimmung des ideologischen Hirns.

Paradigmenwechsel: Abgesang auf den »Homo Oeconomicus«

In weiten Teilen der Wirtschaftswissenschaften ist die Auffassung gereift, dass eine Abkehr vom alten Modell und von der imaginierten Wirklichkeit des »Homo Oeconomicus« angezeigt ist. Zu diesem Sinneswandel hat beispielsweise auch die »Spieltheorie« verdienstvolle Beiträge geliefert. Wir sind also nicht allein, wenn wir unterstellen, dass es auch bei grundlegenden Entscheidungen und Planungen in Unternehmen nicht nur rein rational zugehen wird. Besonders beeindruckende, amüsante Beispiele dieser Irrationalität des angeblich stets zu seinem eigenen Vorteil handelnden Menschen stehen in dem schon zitierten Buch von Dan Ariely, einem Professor für Verhaltensökonomie, das in der deutschen Übersetzung sogar auf die Bestsellerliste des SPIEGEL kam.[13] Er beschreibt und diskutiert die menschlichen Verhaltensmuster, die eben nicht ökonomischen, berechenbaren Prinzipien folgen und belegt seine Thesen durch Experimente. Bei ihm finden sich wissenschaftliche Begründungen und Analogien für meine Beobachtungen und Gedanken. Er formuliert auf seinem Feld das, was ich auf meinem Feld bestelle, wenn er schreibt, dass »unsere Entscheidungsfindungen weitaus weniger rational bestimmt [sind,] als die Standardökonomie voraussetzt.« Gleichlautend seine Aussage, die zwei Flügel der Volkswirtschaftslehre reflektiert: »Entgegen den Annahmen der Standardökonomie, dass alle menschlichen Entscheidungen rational und sachlich begründet […] sind, glauben die Verhaltensökonomen, dass die Menschen empfänglich sind für nicht zur Sache gehörige Einflüsse, […] Emotionen, Kurzsichtigkeit und andere Formen der Irrationalität.«

Genau das ist ja auch mein Plädoyer, dass der individuelle »Mind-Set« des Menschen bzw. der kollektive »Mind-Set« von Unternehmen (Firmenkultur) als allgegenwärtige mächtige Kraft sowohl als auch unsere stets nur scheinbar rationalen und objektiven Entscheidungen beeinflusst. Was Dan Ariely über allgemeingültige, aber den meisten Zeitgenossen eben nicht bewusste Verhaltensweisen herauspräpariert hat, spiegelt sich im Verhalten sowie in den Entscheidungen von Unternehmern und Managern wieder. Ich glaube aber, dass außer den quasi berechenbaren Irrationalitäten, die mehr oder weniger bei uns allen anzutreffen sind, noch mehr und ganz andere individuelle irrationale Einflüsse in unserem ideologischen Hirn verankert sind, die unsere Entscheidungen zusätzlich beeinflussen. Das wiederum gibt mir die Hoffnung, dass der Nonkonformismus prinzipiell erhalten bleibt und weiterhin auch in Spitzengremien für überraschende kreative Entscheidungen sorgt. Mitunter mit fatalem und mitunter mit begeisterndem Ausgang. Wir dürfen Ariely dankbar sein, dass er uns das, was uns oft bei unternehmerischen Entscheidungen plagt, als allgemeines menschliches Verhalten erklärt: Unser ideologisches Hirn erzeugt eine Scheinobjektivität!

In seinem Buch finden wir dazu folgendes: »Im Allgemeinen glauben wir, am Steuer zu sitzen und die absolute Kontrolle über unsere Entscheidungen und die Richtung zu haben […], aber leider entspricht diese Einschätzung eher unseren Wünschen – dem, wie wir uns sehen wollen – als der Wirklichkeit. […] Es geht um Kräfte […], die unser Verhalten beeinflussen. Sie üben große Macht auf unser Tun aus, doch aufgrund unserer natürlichen Neigungen unterschätzen wir sie bei weitem. […] So, wie wir uns durch optische Täuschungen in die Irre führen lassen, fallen wir auf die Entscheidungsillusionen herein, die uns unser Geist vorspielt.«[14] Was aber bedeuten diese Erkenntnisse im Hinblick auf unsere Entscheidungen, die den künftige Erfolg von Unternehmen sichern sollen? Sie mahnen, Mut zu haben, einen eigenen Weg zu gehen! Es gibt nie nur eine richtige Lösung!

Das Befreiende an dieser Aussage ist, dass jedes Unternehmen durch unsere Modellvorstellung der Interaktion des rechnenden und des (kollektiven) ideologischen Hirns Zuspruch erfährt, sein eigenes Geschäftsmodell, sein Produktprogramm, sein Vertriebskonzept, sein Werbekonzept, seine Anreizsysteme etc. verfolgen zu dürfen und ausdrücklich auch verfolgen zu sollen. Dieser Weg muss jedoch klar definiert und konsistent sein und sollte in unseren hektischen Zeiten in Anbetracht der sich rasch ändernden Rahmenbedingungen nicht unbedacht verlassen werden. Dieser ureigene, individuelle Weg erlaubt Orientierung durch einen inneren Kompass (des Unternehmens). Er differenziert in einer Welt immer neuer Herausforderungen von den Wettbewerbern, mit denen Marktkonkurrenz besteht. Das Überleben von Unternehmen verdankt sich nicht der Suche nach dem (für alle) optimalen Weg. Erfolg entsteht nicht, weil jeder jedem Trend folgt.

Hierzu ein Beispiel aus eigener Erfahrung: Populäre Trends gab es immer und wird es immer geben. Dasselbe gilt für technische Anforderungen. In diesem Sinne sind ökologische Aspekte ein häufiger Treiber von Veränderungen in der chemischen Industrie. Die gesellschaftliche Forderung, umweltfreundlichere Alternativen zu entwickeln, bestimmt aus nachvollziehbaren Gründen die Tendenz. Doch die Umweltverträglichkeit ihrer Verfahren, Prozesse und Produkte ist nur eine von mehreren wichtigen Anforderungen an die Branche. Die Gebrauchseigenschaften, die Qualität, die Haltbarkeit und die Wirkung der Produkte sind genauso berechtigte Kriterien. Dabei erfüllen umweltfreundlichere Alternativen diese Anforderungen jedoch oft nicht voll oder nur zum Teil, bisweilen sogar nur ungenügend. Daher herrschen im Alltag zwei Denkmuster vor: Für ökologisch geprägte Firmen (das ideologische Hirn lässt grüßen!) kommen nur die umweltfreundlicheren Lösungen in Frage, und zwar bisweilen sogar unter Inkaufnahme technischer Abstriche. Kunden mit hohen technischen Ansprüchen dulden hingegen keine Qualitätsabstriche und räumen der Ökologie geringere Priorität ein.

Beide Kundengruppen handeln gemäß ihrer Überzeugung! Was aber bedeuten diese widersprüchlichen Erwartungen an den Markt für die Lieferanten? Die Welt ist nie nur schwarz oder weiß! Nur dem Trend zu folgen (und der wird eindeutig durch die ökologische Fraktion bestimmt), führt zur Vernachlässigung weiterhin bestehender Märkte und technischer Anforderungen. Nur am Alten festzuhalten, würde heißen, zukunftsweisende Markterwartungen zu ignorieren und nicht an der Weiterentwicklung der Branchenrealität teilzuhaben. Großen Trends zu folgen, heißt aber auch, ohne Erfolgsgarantie Entwicklungen anzustoßen, die hohe Vorleistungen, hier die geforderte Qualität durch eine ökologisch einwandfreie Lösung, verlangen. Das ist beim Festhalten am Bewährten nicht erforderlich. Insofern landet man rasch bei Kompromissen, die beiden Forderungen Genüge tun wollen. Das kann (auf Sicht) richtig sein, muss es aber nicht.

Die Lehre aus diesem Beispiel lautet somit: Jedes Unternehmen darf und soll seine Antwort finden und das heißt keineswegs immer nur, dem (allgemeinen) Trend zu folgen! Die eigenen Stärken und Schwächen, die eigenen Erfahrungen und die eigenen Erwartungen dürfen und sollen in die Entscheidung eingehen.

Praxisbeispiel ► Eine Entscheidung für etwas ist stets auch eine Entscheidung gegen etwas anderes! Ganz selten nur kann man sich (als Unternehmen) in richtungsweisenden Themen ein »sowohl als auch« leisten. So wie jeder Mensch versucht, seine individuellen Fähigkeiten (Stärken) einzusetzen und zu optimieren, gilt dies für Unternehmen. Genauso selbstbewusst und besonnen sollten Firmen also ihrem inneren Kompass folgen, ohne indessen in eine Bunkermentalität zu verfallen, die blind macht, und ohne den selbstkritischen Blick auf sichtbar werdende Schwächen zu verlieren. Daher ist es gut, wenn Entscheidungen (auch auf oberster Führungsebene) von mehreren Mitgliedern eines Teams gefällt werden.

TESTREIHEN WIE IM LABOR: ENTSCHEIDUNGEN ALS EXPERIMENT

Gelegentlich habe ich Entscheidungen in der Versuchsanordnung eines Experiments umgesetzt, um sie zu überprüfen. Dabei gebe ich gern zu, dass meine Ausbildung, also das antrainierte Verhaltensmuster eines Chemikers, dies nahelegt, wobei sich Chemiker durchaus auch ganz normale Gedanken machen. Auch sie stellen (mit ihrem rechnenden Hirn) zunächst Hypothesen auf. Sie formulieren also Erwartungen, und zwar recht präzise. Letztlich aber bleibt nur das Experiment zur Verifizierung, gestützt auf die Erfahrung, dass sich nicht alle Annahmen durch Proben bestätigen. Dies auf Handlungsoptionen in Unternehmen zu übertragen, Entscheidungen also unter den Vorbehalt ihrer Bewährung zu stellen, ist aus meiner Sicht zulässig, zumal es dem evolutionären Prinzip der Natur entspricht.

Wichtig ist, dafür zu sorgen, dass ein solches Experiment von Anfang an im Unternehmen ernst genommen wird und nicht an (diffusen) Vorbehalten scheitert. Daher muss man unmissverständlich dafür eintreten, die angestrebte Option auch zum Erfolg führen zu wollen. Sollten sich in der Testphase jedoch wirklich Schwächen und unerwartete unlösbare Komplikationen zeigen, bleibt immer noch die Möglichkeit, das Experiment ehrenvoll abzubrechen und einen neuen Ansatz zu suchen. Neu zu starten darf natürlich nicht zur Regel werden, scheint mir aber besser als ein inkonsequenter Zickzackkurs zu sein. Neu zu starten ist auch besser, als an einer einmal getroffenen Entscheidung gewaltsam und trotz erkennbarer Defizite festzuhalten, nur weil ein Imageverlust eintreten könnte.

Soweit meine Gedanken zu weitreichenden Entscheidungen, die in Unternehmen üblicherweise in einem nächsten Schritt in der Planung manifestiert werden. Zuvor aber noch ein Blick auf die vielen tagtäglichen Einzelentscheidungen, die auf allen Ebenen sowie vor allem von der Geschäftsleitung zu treffen sind.

PATCHWORK ALS PROGRAMM: TAGES- UND EINZEL-ENTSCHEIDUNGEN

Zunächst ist festzuhalten, dass jedem Mitarbeiter eigenständige Entscheidungen abzuverlangen sind. Entscheidungen, die sich mit den unzähligen Detailaufgaben in Unternehmen verbinden und die Mitarbeiter dank ihrer Ausbildung und Erfahrung, also in eigener Kompetenz, zu fällen haben. Sie betreffen viele operative Vorgänge mit unmittelbaren Auswirkungen, also das »heute«. Im Unterschied dazu sind die unternehmerischen Entscheidungen der obersten Ebene oft in die fernere Zukunft gerichtet. Gleichwohl aber wird jede Geschäftsleitung regelmäßig in Einzelentscheidungen eingebunden sein. Trotz des oben propagierten Ideals aber, das Tagesgeschäft wie mit einem Autopiloten, also mit perfekten Routinen und autonom handelnden Mitarbeitern, abzuwickeln, besteht für Geschäftsführer und Vorstände immer wieder das Erfordernis, ad-hoc entscheiden zu müssen. Die Unternehmensleitung ist als höchstes Verantwortungsgremium auch gefordert, auf interne und externe Sonderereignisse spontan zu reagieren.

Bei alledem wirken die diskutierten irrationalen Einflüsse auf die Entscheidungsfindung in unvorbereiteten Situationen in besonderem Maße ein, da diese häufig unter Zeitdruck aus dem Stand stattzufinden hat. Dabei muss fast impulsiv zwischen vielen gegenläufigen Zielen und Werten abgewogen werden. Hier dominieren die Reflexe, also die bewährten Verhaltensmuster der Vergangenheit.

Praxisbeispiel ► Es ist nicht immer ganz leicht, sinnvoll und verbindlich festzulegen, welche Entscheidungen auf welcher hierarchischen Ebene erfolgen sollen.

Im Zweifel ist es meines Erachtens jedenfalls besser, zumal dadurch spätere Besserwisserei und Schuldzuweisungen unwahrscheinlicher werden, das Top-Management lieber einmal zu viel als zu wenig einzubeziehen, und zwar auch dort und dann, wo dies eigentlich nicht zwingend geboten sein sollte. In der Praxis kommt es eher darauf an, gemeinsam richtige Schlüsse aus der Analyse zu ziehen. Sich Ad-hoc-Entscheidungen zu stellen, hilft der Geschäftsleitung zudem durchaus, die aktuellen Herausforderungen des Unternehmens im Zuge der sich ändernden Rahmenbedingungen zu beherrschen. Dadurch bleibt die Bodenhaftung für richtungsweisende, zukunftssichernde Entscheidungen und Planungen erhalten. Wichtig wird bei alledem immer nur sein, die geordnete Beschäftigung mit der Hauptaufgabe der strategischen Zukunftssicherung nicht zu sehr durch unnötige Unterbrechungen zu gefährden. Diese Priorität steht nicht zur Diskussion.

RECHTE UND PFLICHTEN: LETZTE INSTANZ BEI ENTSCHEIDUNGEN

In den allermeisten Unternehmen tritt der Klassiker in Entscheidungsprozessen auf, dass sich Verantwortliche oder Teams nicht einig darüber werden wollen, was sie eigentlich zu entscheiden haben. Thema und Ziel ergeben sich offenbar nicht aus der Strategie. Dann muss die jeweils vorgesetzte Ebene und notfalls die oberste Leitung entscheiden. Nicht, weil sie alles am besten weiß, sondern weil ihr von den Eigentümern des Unternehmens die Generalverantwortung übertragen wurde. Dies gibt ihr das Recht und stellt sie in die Pflicht, Entscheidungen in letzter Instanz zu treffen, aber dann halt auch den Kopf für sie hinzuhalten.

Der nächste Schritt im Generalprozess, Unternehmen am Markt auszurichten, besteht darin, Pläne zu machen, um die beschlossenen Investitionen und Maßnahmen zur Erreichung der Ziele zu fixieren. Damit betreten wir ein zentrales Feld.

PROGNOSEN UND PLANUNG | SIMULATIONEN UNTER VORBEHALT

Planung dient dazu, die nach der Analyse von »Ist« und »Soll« sowie nach diversen Entscheidungen festgelegten Handlungsschritte als zukunftssichernde Maßnahmen zur Erreichung der Ziele von Unternehmen vorzudenken und strukturiert zu dokumentieren. An dieser Stelle verzichte ich zunächst bewusst auf ein wesentliches Element jeder Planung, nämlich auf die zukunftssichernden Investitionen (im weitesten Sinne). Dieser Aspekt wird im Abschnitt über »Wachstum« nachgeholt. Generell aber gilt, dass die später real erreichten Ergebnisse in einem Regelkreis mit den geplanten und jederzeit nachträglich abzugleichenden Annahmen verglichen werden können. Bei (eigentlich stets zu erwartenden) Abweichungen können eine erneute Analyse und Beurteilung zu Korrekturen führen.

Die fundamentalen (allgemeinen) Aussagen, die dauerhaft gelten, bei denen man jedoch noch nicht von Planung spricht, sind als Unternehmenszweck im Gesellschaftsvertrag, also in der Satzung, oder in der Unternehmensverfassung niedergelegt. Zur Realisierung dieser übergeordneten branchenbezogenen Ziele werden regelmäßig strategische Planungen mit einem langfristigen und einem mittelfristigen Zeithorizont durchgeführt. Langfristige Strategien beziehen sich meist auf die nächsten zehn Jahre. Die ehrgeizigen Festlegungen gehen oft mit firmenweiten Programmen einher, die Unternehmen (oft leider nur auf der Kostenseite) auf neue Wege bringen sollen. Diese Vorschau braucht natürlich Zahlen, darf aber mit Unschärfen und Bandbreiten arbeiten sowie auch qualitative, also nicht quantifizierte, Elemente enthalten. Dabei geht es um Grundsätzliches.

Die idealerweise rollierend durchgeführte mittelfristige Planung sollte schon präziser sein und rund drei Jahre in die Zukunft reichen. Das ist heute ein langer Zeithorizont. Noch weiter nach vorn zu schauen, scheint mir in unserer immer schneller drehenden Welt nicht mehr opportun zu sein. Dabei werden den zu erwartenden Einnahmen die geschäftsnotwendigen Aufwendungen (Kosten) gegenübergestellt. Zudem schätzt man den Ressourcenbedarf und den Kapitalbedarf für Vorleistungen ab. Diese Kennziffern gehen mit ihrem Aufwand in die Planung ein. Die Ansprüche an eine möglichst gute Quantifizierung steigen in diesem Abteil.

Keinen Raum für Unschärfen und fehlende Quantifizierungen lässt die Jahresplanung zu, die auch Budgetplanung heißt. Kleinere Firmen sollten wissen, dass von ihren externen »Stakeholdern«, speziell von kreditgebenden Banken, aber auch von ihren Gesellschaftern, zumindest ein solcher Minimalaufwand erwartet wird. Die Zeit und die Kraft, die umfassendere »Forecasts« erforderlich machen, lohnen erst ab einer gewissen Unternehmensgröße. Wann die gegeben ist, hängt von verschiedenen Parametern ab. Insofern haben Kleine und Kleinere abzuwägen, welche Notwendigkeiten für sie bestehen und welcher Nutzen ihnen winkt.

BERATUNG DURCH DEN BEIRAT: UNTERSTÜTZUNG DER PLANUNG

Im Hinblick auf die großen strategischen Entscheidungen, die eine lange Halbwertzeit haben sollen, ist es heute Standard, zur Überprüfung der eigenen Position kluge Köpfe einzubinden, die nicht auf der Kommandobrücke eingebunden sind. Ein substantiell besetzter Beirat, der mit seiner ergänzenden Expertise und den spezifischen Erfahrungen seiner Mitglieder in die Kultur des Unternehmens eingebettet ist und quartalsweise tagt, bietet diese Möglichkeit. Ein solches

Organ stellt meines Erachtens eine überlegene Alternative zu externen Beratern dar. Wichtig ist hier, dass die in das Gremium berufenen Persönlichkeiten grundsätzlich und insbesondere finanziell völlig unabhängig vom Unternehmen aufgestellt sind. Jedes Mitglied muss frei von Interessenkonflikten jedweder Art sein.

MERKSATZ | ANDERS ALS FRÜHER ÜBLICH SOLLTE DER BEIRAT AUS EXPERTEN VERSCHIEDENER DISZIPLINEN BESTEHEN, DIE FÜHRUNGSBIOGRAPHIEN BESITZEN. FREUNDE UND ANDERE »BEFANGENE«, ETWA KUNDEN, LIEFERANTEN UND GESCHÄFTSPARTNER ANDERER ART, SOLLTEN NICHT BERUFEN WERDEN, OBWOHL DIES IMMER NOCH SO ANGETROFFEN WIRD. AUFGABEN, BEFUGNISSE UND EINFLUSS DES GREMIUMS REGELT DER GESELLSCHAFTSVERTRAG. DABEI IST ZU GROSSE MACHTFÜLLE (WIE STETS) ZU VERMEIDEN.

Ein zu strikt kontrollierender Beirat, der sich mangels starken Gegengewichts als Schatten der Geschäftsleitung versteht, ist ebenso wenig hilfreich wie ein unkritischer Beirat, der alles nur abnicken wird. Dieses Gremium und die Geschäftsleitung haben sich auf Augenhöhe zu begegnen, aber ihre jeweiligen Funktionen einzuhalten. Fragen, konstruktiv kritische Töne, abweichende Positionen und unkonventionelle Ideen, vergleichende Betrachtungen und Bewertungen sowie gut begründete Zweifel fördern und unterstützen das Top-Management in seiner Arbeit an den richtungsweisenden Themen. Es geht also nicht ums Kräftemessen, etwa darum, wer denn nun im Unternehmen das »Alphatier« ist oder wer was am besten weiß, sondern um profunde Anregungen, die aus unverbrauchten Perspektiven und Erfahrungen erwachsen. Sollten doch der Steuerberater oder ein Vertreter der Hausbank (noch) im Beirat sein, haben sie die Anliegen des Unternehmens aus rein beruflicher Kompetenz und nicht als Nutznießer zu vertreten.

IN UNSICHERHEIT NACH VORNE SCHAUEN: STRATEGISCHE PLANUNG

Die Strategie formuliert die Leitlinien für das operative Geschäft, die das langfristige Überleben des Unternehmens im Wettbewerb garantieren sollen. Sie stellt den längsten konkretisierten Planungshorizont dar. Dabei geht es insbesondere um die Märkte, Produkte und Dienstleistungen, also darum, wo, womit und wie man sich ein Unternehmen betätigen wird. Im Zuge der Findung, Festlegung und Überprüfung der Strategie handelt es sich um weitreichende zukunftsweisende Fragen, die mit Überlegungen, Erwägungen und Entscheidungen unter unklaren Bedingungen zu beantworten sind. Die Strategie legt damit die Marschrichtung fest, lässt aber durchaus noch Freiräume ohne Vorgaben zu.

Jede gute Strategie muss jedoch im Rahmen unserer Überlegungen im Hinblick auf die Elemente der Firmenkultur mit den Prinzipien des Unternehmens harmonieren. Außerdem hat sie die äußeren Rahmenbedingungen zu reflektieren sowie einen verbindlichen Entwurf der Richtlinien und der Inhalte des Tagesgeschäfts der näheren und ferneren Zukunft zu bieten. So entsteht für jeden Mitarbeiter im Unternehmen in wichtigen Punkten Orientierung und Sicherheit für die ihm obliegenden Entscheidungen. Die Strategie prägt die ganze Organisation.

In der Praxis treten allerdings auch Extremfälle auf, die Maßnahmen jenseits aller strategischen Planung notwendig machen. Diese Situationen sind als außerordentliche Vorkommnisse zu verstehen. In Anbetracht ungewöhnlicher Herausforderungen verlässt man die festgelegten Handlungsspielräume, meist übrigens auch die eigene kulturelle Komfortzone, die hier nicht mit der Bequemlichkeitszone zu verwechseln ist. Gerade deswegen hat es sich die Geschäftsleitung in solchen Momenten bewusst schwer zu machen. Entscheidungen, den ursprünglich festgelegten Kurs zu verlassen, sind besonders gründlich zu durchdenken. Vorschnelle Richtungswechsel, die zu einem Zick-Zack-Kurs ausarten können, sind zu vermeiden. Und richtig: Eigentlich müsste einen bereits sein Bauchgefühl warnen, wenn der durch die Firmenkultur und die Strategie vorgegebene Sektor verlassen werden soll. Wird der akute Veränderungsbedarf hingegen durch erfassbare Kriterien erklärbar, beispielsweise durch veränderte Rahmenbedingungen, die intern oder extern nachhaltig gelten, ist die Kursänderung konsequent durchzuführen oder es sind gut begründete abweichende Einzelentscheidungen zu fällen. Das ideologische Hirn wird dann auch keine großen Einwände haben.

Auffällige Zahlen verifizieren: Mittelfristige Planung

Um dem obersten Ziel, der erfolgreichen Zukunftssicherung des Unternehmens, fundiert zu entsprechen, ist die Mittelfristplanung der nächsten drei Jahre in die strategische Planung einzubetten. Unter diesem Vorzeichen sollte wiederum das erste Jahr der Mittelfristplanung direkt in die Budgetplanung einmünden.

Praxisbeispiel ▶ Sollten die mittelfristigen Erwartungen gegenüber den geplanten Ergebnissen des nächsten Jahres ein überproportionales Wachstum ankündigen, ist Vorsicht geboten. Man spricht in diesem Zusammenhang auch vom »Hockey-Schläger-Effekt«. Denn eigentlich wäre ja anzunehmen, dass die Wachstumsraten auf Sicht (in den einzelnen Arbeitsgebieten) in etwa denen der letzten Jahre entsprechen. Dabei sind natürlich konjunkturelle Zyklen zu berücksichtigen, die heute jedoch im Zeichen der Globalisierung und anhaltender gravierender Krisenszenarien kaum noch seriös einzuschätzen sind. Ein sich andeutendes überproportionales Wachstum in späteren Jahren ist also nur dann plausibel, wenn es durch konkrete Maßnahmen und Projekte und insofern durch Vorleistungen des Unternehmens beglaubigt wird. Dies kann durch die Einführung neuer Produkte, durch Investitionen in Kapazitätserweiterungen (sofern Kapazitätsengpässe wachstumshindernd waren), sowie durch die Besetzung neuer Tätigkeitsfelder oder durch die Erschließung neuer Marktsegmente oder neuer Auslandsmärkte geschehen. Liegen solche nachvollziehbaren Begründungen nicht vor, machen überproportionale Wachstumsraten unbedingt eine klärende Diskussion mit den planenden Einheiten erforderlich. Dies wird meist dazu führen, dass die Zahlen zurückgesteckt werden oder die kritische Prüfung der Potentiale stimuliert die Kreativität und löst zusätzliche Maßnahmen aus. Dabei gilt, dass »Mehr vom Gleichen« zu wenig Impulskraft hat, um überproportionales Wachstum auszulösen. Zusätzlich Neues zu beginnen wird hingegen mit hoher Wahrscheinlichkeit nur durch zusätzliche Ressourcen und zusätzliche Vorleistungen möglich sein, die in demselben Prozess zu benennen und zu planen sind.

DIE EINJAHRESPLANUNG: ABSATZ, UMSATZ UND ERLÖSE

Die Budgetplanung dient dazu, die erwartete Geschäftsentwicklung (Absatz, Umsatz, Erlöse) des folgenden Jahres in Zahlen abzubilden. Dabei werden die Maßnahmen und der Aufwand zur Erbringung der verkaufsfähigen Leistungen nach den verursachenden Kostenarten und nach Kostenstellen erfasst. Vorleistungen, die sich mit außergewöhnlichen Dingen verbinden, fließen in Personalpläne und Investitionspläne ein, wobei die Liquiditätsplanung die Finanzierbarkeit überprüft.

Nach meinem Verständnis ist letztlich jede Form der Planung, besonders ausgeprägt bei längeren Planungshorizonten, stets nur das Unterfangen, einen wahrscheinlichen Rahmen für Verläufe und Entwicklungen zu setzen. Sollte sich das Geschäft stärker oder schwächer als erwartet zeigen, sollten Unternehmen nicht zu schematisch an ihren Budgets festhalten, sondern die Verhältnismäßigkeit der Kosten und Erträge beachten und die Ansätze unbürokratisch nachjustieren.

Praxisbeispiel ▶ Eine regelmäßig aufgeworfene Frage ist, wie genau ein Budget zu erstellen sein soll. Schließlich verspricht die Theorie ausgehend von einer professionellen Umsatz- und Absatzplanung, eine exakte Produktionsplanung mit Kapazitätsbetrachtungen bieten zu können. Angeblich soll ja selbst die Rohstoffbeschaffung planbar sein, ebenso wie diverse andere Ressourcen auch. Meine Erfahrung besagt jedoch, dass die Realitäten nicht so idealtypisch sind, wobei ich nicht in Abrede stelle, dass große Unternehmen einige Instrumente zur Verfügung haben, Währungsschwankungen und Preisschwankungen von Rohstoffen im Zusammenspiel mit Banken und einschlägigen Finanzdienstleistern abzusichern. Dies gilt jedoch nicht für alle Unternehmen und es hilft auch nur bedingt.

Fast immer aber fühlt sich beispielsweise der Vertrieb überfordert, verlässliche Prognosen abzugeben. Zudem neigt diese Abteilung dazu, das Thema widerständig zu verhandeln. Dies übrigens, wie ich glaube, auch unter dem Einfluss des ideologischen Hirns. Jeder Verkäufer weiß, wie unerwartet Kunden sich verhalten können und er hat (hoffentlich) gelernt, situativ auf die diversen Anlässe und Gründe zu reagieren. Dazu braucht er aber Freiräume und darf also nicht zu sehr festgelegt worden sein. Dialektisch betrachtet, erwächst aus diesem Vorteil im Markt ein Nachteil für die Organisation, da gelernte Verkäufer dazu neigen, sich intern ebenso zu verhalten. Sie bekämpfen Festlegungen aller Art, wobei budgetierte Verkaufsversprechen nun mal solche Festlegungen verlangen, und versuchen intuitiv, dem Druck, belastbare Zahlen zu liefern, auszuweichen.

Im Übrigen hängt es natürlich auch vom jeweiligen Geschäftsmodell ab, wie belastbar budgetierte Markterwartungen sind. Bei Standardprodukten, die relativ stabile Marktanteile haben, ist die Konjunkturprognose ein vernünftiger Indikator. Demgegenüber werden Vorhersagen in schwer einzuschätzenden Nischenanwendungen immer willkürlicher. Diesbezüglich weiß ich von (vergeblichen) Versuchen, auch bei echten Spezialitäten kunden- und produktspezifisch zu planen. Die Ergebnisse waren schlicht und ergreifend ernüchternd. Obwohl die Gesamtprognose, also die Summe der kundenbezogenen Planungen, gar nicht schlecht war, kauften einzelne Kunden deutlich mehr oder weniger als geplant. Das hieß, dass ungeplante Produkte besser als geplante liefen, was einigen Aufwand nach sich zog. Insofern war zu lernen, dass die Erwartungen an die Zuverlässigkeit selbst in der noch relativ überschaubaren Einjahresplanung nicht zu hoch ausfallen dürfen, um zu vermeiden, dass verbindliche Rückschlüsse auf die Bereitstellung von Vorprodukten und Ressourcen in die falsche Richtung laufen.

TIPP: Ein ganz interessanter Ansatz, der in den meisten deutschen Firmen jedoch noch nicht Einzug gehalten hat, besteht in einer »Mid-Term-Correction« des Plans, also in der Korrektur der getroffenen Annahmen in der Mitte des Planjahrs, falls sich nämlich die Verhältnisse erkennbar sehr verändert haben sollten.

Praxisbeispiel ▶ Die hier ins Auge gefassten vielseitigen »irrationalen« Einflüsse auf die »Bottom-Up«-Budgetplanung sollte die Geschäftsleitungen zweigleisig vorgehen lassen: Sie sollte ihre eigene Abschätzung, die sich vor allem am makroökonomischen Umfeld orientiert, »Top-Down« finden und mit der parallel erstellten »Bottom-Up«-Detailplanung des Verkaufs aus ihrem Haus vergleichen.

Gegenüber der Budgetierung von Absatz und Umsatz haben die Kosten normalerweise die Eigenschaft, mit viel höherer Wahrscheinlichkeit planbar zu sein, zumindest, wenn es um die Fixkosten geht. Ohne Sondermaßnahmen zu betrachten, sollte es die um einen Inflationsfaktor bereinigte Fortschreibung der laufenden Kosten (Ist-Kosten) erlauben, verlässlich zu planen. Alle weiteren Veränderungen korrelieren mit Planmaßnahmen, die an sich der eigenen Entscheidungshoheit unterliegen (Projekte, Investitionen, Aufbau und Abbau von Personal etc.)

Wer Pläne in Unternehmen, selbst ein Budget mit einem Einjahreshorizont, vor dem geschilderten Hintergrund zu absolut versteht und meint, diese Zahlenwerke seien in Stein gemeißelt, verkennt, wie schnell und unerwartet sich die Rahmenbedingungen, das Umfeld von Unternehmen und die Märkte ändern können. Diese dynamischen Entwicklungen und die aus ihnen resultierenden starken Einflüsse auf die Planerfüllung sind nie zu unterschätzen. Nirgends gibt es noch lange Marktphasen mit kontinuierlich planbarer Entwicklung. Insofern kam der Einbruch 2008, der sich sehr konkret mit einem bestimmtes Datum verbinden lässt, trotz einiger vorlaufender Indikatoren so unvermittelt und überraschend, wie die rasche, steile Erholung Mitte 2009. Je längerfristiger aber der Zeithorizont ist und je spezialisierter ein Geschäft, umso wahrscheinlicher treten Abweichungen ein. Das Handling dieser Problematik ist eine der vielen Gratwanderungen im Alltag von Firmen: Einerseits dürfen Budgets nicht zu starr gehandhabt werden. Andererseits wären sie zu sehr flexibilisiert beliebig und verlören ihre Kontrollfunktion.

Ideologische Muster: Irrationale Einflüsse auf die Planung

Wunschdenken und Fehleinschätzungen sind in Politik, Wirtschaft und Sport an der Tagesordnung. Das heißt, dass man in jedem Planungsprozess vermutlich mehr über die Einstellung (»Mind-Set«) der beteiligten Menschen sowie über die hinsichtlich des Planungszeitraums vorherrschende generelle Stimmungslage lernt als über den Eintritt künftiger Ereignisse, geschweige denn über den tatsächlichen Geschäftsverlauf. So gibt es in Unternehmen, Parteien und Vereinen die Daueroptimisten, die sich ihre Ziele notorisch zu hoch hängen und diesen Ansporn ganz offensichtlich auch brauchen. Komplementär treten die Dauerpessimisten auf, die möglichst tief stapeln, um dann in der Realität positiv zu überraschen und (unverdiente) Anerkennung zu erfahren. Außerdem gibt es die Taktiker und Tarner, die sich in ihren Planungsannahmen von opportunistischen Zielen, etwa vom Effekt auf ihr eigenes Bonussystem (Zielvereinbarungen), oder von persönlichen Phantasien zur Rechtfertigung von Investitionen und Projekten leiten lassen. Sie alle sind unsichere Kantonisten und im Hinblick auf die Planung künftigen Erfolgs in Unternehmen gefährliche Zeitgenossen. Aber man darf das natürlich auch so sehen: Es sind unsere ganz normalen menschelnden Mitarbeiter.

Ist die Geschäftslage zum Planungszeitpunkt im unmittelbaren Marktumfeld volkswirtschaftlich, konjunkturell und speziell in der eigenen Firma gut, sind die stimmungsgeprägten Erwartungen für das nächste Planungsjahr deutlich positiver als wenn es gerade schlechte Zahlen und Unsicherheiten gibt. Wieder einmal prägen Bilder, beeinflusst vom inneren Selbstbild der Akteure, die jeweilige Wahrheit und die Erwartungen im besonders schwierigen Blick auf die Zukunft.

In diesem Zusammenhang noch eine Anregung für eine kleine Manipulation der Planung, die jedoch nur in begrenztem Rahmen anwendbar ist: Wenn die Geschäftsleitung die »Bottom-Up«-Planung von Absatz (Menge) und Umsatz (Geld) dank individueller oder stimmungsmäßiger Einflüsse für zu optimistisch hält, sollte man den zu optimistisch planenden Euphorikern nicht den Schwung nehmen, die von ihnen selbst gesteckten hohen Ziele auch ambitioniert anzustreben. Um andererseits die für alle internen und externen Beteiligten wichtigste Größe, das Betriebsergebnis, aber nicht offenkundig zu anspruchsvoll auszuweisen, kann die Geschäftsleitung in solchen Situationen vorsorglich auf der Kostenseite (nicht notwendige und nicht wirklich beabsichtigte) Positionen als Puffer formulieren. Tritt das realistischer vermutete geringere Geschäftsvolumen dann ein, bleibt ein ordentliches Betriebsergebnis nach der Streichung dieser Reservekosten möglich.

Ganz grundsätzlich gilt für alle Unternehmen, dass die Geschäftsleitung bei berechtigten Zweifeln an der Planerreichung darauf zu achten hat, die Kosten durch Leiharbeit, durch die Befristung von Arbeitsverträgen oder durch die Nutzung verlängerter Werkbänke (»Outsourcing«) flexibel zu halten. Je nach Geschäftsmodell ist Flexibilität ein Überlebensprinzip, jedenfalls aber ein echtes Erfolgsprinzip.

Sollte die Marktplanung aus Sicht der Geschäftsleitung hingegen ohne Not zu pessimistisch sein, ist die Seriosität der vorgelegten Zahlen in Einzelgesprächen mit ihrem Urheber zu durchleuchten, um mit der Anhebung der Umsatzerwartung bzw. der Deckungsbeiträge oder durch Kostensenkung angemessen zu reagieren.

Dass der in der Wissenschaft diskutierte Ansatz, die Unzulänglichkeiten jeder Planung durch die Abstellung auf Szenarien zu beheben, richtig ist, möchte ich bezweifeln. Sowohl der hohe Aufwand als auch der immer noch greifende Einfluss des ideologischen Hirns sprechen dagegen, zumal das ideologisch passendste Szenario im Dialog der beiden Hirnhälften ohnehin den Zuschlag erhalten wird.

Diese kritischen Hinweise zum Themenfeld der Planung greifen die Sache selbst natürlich nicht an, und sie machen sie auch nicht überflüssig. Nur sollten sich Unternehmer und Manager mutig dazu bekennen, dass der Nimbus der Rationalität, der Absolutheit und der Akribie preisgegeben werden darf, da es mehr darauf ankommt, sich seine mentale Flexibilität und seine operative Anpassungsfähigkeit unter veränderten Rahmenbedingungen zu erhalten. Planung ist (je nach Firmengröße) ein wichtiges Führungsinstrument, wobei es bei einer konsequenten »Bottom-Up«-Planung von unschätzbarem Nutzen ist, sich von allen Verantwortlichen auf allen Hierarchie-Ebenen ihre Verpflichtung (»Commitment«) einzuholen. Hier gilt die Warnung, dass jeder (gute) Mitarbeiter Planabweichungen nach oben und unten später problemlos überzeugend zu erklären wissen wird!

Ein weiterer unbestreitbarer Vorteil konsequenter Planung und Budgeterstellung liegt darin, dass Umsätze und Erträge sowie die Kosten zahlenmäßig früh in einem abgestimmten Gesamtsystem zusammengebracht werden, was die Auswirkungen auf die wesentliche Zahl, das Betriebsergebnis, rechtzeitig sichtbar macht. Fehlt es an Umsatz und daraufhin am Deckungsbeitrag, zeigt die Planung die zwangsläufige Notwendigkeit von Kostensenkungen auf. Letzteres ist firmenintern natürlich unpopulär, lässt sich aber unter Hinweis auf das schlechte Betriebsergebnis als unvermeidlich kommunizieren. Insofern hilft jeder ordentliche Planungsprozess, die Plausibilität der getroffenen Annahmen zu prüfen. So gesehen ist jede Planung bei allen Unzulänglichkeiten durchaus ein taugliches Mittel, sich auf seine Zukunft vorzubereiten, Defizite zu erkennen und zusätzliche Kreativität aus der Organisation herauszukitzeln, um die Zukunft des Unternehmens erfolgreich zu sichern. Dieser strategische Aspekt ist mir wichtiger als eine nur vermeintlich exakte, akribische Vorausschau, die im Zeichen externer Ereignisse ohnehin alsbald obsolet sein kann. Eine Sichtweise, die Konzerne vermutlich nicht teilen.

VERNÜNFTIGE MASSSTÄBE BESITZEN: PLANUNG UND KORREKTUREN

Ein Plan basiert im Zuge des immerwährenden Management-Zirkels unabhängig von seinem zeitlichen Horizont stets auf früheren unternehmerischen Entscheidungen. Abweichungen in der späteren Entwicklung machen Neubewertungen und Neujustierungen nötig, wobei oft marktinduzierte Veränderungen oder unzureichendes eigenes Tun und Lassen ursächlich sind. Insofern bleiben Führen und Entscheiden stetige Herausforderungen. Pläne sind Hilfsmittel, die Festlegungen treffen und in Zahlen messbar machen, um den Kurs mit den erreichten Etappenzielen an Vorgaben zu prüfen (Soll-Ist-Vergleiche) und Korrekturen vorzunehmen.

Zu Planen bedeutet also, sich bei allen subjektiven irrationalen Einflüssen in Form von Zahlen (messbaren Werten) auf erwartete Verläufe festzulegen. Je kürzer der Planungshorizont ist, umso unverzichtbarer sind diese selbst geschaffenen Orientierungen. Die so erreichte Messbarkeit erlaubt Soll/Ist-Vergleiche, Abweichungsanalysen und Korrekturmaßnahmen, einschließlich der Änderung von Zielvorgaben. Zahlen werden zum Dreh- und Angelpunkt. Daher widme ich den Zahlen, den Messeinheiten unseres rechnenden Hirns, einen eigenen Abschnitt.

DIE WELT DER ZAHLEN | VERGANGENHEIT UND ZUKUNFT

Wir haben gehört, dass Zahlen zur eigenen Positionsbestimmung sowie zur Planung für Firmen absolut wichtig sind. Externe »Stakeholder«, speziell der Fiskus und die Banken, sowie bei Konzernen unzählige branchenkundige, aber auch unkundige, Beobachter und Preisrichter anderer Art, greifen auf numerische Größen nach festen Standards zurück, um die Steuerung von Unternehmen zu bewerten.

Der Zustand und die Entwicklung einer Firma können aus Zahlen und Kennziffern abgeleitet werden so wie medizinische Laborwerte die Gesundheit von Organismen beschreiben. Zudem werden durch aussagekräftige Zahlenwerke Vergleiche mit anderen Unternehmen möglich. In diesem Sinne brauchen Unternehmen ständig aussagefähige Indikatoren für ihre täglichen Analysen und Entscheidungen.

Wegen der Bedeutung der betriebswirtschaftlichen Zahlen für die Kontrolle und Steuerung von Unternehmen ist es geboten, ein in sich geschlossenes System zu schaffen, das auf einer integrierten IT basiert. Dadurch steht allen Entscheidern eine konsistente, gleiche Zahlenwelt zur Verfügung. Aufgabe des Finanzwesens und/oder des Controllings ist, diese Datengrundlage des Unternehmens (im Rahmen gesetzlicher Vorgaben) zu definieren, zu etablieren, zu pflegen, auszuwerten sowie intern und extern aus diesem Kosmos zu berichten. In dieser quantitativen Erfassung und Durchdringung von Unternehmen sieht die Betriebswirtschaftslehre eine ihrer wichtigen Aufgaben, wobei es so scheint, als ob Konzerne dafür Modell gestanden hätten. Dabei sind drei Zahlenklassen zu unterscheiden:
- Erfolgs- und Rentabilitätskennzahlen, die im Betriebsergebnis kulminieren.
- Liquiditätskennzahlen, um die Kapitalstruktur und die Kassenlage des Unternehmens zu erfassen, die in der Bilanz ihren letzten Ausdruck finden.
- Individuelle Werte und Kennzahlen, die erfolgswirksame Details messen und nachvollziehbar machen. Je mehr es der Geschäftsleitung gelingt, diese aussagekräftigen, oft jedoch verborgenen, unscheinbaren Stellschrauben im Unternehmen zu identifizieren und zu nutzen, umso besser wird sie ihr Geschäft so steuern, dass die Chancen auf die Optimierung des Gesamtergebnisses steigen.

In Ergänzung zu den absoluten Zahlen (Umsatz, Kosten, Verbindlichkeiten, Umlaufvermögen, Betriebsergebnis etc.) kommt man oft durch die Betrachtung der Relation zweier Größen zu präziseren Interpretationen. Als Beispiel dient hier die Umsatzrendite in Prozent gegenüber dem reinen Jahresergebnis. Letzteres wird dabei relativ zum Umsatz dargestellt, so dass sich ein gutes Gefühl für die Profitabilität des Unternehmens einstellen kann. Erst wenn man weiß, wie groß das Rad ist, das man dreht, kann das (Jahres-)Ergebnis substantiell bewertet werden.

Profitabilität ist eine Voraussetzung für den Fortbestand jeder auf Dauer angelegten Unternehmung. Ebenso wichtig ist, genug Kapital sowie genug frei verfügbare Liquidität (»flüssige Mittel«) im Hinblick auf den Geschäftsumfang und die daraus resultierenden Maßnahmen zu haben. Liquiditätsengpässe können selbst hoch profitable Unternehmen scheitern lassen. Geld, das für das laufende Geschäft, für weiteres Wachstum, aber auch für Vorleistungen, gebraucht wird.

Ohne hier tiefer in die vielen Kenngrößen einsteigen zu wollen: Jede Zahl in Unternehmen hat ihren Sinn und ihre Berechtigung. Die Reduzierung dieser Informationsparameter schafft blinde Flecken und wird weder der Komplexität noch der Interdependenz betrieblicher Abläufe gerecht. Allerdings muss jedes Unternehmen seinen individuellen »Set« auf Grund seiner Spezifika selbst festlegen.

Abstraktere Bedeutungen: Höhere Aggregationsstufen

In der Praxis ist es natürlich so, dass nicht jedes Detail wegen der vielen dynamischen Einzelereignisse ständig bewusst verfolgt werden kann, was aber auch gar nicht nötig ist. Viele Dinge, die sich immer wieder temporär in auffälligen Zahlen zeigen, sind unbedeutende Eintagsfliegen. Seine Prozesse und Tätigkeiten transparent definiert zu haben, wird indessen nicht vor sporadischen Fehlleistungen schützen. Regelmäßige Vorkommnisse, die auf Fehlern beruhen, werden jedoch in der Regel von den direkt Beteiligten erkannt und bearbeitet, vielleicht auch erst einmal verschwiegen, dann aber abgestellt. Zudem bleiben viele beiläufige Ereignisse in Unternehmen trotz noch so großen Aufklärungsaufwands schlicht dubios! Auch das ist Teil jedes komplexen operativen Handelns. Die Geschäftsleitung darf sich daher zunächst auf die von ihr geschaffene Organisation sowie auf die direkt Verantwortlichen und deren (offizielle) Verlautbarungen verlassen.

Anders liegt der Fall, wenn (teure) Fehler wiederkehren oder wenn negative Trends erkennbar werden. Beides aber tritt leichter und besser nach der Verdichtung der vielen Daten auf einer höheren Aggregationsstufe hervor. Bei dieser Zusammenfassung (und je höher die Aggregationsstufe umso mehr) gehen natürlich Detailinformationen verloren. Insofern wird der Handlungsbedarf zwar durch die Abstraktion erkennbar, während die nötigen Korrekturen, also die Nachjustierung der Stellschrauben, nur auf den tieferen (nicht oder weniger aggregierten) Ebenen durchzuführen sind. Daher ist es so wichtig, außer den vom Fiskus, von Banken, Analysten und »Shareholdern« geforderten standardisierten Zahlen, intern für die Geschäftsleitung und die direkt Verantwortlichen differenzierte Kennziffern zu haben, um die erfolgsrelevanten Prozesse zu kontrollieren.

Insofern befinden wir uns wieder in Übereinstimmung mit dem »Erfolgsmodell Hirn«: Ein unbedeutender Infekt oder die Aufnahme schlechter Nahrung in geringen Mengen lösen in unserem Körper reflexartig Gegenmaßnahmen aus, ohne dass wir uns bewusst darum kümmern. Nur schwerwiegende Systemstörungen werden auf höher aggregierter Stufe, etwa durch Fieber, angezeigt und rufen bewusste Wahrnehmungen und Handlungen hervor. Diese Form der Bekämpfung führt dann oft zu den Ursachen bzw. zu den Stellschrauben »im Kleinen« zurück.

MERKSATZ | DER LOHN DER MÜHE IN FIRMEN BERUHT DARAUF, DINGE IN DER TIEFE DER ARBEITSSCHRITTE MEHR FÜR DIE HANDELNDEN PERSONEN ALS FÜR DAS MANAGEMENT ZU (ER-)KLÄREN UND MESSBAR ZU MACHEN.

Solche Stellschrauben in Unternehmen sind die Durchlaufzeiten definierter Prozesse, die Ausschussquote jedes einzelnen Produktionsschritts, die Rüstzeiten bei Fertigungsprogrammen mit großer Vielfalt der Produkte, die Besuchshäufigkeit der Vertriebsmitarbeiter pro Kunde und Ähnliches mehr. Damit grenze ich mich von Konzepten und Zielen ab, wie sie sich mit »Balanced Score Cards« verbinden. Von Konzepten mit dem Anspruch, durchgängig numerische Beziehungen von Ursachen und Wirkungen darstellen zu können, die also eine Art »Weltformel des Unternehmens« versprechen, um es aus einem Kennzahlen-Cockpit steuern zu wollen, halte ich erfahrungsgemäß nicht so viel. Ich glaube sogar, dass nicht einmal die nach Perfektion strebenden Konzerne so durchgängig steuerbar sind.

Ich warne also in gewisser Überzeichnung vor mechanistischen Vorstellungen und Versuchen, da solche Ansätze meines Erachtens nicht den erwarteten Nutzen bringen. Im Gegenteil: Ich sehe die Gefahr von Scheintransparenz und Scheinkontrolle! Diese Denkrichtung folgt der positivistischen Annahme, dass alle relevanten Faktoren der komplexen Geschehen in Firmen und ihrem Umfeld mit immer mehr technischem Aufwand so präzise erfassbar werden, dass exakte Planung und Steuerung möglich würde. Unternehmensführung per Hardware und Software!

Wenn es so einfach wäre, könnte es ja jeder! Daher setze ich pragmatisch dage-gen: Natürlich ist ein wirtschaftlich vertretbarer technischer Kontrollaufwand zu betreiben, aber nicht zur Eliminierung, sondern zur Unterstützung des Menschen. Entscheidungen mit gewissen Unschärfen und ohne Anspruch auf völlige Feh-lerfreiheit zu treffen, dafür aber mit berechtigtem Bauchgefühl sowie eingedenk der eigenen Verantwortung, ist allemal zu bevorzugen, wobei dieses Führungs-verständnis weder Willkür noch Oberflächlichkeit noch Beliebigkeit bedeutet.

TRENDS ERMITTELN: VERGLEICHE ÜBER LÄNGERE PERIODEN

Besonders interessante Einblicke entstehen, wenn man absolute Zahlen und Kenn-ziffern längere Zeit verfolgt, um im Guten wie im Schlechten Trends festzustellen. Gestützt auf solche Reihenbetrachtungen gelingt es auch, mit Mitarbeitern nach-haltige Verbesserungen zu vereinbaren, Optimierungsprogramme einzurichten, deren Akzeptanz zu steigern und Zielvereinbarungen zu schärfen. Betriebswirt-schaftliche und finanztechnische Zahlen bedürfen also ihrer Interpretation durch die Rückbindung ins operative Geschäft. Für sich genommen sind sie nie objektiv.

Hinzu kommt noch etwas: Die Aussagekraft jeder Zahl basiert auf ihrer jeweili-gen Definition, also auf den Kriterien ihrer Ermittlung. Diese sind jedoch bei vie-len Kennziffern nicht in jedem Betrieb und in jeder Bank gleich. Das erschwert die Kommunikation, das Urteil und die Benchmark-Bewertung von Firmen (Rating).

BEDINGTE TRANSPARENZ: AUFWAND ZUR ERMITTLUNG VON ZAHLEN

Gerade bei der Betrachtung von Kosten ist es nicht so einfach, ein gesundes Ver-hältnis für den Erkenntnissgewinn durch Kostenwahrheit und den Ermittlungs-aufwand zu finden. Dies möchte ich am Beispiel des Deckungsbeitrags erläutern. Zieht man die variablen Kosten, also den direkt von der Ausbringungsmenge abhängigen Aufwand, vom Umsatz ab, verbleibt der Deckungsbeitrag, der zu-nächst dazu dient, die von der Ausbringungsmenge unabhängigen Fixkosten zu decken. Übersteigt der Deckungsbeitrag die Fixkosten, entsteht grundsätzlich Gewinn. Die variablen Kosten können in der Praxis ebenso wie die Verkaufser-löse (Preise) einzelnen Produkten und Leistungen zugeordnet werden. So erge-ben sich produktspezifische Deckungsbeiträge. Demgegenüber ist die Zuordnung der Fixkosten zu den jeweiligen Produkten mit vertretbaren Aufwand meist nur unvollständig, oft aber auch gar nicht, möglich. Dies führt zu erheblichen Ab-strichen bei der Kostenwahrheit, so dass die faire Bewertung einzelner Produkte in vielen Unternehmen schwierig ist. Je höher aggregiert Fixkosten daraufhin betrachtet werden, umso mehr entfernt man sich von der Kostenwahrheit auf der Produkt- oder Kundenebene, mit der Gefahr, falsche Rückschlüsse zu ziehen. Je näher man dem Ideal der Kostenwahrheit kommen will, umso mehr, oft unvertretbar, steigt der Aufwand. Andersherum gilt: Geht man den Weg nicht, wird die Fixkostenzuordnung über Schlüssel oder Umlagen durchaus anfechtbar sein.

TIPP: Fast jedes Unternehmen schleppt »fußkranke« Produkte und eigentlich unergiebige Kunden mit, die im spezifischen Deckungsbeitrag ganz gut aussehen, aber nur, weil der spezifische Aufwand hinsichtlich der Fixkosten nicht verursachungsgerecht zugeordnet wird. Die faire Zuordnung aber ist problematisch.

Also muss auch hier jedes Unternehmen mit seinen eigenen Bedürfnissen seinen eigenen Weg gehen. Mein Anliegen besteht darin, für diesen Aufwand-Nutzen-Aspekt zu sensibilisieren. Aber es gibt noch mehr Bedarf, vor Dingen zu warnen.

PERSÖNLICHE INTERESSEN: RECHTFERTIGUNG UND EIGENLOB

Außer den beschriebenen subtilen Einflüssen des ideologischen Hirns gibt es noch eine viel vordergründigere Erklärung für unseren subjektiven Umgang mit Zahlen: die persönliche Rechtfertigung. Im Unternehmensalltag wird es selbst bei unstrittigen Daten und Fakten nicht an Relativierungsversuchen und Erklärungsarien fehlen, wenn Resultate schlechter als erwartet sind. Negative Abweichungen werden typischerweise als schicksalhaft von außen ins Geschäft hereingetragen erlebt und als Folge unbeeinflussbarer Faktoren deklariert, während positive Abweichungen typischerweise als Ausdruck eigener Leistung in Anspruch genommen werden. Ähnliche Schwierigkeiten gibt es rund um Zielvereinbarungs- und Bonus-Systeme. Auch hier ist die Versuchung groß, Zahlen wegen persönlicher Vorteile zu verbiegen, was falsche und schädliche Rückschlüsse fördert.

RELIABILITÄT UND FRAGWÜRDIGKEIT: ZAHLEN AUF DER ZEITACHSE

Zahlen und Kennziffern sind notwendige und wirksame Hilfsmittel und können mit den beschriebenen Einschränkungen weitgehend als objektive Fakten verwendet werden, wenn es sich um nachträglich ermittelte Werte handelt, da sie die Effekte früherer Entscheidungen abbilden und messbar machen. Vorsicht ist allerdings geboten, wenn sich Zahlen auf künftige Planungen und erwartete Ergebnisse beziehen, wenn es folglich um die Auswirkungen heutiger Maßnahmen geht, die erst morgen oder übermorgen sichtbar werden. Solche Zahlen basieren im Moment der Planfeststellung naturgemäß nur auf Annahmen. Genau und nur das sind die Gegebenheiten im Moment der Entscheidung. Diesbezüglich dürfen wir getrost sagen, dass unsere ideologische Hirnhälfte massiv hineinfunkt, indem sie Informationen siebt und ideologisch einfärben wird (Tricks unseres Gehirns). Insofern sind der Wahrheitsgehalt und die Verlässlichkeit solcher Zahlen, die sich ein Stück weit unseren ganz persönlichen Erfahrungen und Erwartungen verdanken, deutlich niedriger als dies für die Parameter gilt, die aus früheren Entscheidungen resultieren. Diese verschiedene Verlässlichkeit von Zahlen, ihr historischer bzw. ihr zukunftsorientierter Charakter, wird oft übersehen. Statt dessen dringen heterogene Zahlen meist in gleicher Form, etwa als Computerausdrucke, in unser Bewusstsein ein, was dazu verleitet, ihre wesensmäßig verschiedene Bewertung auf dem Zeitstrahl zu unterlassen. Die künftigen Rahmenbedingungen (Konjunktur, Markt, Technologiesprünge, Wettbewerb, Politik) entziehen sich der exakten Planbarkeit, so dass alle Erwartungen, selbst wenn sie in Zahlen begegnen, nur mit Vorsicht zu genießen sind. Sie drücken eine Wahrscheinlichkeit aus.

Es ist ganz einfach zu kurz gesprungen, wenn ein renommierter Wirtschaftswissenschaftler zu meinen Hinweisen auf irrationale Planungseinflüsse sagt: »Garbage in, Garbage out!« Vernachlässigen wir die Ausnahme der vorsätzlichen Manipulation, darf man davon ausgehen, dass der Planende seinen Input nach bestem Wissen und Gewissen, allerdings in Unsicherheit und angereichert um subjektive Erwartungen, liefert. Das ist alles andere als »Garbage«. Vor diesem Hintergrund verlangt die Vielschichtigkeit jeder Planung nach einem Zwischenfazit.

RATIONALES UND IRRATIONALES: VERABSOLUTIERUNG VON PLÄNEN

Völlig unstrittig ist, dass Planung für Unternehmen selbst, aber auch zur Erfüllung der externen Ansprüche an Unternehmen, unabdingbar ist. Sie zwingt dazu, die aktuelle Situation auf allen Ebenen zu analysieren sowie erwünschte und unerwünschte Tendenzen zu fokussieren. Numerische Ziele stellen Erwartungen bezüglich Normalität, Erfolg und Misserfolg auf und sie erlauben es, Abweichungen und ihre Gründe zu erkennen sowie Anpassungen (rechnendes Hirn) vorzunehmen. Dabei gilt es, die ständigen irrationalen Einflüsse auf die Planung, also die Zutaten des individuellen und des kollektiven ideologischen Hirns, nicht zu ignorieren, die aus Wünschen und Ängsten, Unsicherheiten, bestimmten Stimmungslagen sowie ganz vordergründig aus persönlichen Nutzenerwägungen bestehen.

Diese multifaktoriellen Bedingungen und Umstände machen Planung weder entbehrlich noch unsinnig. Der Vorgang zwingt zum Vorausdenken und zu vielseitigem »Commitment«. Zu warnen ist lediglich vor naiver Plangläubigkeit. Dieser Punkt ist sicher auch ein zentrales Motiv für den Satz von Tom Peter: »Don't plan it, do it«.[15] Eine Provokation, die je nach Geschäftsmodell, Betriebsgröße und Firmenkultur ganz verschieden aufgenommen werden wird. Tatsächlich glaube aber auch ich, dass beherrschte Flexibilität für viele kleine und mittlere Unternehmen ohne hohe Kapitalbindung in Anlagen wichtiger als Planungsperfektionismus ist.

Nach diesen näheren Betrachtungen von Analyse, Bewertung, Entscheidung und Planung, dem »Wohin?«, widmen wir uns dem letzten Aspekt im dritten Themenkomplex der Führung. Die Antworten auf die Frage nach dem »Wie?« beziehen sich auf den Führungsstil mit den Begriffen »überzeugen, einbinden, motivieren«.

Die Aufteilung in die drei Führungselemente (»einen Rahmen schaffen und pflegen«, »Wohin?« und »Wie?«) ist künstlich und dem Versuch geschuldet, die große Komplexität zu reduzieren. Dabei durchdringen sich die Themenkreise sehr, was die Querverweise zeigen. Wir wollen jetzt aber auch die Lücke im Management-Zirkel, die Umsetzung, schließen. Letztere heißt fast immer, etwas mit Hilfe anderer Menschen zu tun. Daher sind die Optionen von Führungskräften zu prüfen, geplante und spontane Maßnahmen zu realisieren. Es geht um den Führungsstil und um Motivation, beides in Wechselwirkung mit anderen Themenbereichen.

FÜHRUNG 3 | FÜHRUNGSSTILE IM DIALOG DER HIRNHÄLFTEN

In größeren Unternehmen werden Aufgaben und Ziele selten nur von einer Person, sondern meist von funktionalen Einheiten (Gruppen, Teams) erarbeitet. In diesem Zusammenhang sind wir bereits bei der Erörterung der Vorgaben durch die Aufbau- und die Ablauf-Organisation, aber auch an anderer Stelle, auf »Kollektives« gestoßen. Die Beschäftigung mit Teams ist daher geboten. Sie erlaubt uns eine gute Überleitung zum dritten Komplex der Führungsaufgaben, der das Mitnehmen und Einbinden von Menschen zur Erreichung von Zielen thematisiert.

HEMMENDES UND FÖRDERNDES: TÜCKEN DER TEAMARBEIT

Aus dem »Erfolgsmodell Hirn«, in dem Vernetzung und Austausch die Hauptrollen spielen, ergibt sich, dass die Lösungen für Herausforderungen von Unternehmen auf allen Ebenen am besten von vernetzten Teams erarbeitet werden sollten (Projektorganisation). Fruchtbar ist, wenn Menschen mit verschiedenen Fähigkeiten und Erfahrungen interagieren, um sich neue Bälle (Gedanken) zuzuwerfen, die neue Kombinationen und Verbindungen (im Modell: Synapsen) erzeugen.

TIPP: Ein Team funktioniert bei aller gewünschten Vielfalt nur, wenn sich seine Mitglieder auf Augenhöhe begegnen können. Führungskräfte, die in der Gruppe ihre hierarchische Macht ausüben wollen, mindern den Erfolg kreativer Gemeinschaftsarbeit ebenso wie Teammitglieder, die zu großen Wissensvorsprung haben.

Jedenfalls sollte man sich gerade auch im Zusammenspiel der Individuen der Auswirkung »ideologischer« irrationaler Einflüsse bewusst sein und sie offen an- und aussprechen, wenn sie in Meetings spürbar werden, spätestens jedoch dann, wenn sich Positionen festfahren oder emotional entgleiten. Daher gelten die Erfordernisse an eine konstruktive Streitkultur im intimeren Rahmen von Teams ganz besonders. Das ist auch der Grund, warum Teamtrainer auf zwei Prinzipien beharren: die Aufgabe und die Zielsetzung klar zu definieren sowie Störungen und Dominanzverhalten durch Spielregeln zu unterbinden. Es ist schon erstaunlich, wie verschieden eine eindeutige Problemstellung bzw. eine scheinbar klare Aufgabenstellung verstanden werden können und wie rasch aus Analysen Ideen und Maßnahmen abgeleitet werden, die unter anderem auch zur Pflege des eigenen Egos vehement und streitlustig verfolgt werden. Das möchte man nicht.

Praxisbeispiel ▶ Aus meiner langjährigen Praxis steuere ich noch Empfehlungen zur Teamarbeit in Unternehmen bei: Niemand sollte unrealistischen Idealen nachjagen, die (mehrere) Teammitglieder überfordern. Besser und bewährter ist, mit Kompromissen oder der zweitbesten Lösung zu leben. Mit dem Kopf durch die Wand zu wollen, ist kein Konzept, um erfolgreich zu sein. Faule Kompromisse, die um des lieben Friedens willen eingegangen werden, sind es aber auch nicht.

Entscheidungen sind dann gut und werden bereitwillig mitgetragen, wenn sie mit der Unternehmenskultur konforme, authentische und pragmatische Lösungen hervorbringen. Daher sollte gar nicht erst angestrebt werden, eine absolut ideale Einigung herbeizuführen. Eine kluge Geschäftsleitung muss dennoch bestrebt sein, die von vielen weichen Faktoren geprägten Entscheidungen im Rückblick rational zu bewerten, und zwar mit den Kriterien des »rechnenden Hirns«, um so für künftige Entscheidungen zu lernen. Diese Prozesse sind unabschließbar.

Die großen Fragen, die hier zu stellen sind, heißen: Wie überzeuge ich meine Mitarbeiter? Noch besser: Wie begeistere ich sie? Wie richte ich alle auf ein gemeinsames Ziel aus? Wie hole ich alle ab? Wie nehme ich alle mit und wie verliere ich keinen? Was kann ich dabei wann mit welchen Mitteln zum Wohle des Unternehmens tun? Ich verspreche: Einiges. Einfache Regeln kann es aber nicht geben.

Zunächst ist wieder einmal das »rechnende Hirn« gefordert. Es bewertet die Kraft der Argumente. Deren Logik und die Fakten des Vortrags, die Plausibilität und die Ratio müssen überzeugen. Folglich das, was qualitativ und quantitativ in Plänen, Strategien, Investitionsrechnungen und ähnlichen Ausarbeitungen sowie in Einzelentscheidungen festgelegt wurde. Doch die saubere Anwendung dieses an sich sehr leistungsfähigen Instrumentariums verfängt nicht bei jedem!

Jetzt bewegen wir uns im zwischenmenschlichen Bereich, dort, wo die irrationalen Einflüsse auf unser Verhalten besonders wichtig sind und sichtbar werden. Jeder Betroffene tickt dank seines ideologischen Hirns anders. Deshalb sind weder die Bewertungen der Fakten und Argumente noch deren Interpretationen noch die Reaktionen auf die Rückschlüsse und die Folgemaßnahmen gleich! Außerdem treffen wir auf einen elementaren Widerspruch, der wohl in den meisten Menschen angelegt sein wird: Einerseits streben wir nach Selbstbestimmung und nach Selbstverwirklichung. Andererseits wünschen wir uns Orientierung und Führung durch Leitpersonen. Wir suchen folglich Vorbilder, manche sogar Idole.

Die zentrale Herausforderung besteht in der Praxis darin, die persönlichen Einzelinteressen sowie die Gesamtinteressen des Unternehmens unter einen Hut zu bringen. An dieser Stelle macht es Sinn, beispielhaft eine populäre Managementmethode zu zitieren und dabei den Blick auf die aufgehende Sonne zu richten.

KONKRETE INFORMATIONEN: »MANAGEMENT BY OBJECTIVES«

Denken wir erneut an das Erfolgsmodell des menschlichen Hirns, so findet diese Managementmethode gerade in der Teamarbeit ihre Bestätigung. Dann nämlich, wenn Ziele zur Freude des »rechnenden Hirns« konkret, vorzugsweise quantitativ, bezeichnet werden. Dabei bleibt es den Teilnehmern und dem Team überlassen, eigene Erfahrungen und Bilder, also die eigene ideologische Hirnhälfte, einzusetzen und so viele eigene Wege zum Erreichen der gesetzten Ziele zu finden.

Praxisbeispiel ▶ Ein anderer Mitarbeiter, der zufällig anwesend wäre, oder ein zufällig anders zusammengesetztes Team würde vermutlich einen anderen Weg wählen, gleichwohl aber ebenfalls zum Ziel gelangen. Der Weg, den Vorgesetzte gern als allein seeligmachend im Kopf haben, ist halt auch nur einer von vielen!

AUFHEBUNG VON GEGENSÄTZEN: JAPANISCHE MANAGEMENTKULTUR

Interessant in diesem Zusammenhang die typische Vorgehensweise japanischer Manager, die schon in einem frühen Stadium der Problemlösung sehr aufwendig diskutieren, was von uns bisweilen als langatmig empfunden wird, um verschiedene Positionen zur Optimierung der Zielerreichung zu harmonisieren. Dies führt dazu, dass verschiedene Bilder und Erfahrungen erst gewürdigt und dann in einer Synthese verdichtet werden. Aus diesem Ansatz erwachsen Ergebnisse, die tatsächlich eine bessere Qualität erwarten lassen, da mehr und breiteres Wissen sowie verschiedene Erfahrungen Einfluss auf die Erörterung genommen haben und trotzdem ein für alle Teammitglieder akzeptabler »Gruppenweg« gefunden wurde. Dieses Verfahren setzt freilich ein gutes Selbstverständnis, also ein klares Bild von sich selbst voraus, was wiederum tief in der ideologischen Hirnhälfte verankert sein muss. Im Übrigen gilt im japanischen Kulturkreis die Maxime, dass sich jeder Einzelne der Gruppenmeinung durch Milderung der eigenen Position anzuschließen habe. Dieses altruistische Muster ist in unserer Kultur, in unseren Traditionen und in Anbetracht unserer Prägungen, die auf individualistischem Wettbewerb mit Siegern und Verlierern beruhen, eher unüblich.

Bei dem schwierigen Versuch, die Art und Weise, wie geführt wird, zu erklären, nehme ich eine weitere künstliche Aufteilung in Teilaspekte vor, wohl wissend, dass sie sich wechselseitig durchdringen: Ich unterscheide die direkte persönliche Einflussnahme, die Vorbildfunktion und den Führungsstil von den Führungsinstrumenten und den Anreizen. Damit kommen wir gleich zum Thema der Motivation.

BEDÜRFNISSE UND ANERKENNUNG: URSACHEN VON MOTIVATION

Vorausschickend, dass es vermessen wäre, den vielen ausgewiesenen Experten und psychologisch geschulten Autoren zu nahe treten zu wollen, teile ich hier persönliche Erfahrungen mit, die mir in Anbetracht der Frage »Wie adressiere und gewinne ich Mitarbeiter?« berichtenswert scheinen. Das, was Menschen motiviert, ist im Kontext der bisherigen Überlegungen natürlich höchst verschieden.

Gut nachvollziehbar sind manche der in diversen Theorien ausgearbeiteten Thesen, beispielsweise die Maslowsche Bedürfnispyramide, die besagt, dass zunächst die Grundbedürfnisse (in meinem Verständnis: Essen und Trinken, Kleidung, Wohnen und Mobilität) unter der Voraussetzung eines auskömmlichen Mindesteinkommens befriedigt sein müssen. Da dies in unserer konsumorientierten Gesellschaft befeuert von der Werbung in einfachsten Verhältnissen bis hin zu luxuriösem Überfluss erfolgen kann, entsteht naturgemäß der Wunsch nach immer mehr finanziellen Mitteln, so dass entsprechende Einkommenserwartungen ausgedrückt werden. In diesem Verhalten schimmern bereits die höheren Stufen der Maslowschen Bedürfnispyramide durch: Ein gehobener oder exaltierter Lebensstil dient weniger der Befriedigung existenzieller Bedürfnisse, als dazu, sich selbst und anderen zu beweisen, was man sich leisten kann. Es geht um Macht, Prestige und soziale Anerkennung im Unternehmen und im sozialen Umfeld (Freundeskreis, Nachbarschaft, Vereine). Das ist der tiefe Treiber von Motivation.

Praxisbeispiel ▶ An dieser Stelle ist auf die negative Ausprägung fehlender Erfüllung, auf den Neid, hinzuweisen. Dieses nicht duldende Begehren entsteht, in Unternehmen, wenn ein Kollege, hierarchisch, finanziell oder auch anderweitig mehr Anerkennung erfährt als jemand selbst. Ganz ausgeprägt dann, wenn diese Besserstellung in der eigenen Beurteilung ungerechtfertigt ist. Diesbezüglich ist immer wieder zu lernen, dass Mitarbeiter mit ihrem Einkommen so lange durchaus zufrieden sind, bis sie erfahren, dass andere, mit denen sie sich vergleichen, mehr erhalten. Dasselbe gilt im Hinblick auf Beförderungen und Privilegien.

Bei alledem gibt es sicher auch eine (vermutlich recht kleine) Zahl von Menschen, die ihr Dasein ohne Anflüge von Neid und Häme fristen, um nicht das zu große Wort der Selbstlosigkeit zu gebrauchen, losgelöst von der Anerkennung, die sie von Dritten erfahren, so sehr von der Sache, ihrem Tun und ihren Gestaltungsmöglichkeiten begeistert, dass sie dauerhaft keine Bestätigung von außen, aus dem System, verlangen. Speziell aber in Konzernen, in denen Karriere zu machen wichtiger sein kann als persönliche Befriedigung durch Aufgaben und Arbeitsinhalte, dominiert jedoch das Menscheln, indem subjektive Bewertungen den fairen Blick verstellen, um Rückschlüsse auf die eigene Wertschätzung zu ziehen. Doch was ist gerecht? Die Schwierigkeit liegt einmal mehr darin, dass jeder seine subjektive Wahrnehmung hat und seine von ihm als wahr angenommenen Beurteilungen favorisiert. Nur aufgrund eben dieser verschiedenen inneren Bilder und Werte finden Mitarbeiter, Kollegen und Vorgesetzte häufig zu völlig verschiedenen Interpretationen ein und desselben Sachverhalts oder ein und derselben Person. Mit der Konsequenz zeitweiliger, aber eben auch dauernder Frustration, was die Motivation beeinträchtigt oder sie sogar völlig schwinden lässt.

Die Wahrscheinlichkeit, seinen Berufsweg möglichst harmonisch und konfliktarm, also ohne ernste Motivationsverluste zu bestehen, ist einmal mehr umso größer, je mehr die individuellen Werte mit der in einem Unternehmen gelebten Kultur konform gehen. Dass es für jedes Mitglied einer Geschäftsleitung, für Führungskräfte und Mitarbeiter (hoffentlich nur kurze und seltene) Phasen von Unzufriedenheit und Zweifeln gibt, wird gleichwohl selbst dann nicht zu vermeiden sein.

TIPP: Wenn deutlich wird, dass die Wertvorstellungen eines Mitarbeiters und die eines Unternehmens zu weit auseinanderklaffen, ist dies in einem Gespräch offen zu thematisieren, um durch Bewusstmachung eine Annäherung zu erreichen oder zum Besten beider Seiten eine Trennung zu betreiben. Scheut man vor der völligen Klärung zurück, ist die Gefahr nachhaltiger Motivationseinbußen groß.

GRENZEN DER ANSTIFTUNG: SELBST- UND FREMDMOTIVATION

Ich bin bekennender Anhänger der These, die Reinhard K. Sprenger etwas überzeichnend als »Alle Motivation ist Demotivation« vertritt. Auch ich habe häufig genug gelernt, dass man kaum jemanden, vermutlich sogar niemanden, dauerhaft von außen zu Leistungen jenseits seiner selbst gesteckten Grenzen veranlassen kann. Um ein erfolgreiches Ganzes zu gestalten, besteht die hohe Kunst daher darin, jeden Mitarbeiter an den für ihn richtigen Platz zu bringen, ihn dort optimal in seine Strukturen und Abläufe einzubinden sowie jedem einzelnen eine möglichst hohe Zufriedenheit durch seine Arbeit zu vermitteln. Eine Konfiguration, in der jeder Mitarbeiter seine Motivation selbst suchen und steigern kann.

Dazu gehört, Freiräume zu belassen, um im Berufsleben über den eigenen Tellerrand schauen zu dürfen, was Mitarbeitern die Möglichkeit zu innovativen Gestaltungen gibt, zu ihrer Anerkennung und zum Vorteil des Unternehmens. Ein Aspekt, dem wir im Kapitel über die Wege des Wachstums noch näher begegnen.

Grundsätzlich ist zu unterscheiden, inwieweit die Tätigkeit von Mitarbeitern routinegetrieben sind, da wiederkehrende Abläufe vorliegen, oder ob jemand etwas tut, was Raum für Flexibilität, eigene Gestaltungen und mutige Entscheidungen bietet. Für Mitarbeiter, die in geregelte, stereotype Abläufe eingebunden sind, muss es jedenfalls Instrumente geben, um Defizite in den durchgeführten Routinen aufzuzeigen und nachhaltige Verbesserungen anzuregen. Dafür haben sie aber auch Anerkennung zu erhalten. Hierzu mehr im Hinblick auf »Kaizen«.

Praxisbeispiel ► Wir befinden uns wieder auf einer der vielen Gratwanderungen: Das Unternehmen braucht klar definierte Verantwortungsbereiche und Abläufe, die eingehalten werden müssen, aber es braucht auch die Fähigkeit, besser: es sollte auch den Wunsch haben, Festlegungen aufzuheben und zu optimieren. Für alle Tätigkeiten auf allen Ebenen sollten Optionen geschaffen und gefördert werden, die es Mitarbeitern gestatten, Einfluss zu nehmen. Zu diesem Zweck ist eine Kultur erforderlich, die es erlaubt, gerne Vorschläge zur Vereinfachung und zur Veränderung zu machen, also alte Zöpfe abzuschneiden, ja sogar Impulse für Paradigmenwechsel zu geben. Dass sich kleinere Firmen, die sich höhere Freiheitsgrade und Regellücken leisten dürfen, damit leichter tun, liegt auf der Hand.

Es geht also gar nicht so sehr darum, sämtliche Mitarbeiter, ob mit Routinen betraut oder mit gewissen Freiheitsgraden versehen, durch Führungskräfte ständig aktiv zu motivieren, sondern darum, motivierende Bedingungen, nämlich eine offene Unternehmenskultur, zu schaffen und zu pflegen. In einem solchen Klima werden viele, wenn auch leider kaum alle, Mitarbeiter aufgrund ihrer Selbstmotivation Veränderungen bis hin zu Innovationen anstoßen und umzusetzen versuchen. Dass dies vielleicht weniger deshalb geschieht, weil sie den Nutzen ihrer Firma so sehr im Auge haben, sondern mehr, um sich in ihrer Aktivität selbst zu bestätigen und zu verwirklichen und um ihre Spuren in der Organisation zu hinterlassen, darf niemanden stören. Die Sache wird noch komplizierter, wenn wir daran denken, dass Menschen in Unternehmen nur selten allein arbeiten, sondern sehr oft in Kollektive (Arbeitsgruppen, Teams, Einheiten) eingebunden sind.

STATISTISCHE NORMALVERTEILUNG: MOTIVATION IN DER GRUPPE

Betrachtet man die Motivation eines größeren Mitarbeiterkollektivs, findet man an den Rändern Extreme: Die hochmotivierten, überdurchschnittlichen, die sich an ihrer Arbeit begeistern, und am anderen Ende die ewigen »Underperformer«, deren Eigenmotivation im (Berufs-)Leben beschädigt oder gar zerstört worden ist. Diese beiden Teilmengen dürften jeweils 10 bis 20 % einer Belegschaft charakterisieren. Der weitaus überwiegende Anteil in der Mitte der Skala, also die »normalen« Mitarbeiter, leben das Auf und Ab von Erfolgen und Misserfolgen, schwankender Motivation und uneinheitlicher Leistungserbringung. Diese Menschen sind prinzipiell leichter als die extremen Randgruppen zu führen. Sie sind bereit, sich einem vorgegebenen Kurs anzupassen, ohne sich dabei zu verlieren.

Letzteres ist nicht negativ gemeint. In jedem Unternehmen gibt es Funktionen und Aufgaben, bei denen eine solide, fehlerarme Abarbeitung zwar notwendig, aber auch hinreichend ist. Eine Firma mit lauter gestaltungswütigen, hoch engagierten, äußerst motivierten Mitarbeitern dürfte nur in Ausnahmefällen wirklich funktionieren und dauerhaften Geschäftserfolg haben. Dass demgegenüber ein Zuviel an Unterdurchschnittlichem unproduktiv ist, erklärt sich ebenso von selbst. In diesem Sinne ist das Management natürlich verpflichtet, so viele Mitarbeiter wie möglich »mitzunehmen«, wobei nicht allen Menschen im Unternehmen ununterbrochen Spitzenleistungen abzuverlangen sind. Ordentliche, loyale Arbeit, gekrönt von dem einen oder anderen Geistesblitz, ist schon eine gute Situation.

Praxisbeispiel ► Jedes aufgeschlossene Unternehmen wird sich darum bemühen, seine besonders guten Mitarbeiter in Führungspositionen weiter zu entwickeln. Allerdings muss ein begnadeter Verkäufer nicht unbedingt ein ausgezeichneter Abteilungsleiter oder Geschäftsführer sein. Manche Menschen finden ihre Erfüllung als Einzelkämpfer an der Kundenfront und können ihre Stärken dort mehr als in klassischen Führungspositionen nutzen. Ein Rollenverständnis, das in kleineren und mittleren Unternehmen sicher eher als in einem Konzern denkbar ist.

Die von mir immer wieder strapazierte Firmenkultur hilft auch hier, Spannungen zu vermeiden. Sie kann vermitteln, dass hierarchischer Aufstieg nur eine von mehreren Formen beruflicher Anerkennung ist, zumal als Option, mehr zu verdienen.

Bezüglich der Gruppe der weniger begabten, leistungsschwächeren Mitarbeiter ist es in einer wertegestützten Firmenkultur üblich, soziale Verantwortung walten zu lassen und denen Verständnis entgegenzubringen, die unverschuldet, etwa durch Krankheit oder andere Schicksalsschläge, getroffen wurden. Hier lohnt es sich stets, Zeit und Mühe zu investieren, auch unter anderen als ökonomischen Gesichtspunkten. Insofern kann es gelingen, solchen Menschen wieder lebenswerte Perspektiven aufzuzeigen und sie als (motivierte) Mitarbeiter zurückzuholen.

Am schwierigsten sind die Fälle, die wir trotz aller Bemühungen, genau das zu vermeiden, in jedem Unternehmen antreffen, in denen Mitarbeiter, die innerlich gekündigt haben, ihre Unzufriedenheit bewusst ausagieren, indem sie sich kein Bein ausreißen und nur das Allernötigste tun, dabei aber clever darauf achten, sich keine Blößen zu geben, die zu nachhaltigen Konsequenzen führen könnten. Wie aber soll nun ein Vorgesetzter mit solchen Situationen konstruktiv umgehen?

EINDEUTIGES VERHALTEN: VORBILD DER GESCHÄFTSLEITUNG

Für alle Führungskräfte, am kompromisslosesten aber für Unternehmer und Top-Manager, gilt: Authentizität und Konsistenz beweisen! Das aber heißt, Übereinstimmung herzustellen zwischen dem intern und extern vertretenen eigenen Anspruch und der selbst gelebten Praxis, zwischen den eigenen Werten und der Firmenkultur. Jede Führungspersönlichkeit hat jederzeit glaubhaft für das einzutreten, was sie proklamiert und was diesbezüglich schriftlich in dieser oder jener Form niedergelegt wurde. Der Führungsstil, der sich in jeder Entscheidung zeigt, muss den Prinzipien der Person und des Hauses entsprechen. Daher hat jede Firmenleitung auch für die Belegschaft erkennbar geschlossen hinter ihren Strategien, Zielen, Entscheidungen, Maßnahmen, vor allem aber Werten, zu stehen. Diese Verlässlichkeit vermittelt den Mitarbeitern Halt, Sicherheit und Ausrichtung.

ZUKUNFTSFÄHIGER FÜHRUNGSSTIL: OFFENHEIT UND TRANSPARENZ

Offener Information hinsichtlich aller Themen, vor allem, wenn es in Unternehmen um Probleme von einiger Tragweite geht, ist stets der Vorzug vor Geheimniskrämerei in allen Schattierungen zu geben. Ehrlichkeit führt zu Transparenz und Einbindung und dient damit zugleich jedem Mitarbeiter zur Orientierung.

Praxisbeispiel: Es ist schon erstaunlich, welchen Unterschied es macht, ob Mitarbeiter eine Entscheidung als »von oben« (herab) oder als »im selben Boot sitzend« getroffen empfinden. Bei früher Einbindung, selbst dann, wenn das finale Ergebnis die eingebrachten Vorstellungen nicht einmal erfüllt, entstehen sehr hohe Identifikation und Loyalität. Ebenso eindeutig aber überwiegen Kritik, Zweifel und Unzufriedenheit, wenn Mitarbeiter sich nicht eingebunden wähnen.

Es geht also darum, eine Firmenkultur zu schaffen, die es regelmäßig erlaubt, den besten Kompromiss für alle Beteiligten zu finden, und nicht um die Kreation der »Besten aller Welten« für jeden Einzelnen und jede Interessengruppe im Betrieb. Unternehmer und Top-Manager haben stetig und integer aufzutreten, zu handeln und zu kommunizieren, und zwar jedes Mitglied der Geschäftsleitung.

SEGEN DES NORMALZUSTANDS: MAXIME DER BERECHENBARKEIT

Die Führungskräfte, die persönlich das ganze Unternehmen repräsentieren, müssen in besonderem Maße berechenbar sein. Besonders herausfordernd wird dieser Anspruch in Phasen ausgeprägter Unsicherheit, wie sie in Folge der globalen Finanz- und Wirtschaftskrise, auf die Währungskrisen und Staatsfinanzkrisen folgten, eingetreten ist. Mit so extremen Schwankungen und Veränderungen der internationalen Märkte umzugehen, machte neue Verhaltensmuster erforderlich. Doch der Organismus »Unternehmen« und die historische Erfahrung des menschlichen Gehirns sind mehr auf Evolution und auf Anpassungen in gewohnten Bandbreiten ausgerichtet, die man in kleinen, kontrollierten Schritten vollzieht, als auf abrupte, starke Ausschläge des Pendels. Wie jeder Mensch (unbewusst) seine Mitte sucht, braucht jedes Unternehmen seine Normalität, weil sie Berechenbarkeit erlaubt. Geht sie im Zeichen starker Volatilität verloren, versagen die bewährten Bilder und Werte, so dass eine Verunsicherung entsteht, die negativ auf das Betriebsklima und das Leistungsvermögen durchschlagen wird.

Dabei haben gerade die Krisenjahre seit 2008 mit der anschließenden raschen Erholung bestätigt, dass die Firmen, deren Geschäftsleitung sich trotz teils dramatischer Einbrüche nicht aus ihrer Mitte bringen ließ, sondern ihre bewährten Grundwerte lebte, indem sie Investitionen und Projekte weiterführte und ihr erfahrenes Personal trotz gravierender Auslastungsprobleme eben nicht abgebaut hat, besser fuhr als jene, die hektisch eine sofortige Überanpassung versuchten. Die Stetigkeit zahlte sich aus, so dass der spätere Aufschwung voll mitgenommen werden konnte. Ein mutiges und kluges Verhalten, das allerdings bei längeren Rezessionen trotz aller Meriten nicht ohne Weiteres zu empfehlen sein wird. Dabei geht es mir hier um den Hinweis, dass selbst ein verrücktes Auf und Ab im Umfeld von Unternehmen die internen Entscheidungen nicht schlagartig beeinflussen darf. Das, was bis dahin als normal galt, muss der Maßstab aller Vorsätze und Handlungen bleiben. Mit diesem Benchmark können auch spontane Abweichungen in außergewöhnlichen Situationen erkannt und erklärt werden.

Diese Normalität aber ist erst bei nachhaltigen Veränderungen neu zu definieren. Daraus erwächst der nächste Punkt: Berechenbarkeit setzt Klarheit voraus.

STETS DEN ERFOLG IM BLICK: KLARHEIT UND KONFLIKTFÄHIGKEIT

In jedem guten Unternehmen gilt, unbedingt für Klarheit zu sorgen! Auch und gerade im Dialog zwischen Führungskräften und Mitarbeitern. Nicht Ausgesprochenes, das aus fehlendem Verständnis für die verschiedenen subjektiven Wahrheiten unterbleibt und in der Vermeidung offenener Auseinandersetzung als Konfliktscheu begegnet, aber auch vermeintliche Rücksichtnahmen sowie der untaugliche Versuch, niemandem weh tun zu wollen, all das ruft Unverständnis und Frustrationen hervor, die sich alsbald als schlechte Ergebnisse zeigen, auch mit verheerenden Folgen, und zwar für die Menschen im Unternehmen sowie für die ganze Organisation. Ein solches verdrängendes Vermeidungsverhalten belastet das Betriebsklima und beeinflusst die Firmenkultur in abträglicher Weise.

In einem ergebnisorientierten Miteinander reicht es einfach nicht, einem anderen, der den gemeinsamen Erfolg wissentlich oder unwissentlich gefährdet, aus falscher Vorsicht nur mit ganz schwachen Signalen eine Botschaft geben zu wollen. Nur Offenheit und Klarheit führen weiter. Lieber eine schwierige, aber faire Auseinandersetzung und eine konsequente, eindeutige Entscheidung, als unterschwellige, schwelende Differenzen, die das Ergebnis des Unternehmens dauerhaft mindern. Je nach dem, welchen Charakter jemand hat und wie er auftritt, ist die sicher wünschenswerte angenehme Ansprache vielleicht aber auch nicht möglich. Unser Selbstbild ist eben extrem von der eigenen Wahrheit geprägt. Ich erinnere hier an meine Ausführungen zur Streitkultur. Dies aber ändert nichts daran, dass Dinge, die gefährlich sind, wenn sie nicht klappen, abzustellen sind.

Praxisbeispiel ▶ Ich erinnere mich an einen ganz bestimmten Mitarbeiter, bei dem die Gratwanderung partout nicht gelang, ihn zur Aufnahme und Annahme von Kritik zu bewegen ohne zu erleben, wie er sich beleidigt fühlte und blockierte. Insofern darf man als Vorgesetzter notfalls auch verletzen, um einen solchen Panzer zu knacken. Wichtig ist nur, dass Härte stattfindet, ohne nachtragend zu sein!

VOM NUTZEN DES SCHEITERNS: FEHLERTOLERANZ UND VERTRAUEN

Vorbildlicher Führungsstil lebt von gesundem Vertrauen, Anerkennung und Fehlertoleranz. Letztere ist auch eine wichtige Voraussetzung jeder guten Innovationskultur. Fehlertoleranz richtig auszuüben, ist eine der vielen Gratwanderungen, hier zwischen blindem Vertrauen und der Gängelung durch den Vorgesetzten.

Zum Umgang mit (gewichtigen) Fehlern in Unternehmen gefällt mir eine schein-paradoxe Aussage von Tom Peters gut: »Wir müssen lernen, unsere Fehler schneller zu machen!«[16] Er drückt damit die Weisheit aus, dass Fehler oder Flops gerade dann, wenn man auf neue Felder vordringt, unvermeidlich sind und in einer reifen Firmenkultur positiv verstanden und akzeptiert werden sollten. Wer seine Irrtümer schnell begeht und aus ihnen lernt, bewegt sich schneller als Wettbewerber. Daher ist Fehlertoleranz neben der Schaffung von Freiräumen für die Mitarbeiter das Lebenselixier erfolgreicher Innovationskultur, zumal im Mittelstand. Gesundes Vertrauen in Unternehmen beweist sich, wenn Mitarbeiter einen anderen, ähnlich plausiblen Weg wählen als den, den der Vorgesetzte gewählt hätte.

RICHTIGE DOSIERUNG: LOB, TADEL UND KONSTRUKTIVE KRITIK

Ein ganz schwieriges Thema. Fast alle Mitarbeiterbefragungen stellen ein Defizit an wahrnehmbarer Anerkennung durch Vorgesetzte fest, wobei ich selbst leider auch nicht als Paradebeispiel diene. Gleichwohl verdienen sich Mitarbeiter in einer vertrauensvollen Zusammenarbeit gebührenden Respekt und eine angemessene Würdigung ihrer Leistungen. Am meisten vielleicht sogar jene, die unspektakulär ständig dasselbe tun und sich anstrengen, dort also, wo Erfolg kaum deutlich, Misserfolg aber sofort sichtbar wird. Indessen ist Tadel aus der Mode gekommen. Ungenügen ist im betrieblichen Diskurs als konstruktive Kritik auszudrücken.

MERKSATZ | SPEZIELL DEN PERFEKTEN, IM TAGESGESCHÄFT JEDOCH GERADE DESHALB UNAUFFÄLLIGEN MITARBEITERN, DIE MIT DER STEUERUNG, HERSTELLUNG UND BEREITSTELLUNG VON PRODUKTEN UND DIENSTLEISTUNGEN BETRAUT SIND, IST REGELMÄSSIG ANERKENNUNG ZU ZOLLEN.

Persönliches Lob zu spenden, bedeutet Zuspruch und Zuwendung. Bleibt diese zwischenmenschliche Beachtung aus, kann oder wird sich der Mangel als Entmutigung manifestieren. Außergewöhnliche Spitzenleistungen sprechen hingegen in der Regel für sich und finden so allgemein die notwendige Aufmerksamkeit.

Praxisbeispiel ▶ Übertriebenes, aufgesetztes oder zu häufiges Lob verfehlt seine Wirkung, da es nicht als situationsgerecht empfunden wird. Insofern hängt von der Erwartungshaltung des Mitarbeiters ab, ob und in wie weit er ermutigt wird und positiv verstärkende Anerkennung erfährt. Daher stimmt nach meiner Erfahrung nicht, dass Leistungen um so besser werden, je mehr jemand gepriesen wird! Leicht erringbares Lob steigt zu Kopf, während konstruktive, verträgliche

Kritik mehr Konzentration bewirkt und so nachhaltig bessere Ergebnisse zeitigt. Auch hier gilt, dass jeder Mensch, jeder Unternehmer, jeder Manager und jeder Mitarbeiter seine Prägungen, Standards und Erwartungen hat (»Mind-Set«). Diese Einflussfaktoren werden oft uneinheitlich wahrgenommen, mit der Folge, dass Sender (Lobender/Kritisierender) und Empfänger (Gelobter/Kritisierter) verschieden empfinden und reagieren. Die Voraussetzung von Verständigung stellt einmal mehr die Firmenkultur mit ihren gemeinsamen Werten her, die alle handelnden Personen teilen. Sie stiftet den Rahmen für die gesamte Kommunikation.

PERSÖNLICHER FÜHRUNGSSTIL: VERPFLICHTUNG AUF PRINZIPIEN

Authentizität und Klarheit der Entscheidungen und ihrer Umsetzung sowie das Wissen um den starken, oft sogar dominanten Einfluss des ideologischen Hirns sorgen in Unternehmen für eine wirklich belastbare Zusammenarbeit und ihre Bewertung (Lob und Tadel). Führen gelingt also nur, wenn man um die Unterschiedlichkeit von Menschen weiß und dabei als Führungskraft bei sich selbst und berechenbar bleibt. Im direkten Kontakt und in jeder breiter wirkenden Kommunikation ist es unverzichtbar, als orientierungsgebender Leuchtturm zu dienen, mehr noch als souveräner, vertrauenswürdiger Steuermann zu agieren, und zwar ganz besonders in rauer See. Diese persönliche Führungskompetenz wird von Anreizsystemen unterstützt, die wir im nächsten Abschnitt betrachten.

KEIN ERSATZ FÜR »COMMITMENT«: INSTRUMENTE UND ANREIZE

Grundsätzlich lässt sich die Erreichung von Zielen sowie das engagierte Umsetzen von Plänen und Maßnahmen in Unternehmen durch materielle Anreize fördern. Dabei werden und dürfen die »Incentives« weder die fachliche noch die persönliche Überzeugungsarbeit der Führungskräfte ersetzen. Mit vier Instrumenten habe ich Erfahrungen: Zielvereinbarungen, Erfolgsbeteiligungen sowie, etwas anders gelagert, mit Mitarbeitergesprächen und dem betrieblichen Vorschlagswesen.

NUR WERTVOLL BEI BELASTBARKEIT: ZIELVEREINBARUNGEN

Unter diesem Aspekt wird die Ausrichtung auf (gemeinsame) Ziele erreicht. Dieses Führungsinstrument bezieht sich auf die Aufgaben und die Verantwortung von Mitarbeitern. Dabei werden nach Maßgaben des Vorgesetzten aus übergeordneten Zielen meist messbare, aber auch qualitative Subziele abgeleitet und vereinbart. So entsteht eine Kaskade aufeinander bezogener Ziele. Die kooperative Abstimmung zwingt dazu, mit offenen Karten zu spielen sowie die Probleme und Erwartungen zu diskutieren, um eine Übereinstimmung zu etablieren.

Praxisbeispiel ▶ Zu tricksen, also den anderen über den Tisch ziehen, indem Dinge ausgehandelt werden, die nicht in die Gesamtkaskade passen, holt jeden der beiden Verhandlungspartner später zwangsläufig ein. Wenig überraschen wird, dass die meisten Mitarbeiter gleichwohl den Versuch unternehmen, ihre Ziele nicht zu hoch zu stecken. Manche Vorgesetzten hingegen haben die Neigung, möglichst anspruchsvolle Ziele zu vereinbaren. Dabei kann einigen Problemen der Zielfestlegung durch die Vereinbarung eines Zielkorridors die Schärfe genommen werden. Letzterer erlaubt es, Zielüberschreitung und Zielunterschreitung präziser abzubilden und er sorgt auch dafür, Mitarbeiter im Rahmen ihrer immer bestehenden Unsicherheit hinsichtlich der eigenen Gestaltungsfreiräume fair am Erfolg ihrer Bestrebungen zu beteiligen. Beispielsweise wird ein Teil des Gehalts ergebnisabhängig variabel gezahlt. Wie hoch dieser flexible Bonus bezogen auf das Gesamtsalär sein soll, ist nicht generell zu sagen, da dies wie stets von den Umständen im Einzelfall (und von der Firmenkultur) abhängig sein wird.

Praxisbeispiel ▶ Ein variabler Anteil von weniger als 10 % macht wenig Sinn, da ein solcher Anreiz zu gering ist. Am anderen Ende der Skala dürfte das Maximum in den meisten Unternehmen bei 30 % liegen. Interessante Untersuchungen von Dan Ariely zeigen, dass zu hohe Anreize zu Verkrampfungen und schlechteren Ergebnissen führen. Völlig unproduktiv wird es aber, wenn die Zielvereinbarung zur Feilscherei verkommt oder wenn die Provisionsanreize von Mitarbeitern und dem Vorgesetzten als Verabredung eines Nebengehalts missverstanden würden.

Eine regelmäßige Schwierigkeit bei Zielvereinbarungen besteht darin, dass viele erfolgsbeeinflussende Faktoren und Kriterien nicht immer eindeutig einem bestimmten Mitarbeiter zuzuordnen sind. Damit stoßen wir an die Nahtstelle individueller und kollektiver Motivation sowie möglicher Anreize, die diesbezüglich zur Verfügung stehen. In der Regel agieren Teams und Mitarbeiter ja in Prozessketten, die den Erfolg und den Misserfolg ihrer Bestrebungen unter Umständen herbeiführen, die quasi vorausgesetzt sind und gar nicht in ihrer Reichweite liegen. Daher können sich aus dem gut gemeinten Versuch, individuelle Anerkennung und Belohnung zu spenden, Verwerfungen und Frustrationen entwickeln.

Hinweis: Wichtig ist demnach die allgemeine Übereinkunft, dass Mitarbeiter in Unternehmen unausweichlich in definierten und undefinierten Beziehungen zueinander stehen und sich (optimal) ergänzen (müssen). Entlang der Prozessketten wird fast jeder Mitarbeiter firmenintern zum Kunden anderer Mitarbeiter sowie zum Lieferanten von Halbwaren oder Dienstleistungen seiner Kollegen. Das heißt, dass die internen Kunden-Lieferanten-Beziehungen mit derselben Sorgfalt wie ihre externen Pendants zu erarbeiten, zu entwickeln und zu stabilisieren sind.

Da also der Beitrag anderer Beteiligter in nicht unerheblicher Weise mit erfolgsrelevant ist, werden echte und vermeintliche Trittbrettfahrer dieser komplexen Strukturen bald mit der subjektiven Wahrnehmung und Einschätzung der hauptsächlich handelnden Kollegen konfrontiert. Damit kommen wir zum Problem der adäquaten Behandlung und Motivation jedes Mitarbeiters sowie von Gruppen. Wird die eigene Leistung als nicht genug gewürdigt empfunden, verkehren sich diese Anreize in ihr Gegenteil. Dieser Nachteil leitet zur Erfolgsbeteiligung über.

ALLE FÜR ALLE: VARIANTEN DER ERFOLGSBETEILIGUNG

Mitarbeiterbeteiligungen und Gratifikationen auf Basis geschlossener Einheiten, die alle Beteiligten gleich oder abgestuft belohnen, sind in der Praxis vieler Unternehmen oft fairer als individuelle Zielvereinbarungen oder Boni. Ein Beispiel auf höchster Aggregationsstufe ist die Erfolgsbeteiligung aller Mitarbeiter, die sich am Unternehmensergebnis bemisst. Ein Ansatz, der in der deutschen Industrie allgemein verfolgt wird. Obwohl sich diese Betrachtungsweise von der Belohnung der Individualleistung entfernt, nivelliert sie gewisse Zufälligkeiten und betont die Gesamtleistung des Kollektivs. Dies fördert den Gemeinsinn im Unternehmen und stärkt die Identifikation der Mitarbeiter mit ihm. Außerdem zeigt diese Haltung gutes soziales Bewusstsein, indem sie den Bestand des Unternehmens durch die Arbeit seiner Menschen grundsätzlich honoriert. Es ist also in Ordnung, alle Mitarbeiter, zumal in sehr lukrativen Jahren, am Gewinn zu beteiligen.

Praxisbeispiel ▶ Mitarbeiter, die wahrheitsgemäß über die wirtschaftliche Situation informiert werden, lernen, sehr vernünftig mit dem Instrument der Erfolgsbeteiligung umzugehen. Ich kann Unternehmern also nur Mut machen, hier zu klotzen und nicht zu kleckern. Dabei genügen Jahresboni von weniger als einem halben Monatsgehalts diesem Anspruch nicht, während die Obergrenze bei zwei Monatsgehältern liegen sollte. Alternativ kann auch ein fester gleicher Betrag für jeden Mitarbeiter beschlossen werden, was dann für die Angehörigen unterer Lohngruppen eine besonders attraktive Gratifikation bedeutet. Allerdings wird man der schwierigen und eigentlich nur in Ausnahmefällen wirklich lösbaren Aufgabe, die Einzelleistung unter allen Gesichtspunkten fair zu belohnen, damit noch weniger gerecht. Niemand wird ja bestreiten, im Normalfall zu unterstellen, dass höhere Einkommen auf mehr Verantwortung und mehr Einflussnahme beruhen. Beide Aspekte sprechen für die Bezugsgröße des Monatsgehalts.

So wie das Unternehmen in guten Jahren seinen Erfolg teilt, werden die Mitarbeiter in schweren Zeiten übrigens zu (freiwilligen) Einbußen bereit sein. Dies habe ich zuletzt nach dem krassen Geschäftseinbruch in der Krise 2008/2009 erlebt.

Ein Mitarbeitergespräch ist kein Gehaltsgespräch! Im Vordergrund steht, was wir schon hinsichtlich des Führungsstils besprochen haben: Bei Unzufriedenheit und Kritikwürdigkeit eine offene Aussprache zu suchen, Defizite anzusprechen, gemeinsame Maßnahmen zur Überwindung der Probleme zu suchen sowie durch proaktive Ansprache zu Fort- und Weiterbildungsmaßnahmen zu animieren. Dabei geht es in der Regel eher selten um analytische faktenbasierte Diskrepanzen (rechnendes Hirn). Bei solchen messbaren Werten wird man sich vermutlich schnell einig sein. Tatsächlich geht es viel häufiger um die weichen Faktoren, also um die Interpretationen und die Bewertungen des ideologischen Hirns. Daher ist in solchen Gesprächen einmal mehr auf die Übereinstimmung oder eben auf die Diskrepanzen der Firmenkultur mit dem individuellen »Mind-Set« des Mitarbeiters abzustellen. Aus der Bewusstmachung der Defizite und Diskrepanzen ergibt sich die wertvolle Chance, ein klares gemeinsames Verständnis zu gewinnen. Ganz generell gilt, dass die sachliche und die empathische Komponente in der Personalentwicklung ausdrücklich gleich gewichtet zu berücksichtigen sind.

So kann es methodisch gelingen, fachliche und kulturelle Lücken aufzuzeigen, um miteinander Korrekturmaßnahmen zu erörtern und zu beschließen. Bei alledem dürfen natürlich auch die Stärken, besondere Leistungen, Lob, Zufriedenheit und Karrierepläne, also die vielen positiven Aspekte, nicht zu kurz kommen. In diesem Zusammenhang hat auch die Frage der fairen Bezahlung, de facto: meist gewünschter Gehaltsanhebungen, ihren Platz. Bei alledem ist das Mitarbeitergespräch als ausgesprochen wichtiges Motivations- und Führungsinstrument ernsthaft, ehrlich und ausgewogen zu führen. Dabei sollte man notfalls auch nicht vor der Erkenntnis zurückschrecken, eine geordnete Trennung anzustreben.

Praxisbeispiel ▶ Den positiven Ereignissen wird meist zu wenig Zeit gewidmet, was jedoch auch daran liegen könnte, dass beide Seiten hier bald weitgehend übereinstimmen werden. Vom Vorgesetzten angesprochene Schwächen werden freilich ungern so genannt und angenommen, eigentlich unglücklicherweise, wobei die höfliche Verklausulierung der von mir stets geforderten Klarheit widerspricht. Wir scheuen uns heute jedenfalls, negative Formulierungen zu verwenden, obwohl dies mitunter sicher zielführender wäre. Statt dessen sprechen wir lieber von Verbesserungspotentialen. Dieses Thema in der Tiefe auszuleuchten, braucht jedoch deutlich mehr Zeit. Allein schon dadurch aber besteht die Gefahr, dass die kritischen Punkte scheinbar überbetont werden. Hier gilt es, falsche und unbeabsichtigte Interpretationen zu unterbinden, und zwar dadurch, dass man die aufgezeigten Zusammenhänge einfach und verständlich artikuliert.

Eine weitere Herausforderung besteht in vielen Unternehmen darin, Mitarbeitergespräche nicht zu Pflichtübungen verkommen zu lassen. Wichtig ist auch, sich die Sensibilität zu bewahren, solche Gespräche gegebenenfalls situativ und spontan zu führen, um manifeste und latente Misshelligkeiten zu entschärfen, weil die Verstimmung womöglich nicht auf den nächsten Routinetermin warten kann.

TEILHABE MÖGLICH MACHEN: BETRIEBLICHES VORSCHLAGSWESEN

In den Bereichen, die durch routinelastige Abläufe geprägt sind, etwa Innendienst und Auftragsabwicklung, Produktion, Intralogistik und Lager, hat sich das betriebliche Vorschlagswesen vor allem in der Ausprägung des japanischen »Kaizen«-Konzepts bewährt. Über diesen Ansatz, permanent an der Veränderung zum Besseren zu arbeiten, das auf Masaaki Imai zurückgeht, gibt es ausführliche Literatur.[17] Dabei sind es im Alltag produzierender Unternehmen oft nur kleine Optimierungen, die sich meist auf technische und organisatorische Maßnahmen an Anlagen beziehen. Mit solchen Vorschlägen modifizieren die Mitarbeiter, die am nächsten dran sind, ihr betriebliches Umfeld. Sicherheit und Effizienz nehmen zu, während die Ideengeber durch die Umsetzung nachhaltig motiviert werden. Außer Anerkennung sehen viele Vorschlagssysteme finanzielle Belohnungen vor.

Praxisbeispiel ▶ Solche Vorschlagssysteme funktionieren in technischen Bereichen und Aufgabenstellungen recht gut. Demgegenüber scheinen sie hinsichtlich der Prozessverbesserung in kaufmännischen Bereichen weitgehend zu versagen. Dort findet die Aufforderung, nicht mehr sinnvolle Routinen zu vereinfachen oder sie (nach Ersatz oder ersatzlos) aufzugeben, nur irritierend wenig Resonanz.

Die besten Erfahrungen habe ich mit Vorschlagssystemen gemacht, die gar nicht erst versuchten, den künftigen Vorteil des Unternehmens finanziell belohnen oder vergüten zu wollen, und mit spontaner persönlicher Anerkennung der Idee.

TIPP: Unternehmen sollten die Bürokratisierung betrieblicher Vorschlagssysteme vermeiden. Schon der Versuch, die Belohnung eines Vorschlags hinsichtlich seines späteren Nutzens möglichst gerecht ermitteln zu wollen, führt in den meisten Fällen nur zu endlosen Diskussionen ohne befriedigendes Ergebnis und starke Anreize. Davon muss jedoch gegebenenfalls der Betriebsrat überzeugt werden.

PERSÖNLICH UND PRODUKTIV: SPONTANE ANERKENNUNG

Die unmittelbare Anerkennung einer außergewöhnlichen Leistung, durchaus auch in Form materieller Zuwendungen, eingebettet in eine veränderungsbereite, fehlertolerante Firmenkultur, bewirkt menschlich viel. Dabei sollte jedoch nicht der unerfüllbare Anspruch verfolgt werden, den Nutzen exakt honorieren zu wollen.

Praxisbeispiel ▶ Die Kostenübernahme eines Essens oder eines Theaterbesuchs mit dem Lebenspartner oder ein Geschenkgutschein als spontane Reaktion auf einen außergewöhnlichen Beitrag, gern auch so, dass andere das bemerken, bedeuten hohe Anerkennung und haben für Mitarbeiter einen emotionalen Wert. Die steuerlichen Probleme der Durchführung sind ohne großen Aufwand lösbar.

BEFRIEDIGUNG DURCH MITGESTALTUNG: INSTRUMENTE UND ANREIZE

Im Rückblick glaube ich, dass Geld in diesen Konzepten viel weniger eine Rolle spielt als gemeinhin angenommen wird. Das größte Engagement sowie die meisten und spannendsten Vorschläge haben wir in meinem Unternehmen verzeichnet, als unser Vorschlagswesen von sportlichen und eben nicht von monetären Kriterien geprägt war. Jeder, der etwas Sinnvolles vortrug, erhielt eine Flasche Champagner. Diese Möglichkeit, seine Arbeitswelt proaktiv mit zu gestalten und eine nutzenunabhängige Anerkennung für seine Teilnahme am Veränderungsprozess zu erlangen, motivierte mehr als nutzenorientierte Systeme, die von der Geschäftsleitung mit dem Betriebsrat verhandelt werden müssen, und mehr übrigens auch als es paritätisch besetzte Bewertungskommissionen jemals vermögen.

In allen diesen Konzepten geht es darum, einem Mitarbeiter Anerkennung, Bestätigung und Zuwendung zu vermitteln. Glaubwürdiges Lob, aber auch die Übertragung von Projektarbeiten zu Themen, die außerhalb der unmittelbaren fachlichen Kompetenz in der Verantwortung eines Mitarbeiters liegen, sind weitere Möglichkeiten, um betrieblicher Anerkennung geschätzten Ausdruck zu verleihen. Damit schließen wir das facettenreiche Kapitel über die Führung von Menschen.

FÜHRUNG 1 - 3 | FAZIT: KOMPLEXITÄT UND INTERDEPENDENZ

Wir haben die ineinander greifenden Aspekte des Steuerns und Führens sowie den ewigen Zirkel aus Analyse, Entscheidung, Planung, Umsetzung und Kontrolle betrachtet. Meine Darlegungen und das »Erfolgsmodell Hirn« besagen dasselbe:

- Belastbare, zuverlässige, funktionstüchtige Strukturen in der Organisation von Unternehmen und in den Abläufen von Unternehmen schaffen, die (durch regelmäßige Entschlackung) immer wieder verschlankt werden.
- Die Richtung bestimmen. Dazu Fakten bewerten, aber nicht unter dem falschen Zwang, alles, was an Daten und Informationen verfügbar wäre, zu verarbeiten.

- Logische, rationale, also faktenbasierte Rückschlüsse ziehen, aber wieder nicht mit dem falschen Anspruch, nur den einen einzigen, vermeintlich besten aller denkbaren Wege zu finden. Dabei auf die Stimmigkeit mit den eigenen Werten und dem eigenen »Mind-Set« achten. Hieraus Ziele ableiten und den Kurs, also die Handlungsschritte zum Erreichen der Ziele, planen und durchführen.

Die Bereitschaft und die Belastbarkeit der eigenen Mitarbeiter sowie die Stimmigkeit sämtlicher Aktivitäten mit der Firmenkultur, also den geteilten Werten aller Menschen im Unternehmen, sind ganz wichtige Voraussetzungen, um anspruchsvolle Ziele zu erreichen. Daher dürfen und sollen Unternehmen sogar gegen den Strom schwimmen und ihre eigenen, erfahrungsbasierten Wege gehen.

Ich bin fest davon überzeugt, dass es für Unternehmen immer schon wichtig war und im heutigen beschleunigten Umfeld nur noch immer wichtiger wird, über einen inneren Kompass zur Einhaltung ihres Kurses zu verfügen. Dabei rede ich keiner unumstößlichen Festlegung das Wort, die einmal getroffen ewig gültig wäre. Denn trotz aller Bestrebungen, Ereignissen vorausschauend gerecht zu werden, kommen die Dinge in der Wirtschaft meist anders und stets später als gedacht. Der erfahrungsgemäß geplante und verfolgte Kurs ist daher ständig zu prüfen sowie bei Bedarf wohlüberlegt und wohlbegründet nachzujustieren.

> MERKSATZ | DIE ZEIT FÜR DIE UMSETZUNG VON PROJEKTEN UND DIE ZEIT, BIS BESCHLOSSENE MASSNAHMEN NACHHALTIG WIRKUNG ZEIGEN, WERDEN IN UNTERNEHMEN FAST IMMER UNTERSCHÄTZT. BEIDES IST MENSCHLICH UND DAHER TROTZ ALLER VORKEHRUNGEN AN DER TAGESORDNUNG.

Flexibilität ist eine Komponente der Kunst, langfristig im Markt zu überleben. Sie braucht jedoch Kriterien, sonst mutiert sie zu Beliebigkeit! Diesen Rahmen spannen die Dimension, die Struktur, das Geschäftsmodell und die Kultur von Unternehmen auf, wobei sich diese Faktoren wechselseitig durchdringen und bestimmen. Gemeint sind Grenzen, um die Generalrichtung einzuordnen, die den Raum für Reaktionen und Anpassungen definieren. Führung bedeutet aber auch, Einzelinteressen und Firmeninteressen zu harmonisieren. Das heißt immer wieder, die Mitarbeiter von diesem und jenem zu überzeugen. Dies gelingt mit guten Argumenten und durch die Stärkung der Identifikation mit der Grundausrichtung. Dafür braucht es Unternehmer und Vorgesetzte als Vorbilder. Eine gesunde Streit- und Innovationskultur, die Respekt und Wertschätzung verlangt, erlaubt es, die Synergien der Interaktion gestützt auf Belohnungs- und Anreizsysteme zu heben.

An dieser Stelle fasse ich die wichtigsten Erkenntnisse im Hinblick auf meine beiden Leitworte »Führung« und »Firmenkultur« noch einmal wie folgt zusammen: Das menschliche Gehirn ist ein Erfolgsmodell der Natur. Es verfügt über phänomenale Mechanismen und Prozesse, die uns oft nicht bewusst sind, umso mehr aber Aufmerksamkeit und Übertragung auf unternehmerische Aufgaben verdienen. Fünf Tricks für verschiedene Zwecke stellen mustergültige Teilkonzepte dar.

- Trick 1: Robuste Strukturen und Routinen im Unternehmen schaffen und pflegen, die wie die Organe und der Kreislauf unseres Körpers ohne ständige bewusste Kontrolle (durch die Geschäftsleitung) einfach nur funktionieren. So bleibt deren Kopf für die eigentlich wichtigen (strategischen) Aufgaben frei!

- Trick 2: Mit einem Mindestmaß an Information zu einer guten Einschätzung (Wiedererkennung ähnlicher Sachverhalte) kommen. Mut zur Lücke beweisen und weder in der Analyse noch bei Entscheidungen eine perfektionistische Beherrschung aller Aspekte anstreben, die nur illusorisch wäre. Das spart Zeit und macht das Leben leichter, ohne signifikant schlechtere Ergebnisse zu erzielen.

- Trick 3: Unsere Einschätzungen beruhen auf Wiedererkennungsmustern, die unter dem Einfluss individueller, emotionaler Begleitumstände stehen. Unser gesamter Erfahrungsschatz ist von diesem Effekt geprägt, der manipulativ als persönlicher Filter für die Aufnahme und Bewertung von Sachverhalten wirkt. Damit bestimmt unsere Vergangenheit unsere Zukunftserwartungen und Planungen. Unternehmer dürfen jedoch ihrem begründeten Bauchgefühl folgen.

- Trick 4: Unser Gehirn unterhält einen ständigen Dialog zwischen rationalen, objektivierbaren Sachverhalten und rein subjektiven Faktoren. Mit zahlenbasierten Systemen, Algorithmen und Methoden wird versucht, die vermeintlich realitätsverzerrenden Einflüsse auszuschalten, um so stets zu quasi logischen, absolut richtigen Entscheidungen zu kommen. Tatsächlich aber erreicht dieser Aufwand nur eine Scheinobjektivität und eine Scheinsicherheit, die keine höhere Erfolgswahrscheinlichkeit garantiert. Der eigene, intuitiv gefundene, authentische Weg ist, eingebettet in eine stimmige Firmenkultur, aussichtsreicher.

- Trick 5: Wachstum ist ein unverzichtbarer Treiber langfristigen Erfolgs! Diesbezüglich ist ein evolutionäres Bestreben, das mit einem Bein im Vertrauten und Beherrschten bleibt, naturgemäß zu bevorzugen. Geistesblitze generieren ganz Neues. Eine fehlertolerante Firmenkultur macht ihr Auftreten wahrscheinlicher.

VARIATIONEN DES NOTWENDIGEN: WEGE ZUM WACHSTUM

Für dieses Kapitel haben wir ein wichtiges, besonders spannendes Thema aufgespart, nachdem wir schon in den einleitenden Gedanken auf die große Bedeutung des Wachsens als Überlebensprinzip der Natur, aber auch von Unternehmen, gestoßen waren. Altes verbraucht sich und stirbt, während Neues nachreifen muss. Dass dabei längst nicht alles nur bieder und rückwärtsgewandt verläuft, besorgt einer der vielen Tricks unseres Gehirns, der Geistesblitz. Er ist das unverzichtbare Salz in der Suppe jeder innovativen Unternehmensentwicklung.

Als gesichert gilt, dass wirtschaftliches Wachstum unmittelbar mit dem Bevölkerungswachstum korreliert, und zwar in jeder Form, also lokal, regional, national und international. Solange die Menschheit zunimmt, entsteht Wachstum durch die steigende Nachfrage nach Gütern und Leistungen. Nicht nur mehr Menschen aber, sondern auch höhere Einkommen und höhere Lebensstandards treiben die (globale) Nachfrage und das (globale) Wachstum an. Darüber hinaus gibt es noch mehr Facetten, die förderlich sind, deren Erörterung hier aber zu weit führen würde. Hieraus folgt, dass Unternehmen dank dieser Wachstumstreiber aus ihren schon erreichten Positionen mitwachsen können. Wachstum aus dem Status quo ist also möglich. Aber darf sich eine verantwortungsbewusste Geschäftsleitung darauf verlassen? Darf sie sich zurücklehnen und darauf warten, bis das im Markt induzierte Wachstum vernehmlich an die Firmentür klopft? Nein, natürlich nicht!

Zunächst ist der Begriff näher zu klären. So ist Wachstum nach meinem Verständnis nicht mit der einfachen Ausweitung von Umsatz gleichzusetzen. Wachstum hilft nur, wenn es ausreichend werthaltig ist, um zumindest die unvermeidliche Kostensteigerung zu decken. Das eigentliche Ziel besteht allerdings darin, eine dauerhafte effektive Gewinn- und Wertsteigerung des Unternehmens zu erreichen, die normalerweise aus Mehrumsätzen resultiert. Die Ausnahme besteht darin, dass temporäre Konsolidierungen und Umstrukturierungen Wertsteigerungen auch ohne Mehrumsatz erreichen können, wobei man kein Unternehmen mit immer neuen Sparrunden überlebensfähig hält. Deshalb bleibt profitables Wachstum ohne Alternative. So wenig aber, wie es ein Perpetuum Mobile gibt, kommen Unternehmen ohne ständige Anstrengungen und Vorleistungen aus, stets mit dem Ziel, Vorsorge zu treffen, schrumpfende Umsätze und Margen früh durch neue Geschäftsideen zu kompensieren und darüber hinaus zu wachsen.

Insofern ist auch das Thema Wachstum unter drei Aspekten zu gliedern: Bestehendes aus eigener Kraft ausbauen, Wachstum durch Zukauf sowie durch Innovationen. Alle diese Optionen unterscheiden sich in ihren Eigenheiten strukturell.

Etwas abweichend von den üblichen Definitionen ordne ich die beiden ersten Aspekte dem organischen Wachstum zu. Dies sind sämtliche Maßnahmen aus eigener Kraft, die durch den Ausbau bestehender Fähigkeiten und Aktivitäten vorstellbar sind, also evolutionäre Wachstumsschritte. Insofern zählen dann auch Akquisitionen dazu, wenn sie bereits bestehende Positionen stärken. Im Gegensatz dazu werden wir später die Innovationen den radikalen oder revolutionären Maßnahmen zuordnen, um auf neue, noch nicht bestellte Felder vorzudringen.

DIE NATÜRLICHE ENTWICKLUNG: ORGANISCHES WACHSTUM

So trivial es auch klingt, zunächst ist es die selbstverständliche Aufgabe aller Mitarbeiter, und zwar insbesondere derer im Vertrieb, durch die Erkennung und Erfüllung von Kundenbedürfnissen Wachstum durch Geschäftsausweitung zu induzieren. Die Belegschaft entlang der ganzen Prozesskette, vom Vertrieb bis zur Entwicklung und Fertigung, ist verpflichtet, diesbezüglich ihre nachhaltigen Beiträge zu leisten. Das Produkt- oder Leistungsangebot der eigenen Firma muss ständig optimiert und ausgeweitet werden: Schneller, besser, schöner, billiger: insgesamt also attraktiver für die Kunden! Es sich bequem zu machen und darauf zu hoffen, dass einem der Erfolg in den Schoß fällt, da das eigene Unternehmen mit der zunehmenden Nachfrage mitwachsen kann, ist auf keinen Fall angesagt.

Organisches Wachstum entsteht also nicht von selbst. Selbst dann, wenn die eigenen Produkte konkurrenzlos überlegen sein sollten, muss jedes Unternehmen neue Märkte mit ganzer Kraft und Energie erschließen. Diese liegen jedoch in der Ferne, in den aufstrebenden Schwellen- und Entwicklungsländern der Welt, die aufgrund günstiger Umstände dynamischer als die reifen Volkswirtschaften der alten westlichen Industrienationen sind. Die Herausforderung heißt, durch Exporterfolge und Engagement vor Ort im globalen Hyperwettbewerb zu bestehen.

Der andere, ebenso anspruchsvolle Ansatz, um organisch zu wachsen, stellt darauf ab, seiner Konkurrenz auf schon bearbeiteten Märkten Anteile abzunehmen, also überproportional vom Gesamtwachstum zu profitieren. Gefährlich ist, diesen Verteilungskampf zu unterschätzen sowie die Gefahren durch den Eintritt neuer, aggressiver Wettbewerber, nicht richtig einzuschätzen und zu würdigen. Wir sehen also, dass es sehr wohl klassische Wege für Unternehmen gibt, um organisch und evolutionär in ihrer Marktposition zu wachsen, dass sie aber bei weitem nicht so einfach und risikoarm sind, wie dies auf den ersten Blick scheint.

Die Bedürfnisse und die Entwicklung in fernen Ländern richtig einzuschätzen, einen effizienten Vertrieb aufzubauen, die Reaktionen des Wettbewerbs vor Ort wirksam zu beantworten, das Auftreten neuer Anbieter stets richtig zu deuten, ständig die Nase vorn zu haben und stets der Attraktivste zu sein, ist kaum möglich. Die Verhältnisse wandeln sich rasch und die Erwartung, lang anhaltendes dynamisches Wachstum zu erleben, kann bald enttäuscht werden. Auch starke Unternehmen werden von Einbrüchen der Nachfrage getroffen. Daher wird sich keine kluge Geschäftsleitung nur auf das organische Wachstum verlassen, sondern ständig weitere Chancen auf Wachstum suchen. Hier kommen Synergien ins Spiel.

WACHSTUM DURCH SYNERGIEN: VORTEILE DURCH AKQUISITIONEN

Durch den Kauf von Firmen oder Firmenteilen erhält man Zugang zu Know-how, zu neuen Patenten, zu neuen Produkten, neuen Verfahren, neuen Anwendungen und neuen Regionen. Was man bei organischem Wachstum an Zeit und Arbeit (Lernkurve) leisten und was man bei nachhaltigen Innovationen als Vorleistungen darstellen muss, kann folglich für gutes Geld sofort erworben werden.

MERKSATZ | SEIEN SIE ALS UNTERNEHMER NICHT BLAUÄUGIG UND ÜBERSCHÄTZEN SIE SYNERGIEPOTENTIALE NIE. 1 PLUS 1 IST LEIDER NUR SELTEN 3! DULDEN SIE BEI EINER KAUFPREISFINDUNG KEINE RECHTFERTIGUNG VON AUFSCHLÄGEN IM HINBLICK AUF SYNERGIEN, ES SEI DENN, KOSTENEINSPARUNGEN SIND ZWEIFELSFREI UND KULTURVERTRÄGLICH GEGEBEN.

Da das eingekaufte Know-how bzw. der erkaufte Marktzugang in der Regel in den Köpfen der Menschen des Zielunternehmens steckt, ist den übernommenen Mitarbeitern besondere Beachtung zu schenken. Die Belegschaft steht erneut im Mittelpunkt aller Überlegungen. Damit sind wir aber auch wieder beim Menscheln. Zur Einschätzung des Werts und des Nutzens eines Zielunternehmens sind die Mitarbeiter ebenso wichtig, wenn nicht sogar wichtiger, als alles Zahlenwerk.

Praxisbeispiel ▶ Zugespitzt trifft man diese Situation bei der Übernahme kleiner Unternehmen mit einem dominanten Inhaber an, der die Firma nach dem Verkauf verlässt oder aber, wenn er (beratend) bleibt, oft seine Motivation verliert, was sogar verständlich ist. Dabei ist das Unternehmen ohne diesen Kopf nur noch einen Bruchteil dessen wert, was bezahlt wurde. Lieferanten- und Kundenbeziehungen, Produktwissen, kurz: der Erfahrungsschatz, der das Geschäft fundierte, wird von diesem Inhaber, dem »Leitwolf« der Organisation, repräsentiert. Der Rat lautet, dies stets zu bedenken und Mittel zu finden, den Alteigentümer engagiert an Bord zu behalten oder die Nachfolge früh optimal zu regeln.

TIPP: Bei Akquisitionen ist mehr noch als auf das Zahlenwerk auf die handelnden Personen zu achten, um die individuellen Interessen der Verantwortungsträger und der unverzichtbaren Mitarbeiter sowie deren Verträglichkeit mit der eigenen Firmenkultur zu ermitteln. Während und nach der Übernahme zahlt sich ausgeprägte Sensibilität für die irrationalen, »ideologischen« Bedürfnisse der neuen Kollegen aus. Sonst wächst nicht zusammen, was doch zusammenwachsen soll.

Anbahnung und Interesse: Vereinbarung von Vertraulichkeit

Der Kontakt des Kaufinteressenten mit dem Akquisitionskandidaten (»Target«) kann auf verschiedene Art und Weise zustande kommen. Entweder hat der potentielle Käufer Suchaufträge aufgegeben oder der Verkäufer hat einen geordneten Verkaufsprozess initiiert. Häufig bestehen aber auch schon persönliche Beziehungen zwischen Unternehmen, die im selben oder in ähnlichen Märkten Anbieter sind. Wenn es also bereits einiges Vorwissen voneinander gibt, wird der Kaufinteressent früh eine eigene Einschätzung haben. Bei organisierten Prozessen werden Exposés als (anonymisierte) Kurzdarstellung (»Teaser«) ausgegeben.

Da alle weiteren Informationen bald in Details und in vertrauliche Daten münden, die nur gegen eine vertragliche Geheimhaltungserklärung zugänglich sind, muss die an einem Kauf interessierte Geschäftsleitung Grundsatzentscheidungen treffen. Denn ab jetzt wird es zeit- und kostenaufwendig. Passt das Zielunternehmen wirklich in die eigenen Wachstumspläne? Ist der (zunächst nur geschätzte) Kaufpreis finanzierbar? Stehen genug Ressourcen zur professionellen Erarbeitung des Vorgangs zur Verfügung? Der Aufwand zur Durchführung des Kaufs sowie die anschließende Integrationsaufgabe sind jedenfalls nicht zu unterschätzen.

TIPP: Einen so aufwendigen Prozess, der viele Belastungen mit sich bringt, nur aus vagem Interesse aufzunehmen, ist nicht anzuraten. Verzichten sollte man auch, wenn andere Projekte die Firma oder ihre involvierten Einheiten bereits auslasten.

Entschließt man sich jedoch bewusst dafür, eine Opportunität ernsthaft zu verfolgen, beginnen nach dem Abschluss der Geheimhaltungsvereinbarung intensive Gespräche, die sich auf diverse Themen beziehen: Profunde Einschätzungen hinsichtlich des (gemeinsamen) Markts und der Produkte, der Hintergründe und der Prognosen, die Motive für Verkauf und Kauf, Preiserwartungen des Verkäufers und seine persönlichen Perspektiven, tiefer gehende Gespräche über die Geschichte, Gegenwart und Zukunft des Unternehmens (nach der Fusion) mit ausgewählten Führungskräften und andere Dinge mehr. Diese vielen Facetten erlauben es, eine vorläufige Entscheidung zu treffen. Der bis dahin erreichte Stand der Verhandlungen wird dann einschließlich einer Kaufpreisindikation, besser: einer Kaufpreisformel, in einer Absichtserklärung, dem »Letter of Intent«, fixiert.

CHARAKTER EINES VORVERTRAGS: »LETTER OF INTENT« (LOI)

Praxisbeispiel ▶ Hinsichtlich der Verbindlichkeit einer Absichtserklärung gehen die Meinungen weit auseinander. Zumindest bei kleineren Akquisitionen sollte man jedoch schon aus Gründen der Fairness nicht mit dem Zielunternehmen spielen, sondern den LOI wie einen Vorvertrag verstehen. Dies zwingt den potentiellen Käufer im Übrigen dazu, seine Hausaufgaben in einem frühen Stadium und nicht erst später, wenn Streitpunkte immer schwerer zu verhandeln sind, richtig zu machen. De facto wird ein guter LOI bis auf einige juristisch notwendige, operativ aber meist irrelevante Aspekte bereits sehr nahe am endgültigen Vertragswerk sein. Dies setzt natürlich voraus, dass die professionelle Prüfung der Angaben (»Due-Diligence«) keine unliebsamen Überraschungen zu Tage fördert. Eine solche stichhaltige Verifizierung gehört zu den Standards bei einer Akquisition.

VORAB GEWISSHEIT ERLANGEN: NUTZEN DER »DUE DILIGENCE«

Nachdem die Geschäftsleitung grundsätzlich entschieden hat, ein Akquisitionsprojekt zu verfolgen und es meist zur Unterzeichnung eines LOI gekommen ist, bedarf es der sorgfältigen Überprüfung des Zielunternehmens, und zwar zunächst für das rechnende Hirn. In der betriebswirtschaftlichen Analyse werden die Bücher eingesehen und die Geschäfte durchleuchtet. Bis dahin liegen in der Regel nur rudimentäre schriftliche Unterlagen, mündliche Aussagen oder Einschätzungen auf Basis eigener Erkenntnisse vor. Daher räumt der Verkäufer, wenn er von der ernsthaften Kaufabsicht des Interessenten überzeugt ist, in der »Due Diligence« Einblick in vertrauliche Daten und Fakten ein, die sich auf die Bilanzen, die Buchhaltung, auf Verträge, Finanzierungen, Verbindlichkeiten, markt- und produktrelevante Informationen, Know-how sowie auf Umwelt- und Haftungsthemen beziehen. In diesem Kontext stellen sich die wesensmäßigen Unterschiede kleiner, mittelständischer und großer Unternehmen in besonderer Weise dar.

Für einen Konzern ist eine Akquisition ohne eine von Wirtschaftsanwälten und Wirtschaftsprüfern vorgenommene umfangreiche »Due Diligence« gar nicht vorstellbar. Die meisten großen Adressen haben heute eigene M&A-Einheiten, zumindest aber Rechtsabteilungen, die herangezogen werden, um diese aufwendigen Prozesse durchzuführen, wobei sich dieser nicht unerhebliche interne Aufwand in Anbetracht regelmäßiger Käufe und Verkäufe auch lohnt. Dabei wird es in der Praxis fast immer um größere »Targets« oder »Tickets« gehen. Mit irgendwelchen Opportunitäten, die kein Mindestkaliber erreichen, beschäftigt man sich in Konzernen nicht. Große tun Großes! Die Transaktionsvolumina und die Preise sind signifikant. Dabei erwarten die Aktionäre und auch die anderen externen »Wertungsrichter« absolute Gründlichkeit. Demgegenüber tun sich Mittelständler und noch viel mehr kleine Unternehmen mit einer regelrechten »Due Diligence« schwer und zwar egal, auf welcher Seite des Tisches sie sitzen, ob als Käufer oder Verkäufer. Hinzu kommt, dass die Erfahrungen auf diesem Feld gering sind und nur langsam reifen, oft als Lehrgeld nach teuren Fehlern.

Die Expertise, ein anderes Unternehmen nachhaltig auf den Prüfstand zu stellen, muss folglich zugekauft werden. Hier bieten sich Wirtschaftskanzleien und Wirtschaftsprüfungsgesellschaften an, aber es gibt auch frei schaffende Teams, die (involvierte) Banken oder M&A-Firmen als »Serviceprovider« vermitteln, vor allem für die Aspekte, die gern mit englischen Begriffen belegt sind. Und die Sache hat natürlich ihren Preis. So ist eine Bestandsaufnahme unter Berücksichtigung strategischer (»Commercial Due Diligence«), steuerlicher (»Tax Due Diligence«), finanzwirtschaftlicher und bilanzieller (»Financial Due Diligence«), rechtlicher (»Legal Due Diligence«), technischer und ökologischer Aspekte (»Environmental Due Diligence«) mit einer kompletten Bewertung des Geschäfts und einer fundierten Bestimmung eines Kaufpreises je nach Dimension der Transaktion kaum unter (einigen) Hunderttausend Euro zu haben. Da diese Summen aber nicht immer in einem gesunden Verhältnis zum Kaufpreis stehen, wird der Aufwand oft reduziert, so dass es nur zu einer »Light«-Version kommt, was freilich die Gefahr birgt, dass dies nur unzureichende Erkenntnisse hervorbringen wird und insofern kaum mehr Sicherheit bedeutet, einen Kaufkandidaten wirklich richtig zu bewerten. Da ist es dann konsequenter, diesen abgespeckten Aufwand gleich ganz zu lassen, auf seinen eigenen Riecher zu vertrauen und dafür lieber eine Reihe vorsorglicher Garantien in den Kaufvertrag aufzunehmen. Und das im vollen Bewußtsein seiner Verantwortung und der Tatsache, dass man als Käufer als der persönlich haftende Eigentümer ohnehin der Hauptleidtragende sein wird.

Und es kommt noch eine strukturelle Komplikation hinzu. Vor allem die kleineren Akquisitions-»Targets« haben ihre kulturellen Besonderheiten. Bei ihnen ist nicht alles so, wie es bei größeren Einheiten (hoffentlich) selbstverständlich ist. Gewisse Überraschungen, teils auch die Entdeckung kurioser Gepflogenheiten, werden an der Tagesordnung sein. Man trifft auf Eigenarten der Rechnungslegung, auf persönliche, meist verdeckt vorgenommene Entnahmen der Gesellschafter, zumal die Grenzen zwischen geschäftlichen und privaten Aufwendungen mitunter unscharf sind, man deckt steuervermeidende Kapriolen auf und begegnet vielen anderen Umstände mehr, die sich jenseits des Üblichen ereignen. Kurz gesagt, hat man mehr mit »Freestyle« als mit Normen und Standards zu tun. In diesem Sinne fördert die deutsche Gründlichkeit im Zeichen der ökonomischen Krise ja auch auf staatlicher Ebene international, zumal in Südeuropa, in Haushaltsfragen Dinge ans Licht, die nicht der Transparenz unserer Rechnungslegung entsprechen. Ein Grund mehr, warum Konzerne lieber einen Bogen um kleine Kaufkandidaten machen, es sei denn, man will es sich bewusst leisten, die Kalamitäten zu verdauen.

Das Sahnehäubchen auf der langen Liste der vielen Unwägbarkeiten aber ist die fast immer dominante Stellung des Eigentümers sowie die Abhängigkeit des Geschäftsmodells und der Organisation von ihm, auf die ich bereits hingewiesen habe. Diese weichen Faktoren bleiben in den Lehrbüchern unbedacht, wobei diese Umstände für Konzerne mit entsprechenden Dimensionen auch nur von geringer Bedeutung sind. Im Mittelstand aber und im Hinblick auf kleine »Deals« ist das ein gravierendes Problem! Also sollte niemand sein ideologisches Hirn ignorieren: Gerade bei der Bewertung kleinerer Firmen sind die handelnden Personen und ihre Interessen oft bedeutsamer als noch so schöne historische Zahlenwerke!

MERKSATZ | BEURTEILEN SIE BEI AKQUISITIONEN ALLE GEGEBENHEITEN UND INFORMATIONEN AUSTARIERT DURCH BEIDE HIRNHÄLFTEN. WENN DIE ZAHLEN STIMMEN, SIE SICH ABER UNSICHER FÜHLEN, LASSEN SIE ES SEIN!

AUFWAND MIT AUGENMASS: ZU TEURE KAUFVERTRÄGE

Zur Verhandlung und Formulierung von Kaufverträgen werden Juristen mit gesellschaftsrechtlicher und steuerrechtlicher Expertise gebraucht, zumal im Ausland, sofern die dortigen Gesetze und Geschäftspraktiken zu beachten sind. Bei kleinen »Targets« ergibt sich dadurch dasselbe Problem wie im Hinblick auf die »Due Diligence«. Der Hang zum (übertriebenen) Perfektionismus von Anwälten, die jeden erdenklichen Schaden von Mandanten abhalten wollen, bringt umfangreiche, komplexe Vertragswerke hervor, die gemessen am Kaufpreis zu teuer sind.

Praxisbeispiel ▶ Leider gelingt es bei allem Vertragsaufwand inklusive Garantien und Haftung nicht, Sicherheit für jede Eventualität nach dem Kauf zu erreichen.

NACH DER AKQUISITION: INTEGRATION ZWEIER KULTUREN

So schwierig und aufwendig die Bewertungsschritte und die Verhandlungen bis zum finalen Vertragsabschluss auch sind: Die eigentliche Arbeit beginnt erst mit der Übernahme und der operativen Integration des gekauften Geschäfts und seiner Leistungsträger. Wichtig ist in dieser Situation, den neu an Bord kommenden Führungskräften und Mitarbeitern nach der Akquisition eine neue berufliche Heimat zu geben. Waren die Kulturen der Firmen des Käufers und des Verkäufers zu verschieden, wird dies aber vielleicht unmöglich sein. Im richtigen Leben will die kaufende Firma jedenfalls oft genug ihre Erfolgskultur fortschreiben, in der sich die neuen Kollegen allerdings nicht unbedingt wohlfühlen werden.

BELASTBARES VERTRAUEN: KOOPERATIONEN UND »JOINT VENTURES«

Eine interessante, aber auch herausfordernde Möglichkeit, Wachstum durch Synergien mit anderen Marktteilnehmern zu erzielen, besteht in Kooperationen im Allgemeinen sowie in der gesellschaftsrechtlichen Konstruktion eines »Joint Ventures« im Besonderen. Dabei geht es bei allen Kooperationen und speziell bei »Joint Ventures« darum, dass sich zwei, manchmal auch mehrere Partner in ihren Positionierungen und in ihren Fähigkeiten ergänzen. Gemeinsam soll das möglich werden, was jedem allein nicht oder erst sehr viel später oder eben nur ungleich schwerer möglich wäre. Dies bedeutet, dass ein ganz wesentliches Merkmal von Partnerschaften in der Kenntnis der Stärken und Schwächen aller Beteiligten besteht. Nur dann, wenn jeder Stärken, aber eben auch Schwächen hat, und nur dann, wenn sich die guten Eigenschaften nachhaltiger als die schlechteren Merkmale ergänzen, kann das Miteinander seine Ziele dauerhaft erreichen. Sonst wird das »Joint Venture« wortwörtlich zu einem gemeinsamen Abenteuer.

Praxisbeispiel ▶ Im Vorfeld von Kooperationen wird oft unterlassen, die Stärken und Schwächen der künftigen Partner in großer Offenheit und Ehrlichkeit genau zu analysieren. In der Praxis werden die Stärken allgemein in den Vordergrund gestellt, während die Schwächen verborgen bleiben sollen. Solche unklaren Probleme, aber auch unerwartet konfliktträchtige Stärken, sind die Ursachen für spätere Kraftverluste im Zusammengehen, Frustrationen und ausbleibenden Erfolg.

Solche Positionsbestimmungen von Unternehmen werden üblicherweise streng rational vorgenommen. Ein Partner bringt beispielsweise Technologien und Produkte, ein anderer den Marktzugang und lokale kulturelle Expertise mit. Allzu bald will man dann die aus der Kombination theoretisch abzuleitende »Win-Win«-Situation erkennen und sich ohne Weiteres in die Fesseln einer Kooperation oder eines »Joint Ventures« begeben. Diese Entscheidung sollte freilich auf sehr viel mehr Informationen beruhen, vor allem hinsichtlich der handelnden Menschen und ihrer Qualitäten. Sollte es unmöglich sein, diesbezüglich aussagekräftige Erfahrungen zu machen, ist auch dem Bauchgefühl zu vertrauen. Gerade bei weichen Faktoren kann es dramatische Folgen haben, Differenzen zu ignorieren, zu übersehen oder falsch zu gewichten. Je kleiner ein Unternehmen ist, umso mehr.

Praxisbeispiel ▸ Ich gehe hier noch auf einen weiteren wichtigen Aspekt der Beeinflussung durch unser ideologisches Hirn ein, obwohl dieser Punkt für alle Zukunftsprojekte gilt. In den meisten Fällen herrscht bei der Anbahnung von Partnerschaften wie beim Start neuer Projekte eine ausgesprochen optimistische Grundhaltung vor. Das ist ganz normal. Jeder sieht die Chancen und die Synergieversprechen und erlebt die Vorfreude darauf, gemeinsam mehr zu erreichen. Man hat Erlöse vor sich, die für einen selbst nicht oder nur bedingt realisierbar wären. Wie sollte es auch anders sein? Würden Pessimismus, Skepsis und Sorgen die Gefühle regieren, hätte kaum eine neue Idee Aussicht darauf, aufgenommen und engagiert verfolgt zu werden! So entsteht eine (geradezu notwendige) Begeisterung und die Neigung, die vielen kleinen Widerstände und Irritationen, die schon vor jeder Partnerschaft auftreten, fälschlich als später sicher überwindbar einzustufen oder sich solche eigentlich störenden Umstände schön zu reden. Beides ist gefährlich. An dieser Stelle wird unbedingt ein bewusstes Urteil gebraucht.

Nachhaltiger Erfolg einer Kooperation beweist sich nur im grauen Alltag, dann nämlich, wenn Rückschläge und unerwartete Schwierigkeiten auftreten, und die wird es ganz gewiss (genauso wie im eigenen Unternehmen) geben! Wenn hier die Grundwerte, die Prinzipien und die Überzeugungen, also die beiden ideologischen Hirne (Firmenkulturen) der Partner nicht konform sind, werden Missverständnisse, Misstrauen, Sprachlosigkeit und Schuldzuweisungen in kürzester Zeit überwiegen. Diese wechselseitigen Enttäuschungen aber lassen sich gut vermeiden. Prof. Dr. Jörg Freiling von der Universität Bremen und Dr. Jan Wessels haben nach der Auswertung von Fallstudien ermittelt, dass zwei der drei Hauptgründe für das Scheitern neuer Gemeinschaftsaktivitäten in der Überschätzung (»Over Optimism«, »Over Confidence«) in der Startphase und im Streit der Beteiligten im Miteinander liegen. Für erfahrene Unternehmer kein überraschendes Resultat.[18]

Soweit die Diskussion der beiden Optionen, organisch (aus dem Vorhandenen) oder durch Hereinholung von extern Vorhandenem zu wachsen. Der dritte, eminent wichtige, herausfordernde Weg besteht in der Schaffung von Neuem, also in der Entwicklung, Herstellung und Vermarktung von tatsächlichen Innovationen.

Zwei Arten: Evolutionäre und revolutionäre Innovationen

Auch für diesen Wachstumsweg, der für mich der spannendste von allen ist, bietet sich eine Weggabelung an, die der Logik meiner Definition des organischen

Wachstums geschuldet ist: Es gibt evolutionäre Innovationen durch den Ausbau bestehender Aktivitäten, die berechenbare, risikoarme unternehmerische Handlungen erfordern, und radikale, revolutionäre Innovationen durch völlig neue Aktivitäten, also im Zuge unsicherer, risikoreicher unternehmerischer Handlungen.

Konsultieren wir zunächst unser »Erfolgsmodell Hirn«, um zu schauen, was es uns empfiehlt: Ein Überlebensprinzip der Menschheit besteht ganz offenbar darin, die Gestaltung der Zukunft, unsere Schritte auf Neuland, bedächtig und im Rückgriff auf verarbeitete Erfahrungen zu vollziehen. Tatsächlich liegt nahe, dass kühnes Vordringen in unbekanntes Gelände zwar beträchtliche Pioniergewinne erbringen, aber halt auch tödlich enden kann. Vor diesem Hintergrund führte die Entwicklung der Menschheit dazu, dass die meisten Zeitgenossen das Risiko zu scheitern nachweislich lieber meiden als die Chance auf einen stattlichen Vorteil zu suchen. Insofern folgt der Homo sapiens bei seiner Bearbeitung neuer Felder bevorzugt dem evolutionären Modell, und zwar in kleinen Schritten. Änderungen werden vorsichtig vollzogen und betreffen am besten nur einen Teil des Ganzen. Ausgehend von Bekanntem und Beherrschtem, also stets noch mit einem Bein in der Komfortzone, tasten sich die meisten Menschen in unbekannte Bedingungen vor. So bleibt man immer noch auf berechenbarem Terrain, wobei dieses evolutionäre Prinzip dem in allen Kulturkreisen beschriebenen »goldenen Mittelweg« entspricht. Kaum jemand aber stürmt stets blind nach vorn.

IM EINKLANG MIT DER NATUR: EVOLUTIONÄRE INNOVATIONEN

Das Ergebnis dieses erfahrungsbasierten, letztlich intuitiven Prozesses ist eine natürliche, gesunde und nachhaltige Weiterentwicklung. Selbstzerstörerische Verhaltens- und Vorgehensweisen kennt die Evolutionsgeschichte der Natur nicht, anders als die Menschheit mit ihren furchtbaren kriegerischen Verirrungen.

Bei alledem ist klar, dass mit dem Postulat und der Befolgung so biederer Thesen niemand zum Manager oder zum Aufsteiger des Jahres gekürt werden wird. Der Ansatz erlaubt kaum, »schnelles Geld« zu machen, und er verspricht keine spektakulären Erfolge, aber er fördert den soliden langfristigen, sozialverträglichen und umweltorientierten Fortschritt. Und genau das hatten wir uns ja mit der Definition von »Erfolg« vorgenommen. Dabei gibt es in der Praxis (als seltene Ausnahme von der Regel) aber auch die gern herausgestellten Beispiele außergewöhnlicher, maßstabsetzender Unternehmensentwicklungen, die sich genialen »Entrepreneuren« und Top-Managern verdanken, die eigentlich undenkbare Wege fanden, bahnten und gingen, die nicht vom evolutionären Prinzip gedeckt sind. Und dennoch: Der unaufregendere, aber mit hoher Wahrscheinlichkeit sicherere Weg entspricht eher der Lehre, die wir aus der Betrachtung des »Erfolgs-modells Hirn« ableiten können. Viele überraschende Sensationen waren dann ja auch nicht von Bestand und die Abstürze hart. Empirische Untersuchungen be-stätigen, dass evolutionär agierende Unternehmen auf Dauer erfolgreicher sind.

In der Praxis kommen die Anstöße für evolutionäre Innovationen typischerweise aus dem Unternehmen selbst oder von seinen Partnern aus dem Umfeld (Kun-den, Lieferanten). Diese Impulse rufen Anpassungen und Optimierungen hervor und fördern die evolutionäre Ausweitung des Bestehenden. Diesen Prozess an-zuregen und zu pflegen, sensibel für Anstöße und Wünsche zu sein, ist eine wich-tige Eigenschaft von Unternehmen, um sich verlässlich organisch zu entwickeln.

Sich evolutionär zu entwickeln, bedeutet, auf Felder vorzudringen, die an die be-kannten Arbeitsgebiete grenzen. Das aber heißt, vorhandene Produkte in neue Märkte oder neue Produkte (zunächst) in etablierte Märkte einzuführen. Inso-fern bleibt immer eine Variable gewohnt und vertraut. Daraus beziehen Unter-nehmen anders als beim Sprung in ungewohnte Gefilde Gefühle von Sicherheit und kalkulierbarem Risiko. Man tut das, wofür man steht und was man gut kann.

Geht man von einem bestehenden Geschäft mit einem vernünftigen Produkt-programm in einem Marktsegment aus, wobei letzteres sowohl regional als auch durch die Anwendung der Produkte in Abnehmerindustrien definiert sein kann, ergeben sich zwei Möglichkeiten, organisch (aus sich selbst) neue Wachstums-aktivitäten evolutionär zu entfalten. Dann hat man zu entscheiden, ob weitere Produkte oder Dienstleistungen in existierenden Märkten aufgebaut und vertrie-ben werden sollen oder ob man mit den aktuellen Produkten oder Dienstleistun-gen in zusätzliche Marktsegmente (Abnehmerindustrien, Länder) vorstoßen will. Die dritte Möglichkeit, mit neuen Produkten, Dienstleistungen und Ideen nach-haltig in neue Marktsegmente vorzustoßen, ist die eigentliche Königsdisziplin.

»BUSINESS AS USUAL«: NEUE ANGEBOTE IN ALTEN MARKTSEGMENTEN

Bei kaufenden Bestandskunden bietet es sich an, ergänzende neue Produkte oder Dienstleistungen ins Programm zu nehmen, weil Synergien im Vertrieb möglich sind. Mehrverkäufe an Bestandskunden erbringen zusätzliche Erlöse (Deckungs-beiträge) ohne großen zusätzlichen Vertriebsaufwand. Die neuen Produkte wer-den in den ohnehin stattfindenden Kundengesprächen einfach mit kommuniziert.

Doch auch dieser risikoarme Weg verlangt einige Vorleistungen. Sie bestehen in der gezielten Suche nach geeigneten neuen (zum bisherigen Sortiment und zum

Bedarf der Kunden passenden) Produkten oder Dienstleistungen, die zunächst einmal (entwickelt und) verfügbar gemacht werden müssen (Produktion oder Handel), während die Mitarbeiter das entsprechende Know-how aufbauen müssen und voraussichtlich Trainings brauchen. In der Praxis erhalten viele Firmen lukrative Hinweise auf sinnvolle Sortimentsergänzungen aus ihren Märkten. Solchen Impulsen schnell und flexibel zu folgen, fällt Handelsunternehmen naturgemäß leichter als Herstellern, die meist erst zeitaufwendig und teuer den notwendigen Vorlauf in Forschung, Entwicklung und Fertigung durchführen müssen.

Praxisbeispiel ▶ Ein modernes Modell für Handelsunternehmen sieht vor, alle lieferbaren Produkte für ein Kundensegment im Rahmen von »One-Stop-Shopping« anzubieten. Ob dies jedoch als Erfolgsmuster zu betrachten sein soll, darf ich bezweifeln, denn auch hier liegt wieder eine der vielen Gratwanderungen mit ganz verschiedenen Sichtweisen vor: Kunden wägen bei ihrer Entscheidung zwischen dem für sie leichteren Einkauf beim Vollsortimenter, der ihnen Breite, Bündelung und Bequemlichkeit bietet, sie aber von ihm abhängig macht, sowie dem mühsameren Einkauf bei mehreren leistungsfähigeren Spezialanbietern ab. Wie so häufig, hat beides seine Berechtigung, nur beides zugleich geht nicht.

Mehr Mut: Existierende Angebote in neuen Marktsegmenten

Vorhandene Produkte oder Dienstleistungen in neue Anwendungsbereiche oder in neue regionale Märkte zu verkaufen, ist die zweite evolutionäre Wachstumsoption. Hier liegt die Vorleistung darin, die Besonderheiten der neuen Märkte, der dort üblichen Absatzkanäle und der neuen Vertriebskulturen zu verstehen, um sich die Usancen ultimativ anzueignen. Alle Anwendungsindustrien haben ihre spezifischen Regeln, quasi ihre eigene Sprache, die erst erlernt werden muss. Sonst kann man nicht mitreden und findet als Anbieter kein Gehör. Das gilt speziell für den Vertrieb. Noch anspruchsvoller ist es, sich in neuen Ländern mit anderen Präferenzen, in denen außerdem wirklich eine andere Sprache gesprochen wird, zu behaupten. Daher ziehen Unternehmen für neue Auslandsengagements oft den Aufbau lokaler Vertriebsorganisationen vor. Es werden also Mitarbeiter aus dem jeweiligen Land und dem jeweiligen Kulturkreis mit der Kundenbetreuung vor Ort beauftragt, während das erforderliche Know-how im Hinblick auf die Produkte oder Dienstleistungen entweder aus dem Mutterhaus oder von den aktiven Einheiten kommt, die bereits erfolgreich in anderen Märkten tätig sind.

Unternehmen vollziehen eine regionale Ausweitung ihres Angebotsspektrums meist so, dass sie in benachbarten Ländern mit ähnlicher Kaufkultur beginnen, diesen Ansatz systematisch multiplizieren und sich daraufhin immer weiter in fernere Regionen begeben. Je fremder die Weltgegend ist, desto mehr steigt freilich auch das Risiko, teure Investitionsfehler zu begehen, wobei in solchen Ländern, wie wir bei den einleitenden Betrachtungen hinsichtlich des Wachstums gesehen haben, nicht selten die attraktivsten Märkte mit den lukrativsten Wachstumschancen liegen. Die daraus resultierenden Herausforderungen für eine Firmengruppe, die sich entscheiden muss, Verantwortung zentral oder dezentral auszuüben, wurden im Abschnitt über Organisationsformen behandelt. Aufgaben, die alle multinational oder global operierenden Konzerne längst erfolgreich gelöst haben. Man darf sie diesbezüglich durchaus dafür beneiden, wie sie ihre internationalen Strukturen früh und weitsichtig gestaltet haben, wobei sie sicher von ihren universalen Produkten und Dienstleistungen begünstigt wurden.

Soweit die Überlegungen zu den beiden organischen Wachstumswegen, denen gemäß unseres »Erfolsmodells Hirn« das Prinzip der erfahrungsbasierten Rückwärtsorientierung zugrunde liegt. Doch nur auf das evolutionäre Element zu setzen, ist zu wenig und ehrlich gesagt auch nicht anspruchsvoll genug. Ein schönes Bonmot zu diesem Punkt wird Henry Ford zugeschrieben: »Hätte ich die Menschen gefragt, was sie haben wollen, hätten sie vermutlich gesagt: ein schnelleres Pferd.« Nur durch evolutionäres Denken wäre demnach wohl nie ein Auto entstanden. Insofern gilt es nun, den Blick auf das überraschende Moment in Unternehmen, also auf radikale Veränderungen, zu richten, die ja zweifellos großen Anteil am Wachstum vieler Firmen sowie der Weltwirtschaft insgesamt haben. Damit kommt jetzt der Moment, in dem der seltene Geistesblitz seinen glänzenden Auftritt hat.

Ganz neue Ideen: Radikale Innovation und starkes Wachstum

Wenn auch das menschliche Gehirn normalerweise auf seine historisch bewährten Muster, also auf seine festen synaptischen Verknüpfungen rekurriert, und damit bewährte intellektuelle »Trampelpfade« nutzt, überrascht es uns manchmal mit Sprüngen »Out of the Box«, die wir im Guten gern als Geistesblitze und im Schlechten als »Schnapsideen« bezeichnen. In beiden Fällen handelt es sich jedenfalls um etwas, was zufällig geschieht, weil es weder angeordnet noch bewusst herbeigeführt werden kann. Wie aus dem Nichts bilden sich völlig neue Synapsen und Verknüpfungen, die unerwartete Ergebnisse zeitigen. Diese neuartigen Kombinationen von Neuronen bringen verblüffende Eingebungen hervor, die mitunter nahe liegende Analogien zu Bekanntem entwerfen, so dass eigentlich nur neuartige Kombinationen bereits beherrschter Erkenntnisse entstehen, doch mitunter sind es eben auch musterlose Ideen, abseits von allem, was wir bis dahin (bewusst) kennen und verwenden. Dieser so genannte Zufall (der Geistesblitz) verdient seine Chance, zumal er ein wichtiger Wachstumsmotor ist.

Haben wir das evolutionäre Vorantasten bisher als vernünftiges Überlebensprinzip der Menschheit beschrieben, so gehört auch das »verrückte« Ausbrechen aus seinen Bahnen zum historischen Repertoire des Gehirns. Das evolutionäre Konzept dominiert und wird doch ab und zu durch überschießende Energien ausgehebelt. Gleichwohl ist eine Vorgehensweise, die sich nur auf Geistesblitze stützen wollte, die also darauf aus wäre, ständig seine bekannten Denkräume verlassen zu wollen, nicht zu empfehlen, und zwar niemandem, zumal Unternehmen nicht. Ein strikt visionärer Ansatz ist nicht nur wegen der geringen Eintrittswahrscheinlichkeit der Annahmen über das Gelingen der Umsetzbarkeit kühner Innovationen zu verwerfen, sondern auch, weil er dem »Erfolgsmodell Hirn« nicht innewohnt. Zudem spricht die Empirie gegen riskante Wetten auf Wunder. Trotzdem aber sind radikale, revolutionäre Weiterentwicklungen im Zuge der Erschließung konkurrenzloser Geschäftsfelder als steile Wachstumswege der Vertiefung Wert.

In der Wirtschaft sind revolutionäre Ideen und Veränderungen, also die Geistesblitze, das Salz in der Suppe des Wettbewerbs. Geniale Lösungen haben Durchbrüche zur Folge, die unbekannte oder übersehene Türen öffnen. Dieser Prozess ist im Sozialgebilde von Unternehmen leider nicht organisierbar, obwohl es Kreativitätstechniken gibt. Dasselbe gilt im Privaten. Auch hier sind Geistesblitze nicht erzwingbar. Insofern bleiben Unternehmen auf spontane Beiträge und Impulse, auf das Querdenken, die Neugierde und die Denklust ihrer Menschen verwiesen.

RASCHE PARADIGMENWECHSEL: PLÖTZLICHE INNOVATIONSSPRÜNGE

Betrachten wir zunächst die großen Technologiesprünge. Ökonomische Umbrüche durch Innovationen, durch die alle 40 bis 60 Jahre neue Schlüsselindustrien entstehen, was der russische Wirtschaftswissenschaftler Nikolai Kondratjew als Zyklen beschreibt.[19] Deren übliche grafische Darstellung als gleich hohe Wellen finde ich allerdings irreführend, da diese Schematisierung die Interpretation nahelegt, dass abgelöste Technologien immer aussterben müssten, was so nicht stimmt, da sie tatsächlich zunächst einmal nur ihre Leitfunktion verlieren. Realistischer ist wohl die Annahme, dass Technologien evolutionär reifen und wachsen, wobei sie dann irgendwann ihren Zenit überschreiten, während die radikal neuen Innovationen volkswirtschaftlich in einer Treppenkurve zusätzliche Wachstumsperspektiven eröffnen. Gleichwohl ist hier der Vollständigkeit halber darauf hinzuweisen, dass es natürlich auch prominente Fälle gibt, in denen völlig Neues bis dahin gültiges Altes kannibalisiert und schließlich zum Verschwinden bringt.

Vor diesem Hintergrund braucht jedes Unternehmen nach meiner Überzeugung immer wieder radikale Impulse, die es auf Felder außerhalb seines angestammten Handelns führen. Das müssen ja nicht unbedingt gleich Weltneuheiten sein, da es zunächst um tragfähige zusätzliche Wachstumschancen für das eigene Unternehmen geht. Die Natur lehrt uns, die Chancen und Risiken neuer Ideen und Konzepte wohldosiert mit dem Bewährten auszubalancieren. Der »Worst Case«, also das (teure) Scheitern einer neuen Idee, darf kein Unternehmen hinsichtlich seines Ertrags und seiner Liquidität in Turbulenzen bringen. Im Sinne dieses Satzes allerdings chronisch zu wenig gute neue Ideen zu haben, birgt die Gefahr der Stagnation mit schleichendem Schwund der Marktbedeutung. Was also wohldosiert ist, wie Anzahl und Umfang neuer Projekte bestimmt werden, hängt vom jeweiligen Unternehmen ab. Konkret von den Wachstumszielen, von der Risikofreudigkeit, aber auch von der Kraft, gescheiterte Anläufe mental und finanziell zu absorbieren. Radikale Ideen eröffnen jedenfalls den dritten Wachstumsweg.

DIE KÖNIGSDISZIPLIN: NEUE ANGEBOTE IN NEUEN MARKTSEGMENTEN

Anders als die beiden evolutionären Ansätze (neue Produkte oder Dienstleistungen in alten Märkten bzw. alte Produkte oder Dienstleistungen in neuen Märkten) erschließt der beschwerlichste und gefährlichste Weg, der viel häufiger scheitert, neue Marktsegmente mit neuen Produkten oder neuen Dienstleistungen.

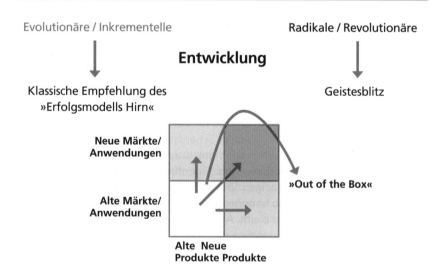

Bemühen wir noch einmal die Analogie mit unserem »Erfolgsmodell Hirn«, sehen wir, dass sich die größten Wachstumschancen zwar analytisch rational durch neue Produkte oder Dienstleistungen in neuen Anwendungsbereichen oder in neuen regionalen Segmenten bieten sollten. Doch die ideologische Hirnhälfte wird sich bei solchen Bestrebungen höchst unwohl fühlen. Sie sucht Bekanntes und Vertrautes, bevor sie ihre Zustimmung gibt, und dies bietet der radikale Ansatz anders als die anderen Fälle, die stets ein beherrschtes Element bewahren, eben nicht. Doch das rechnende Hirn weiß Gott sei Dank, dass Firmen die zusätzlichen Wachstumsimpulse revolutionärer Vorhaben brauchen. Gleiches gilt für den Geistesblitz, der überraschend alles bekannte Wissen und jede historische Erfahrung übersteigt, und Märkten bis dahin noch nicht vorhandene Lösungen bietet.

Wie man ein wirtschaftlich gesundes, vorteilhaftes Gleichgewicht zwischen dem evolutionären und dem radikalenElement herstellt und was man als Unternehmen dafür tun kann, um die Aussicht auf praktikable Geistesblitze, also auf gute Ideen »Out of the Box«, qualifiziert zu steigern, wollen wir nun näher betrachten.

INNOVATIONSKULTUR »OUT OF THE BOX«: MEHR GEISTESBLITZE

Um die Wahrscheinlichkeit des Entstehens evolutionärer, vor allem aber radikaler Innovationsvorhaben zu steigern, ist auf eine lebendige Innovationskultur zu achten, die ein wichtiges Element jeder zukunftsorientierten Firmenkultur ist. Die Geschäftsleitung hat ein anregendes, erfindungsfreudiges Klima und Freiräume zu schaffen, den Mitarbeitern die Angst vor Flops zu nehmen sowie die Ernsthaftigkeit der Verfolgung neuer Projekte mit Zeit und Geld nachzuweisen. Hierzu gehört, nicht nur ein Budget zu beschließen, sondern intern proaktiv zu kommunizieren, dass es in der Natur solcher mutigen Neuansätze liegt, dass Flops vorkommen, und zwar auch bei bestem Input. Da die Mittel womöglich nicht zurückfließen, muss dieses Risikokapital für alle Beteiligten (Eigentümer, Manager, Mitarbeiter, Banken) nachvollziehbar und für das Unternehmen darstellbar sein.

TIPP: Innovative Impulse sind intern demonstrativ anzuerkennen und zu belohnen, während Flops zu akzeptieren sind. Eigentlich sollte man sogar den »Flop des Jahres« prämieren, um zu zeigen: Wir wollen wirklich Neues und das geht nun mal nicht ohne Risiko. Deshalb honorieren wir interessante Anstöße, selbst wenn uns der erhoffte Erfolg versagt bleibt. Aber wir lassen nicht nach und nicht locker.

Eine positiv gestimmte Innovationskultur setzt also in besonderem Maße Fehlertoleranz hinsichtlich anspruchsvoller neuer Ideen und Projekte voraus. Das Kulturmerkmal der Fehlertoleranz gilt aber nicht nur für Innovationsprojekte, sondern es sollte das ganze Miteinander in Unternehmen prägen. Fehler sind wichtige Quellen, um zu lernen. Nur Wiederholungsfehlern ist intolerant zu begegnen.

Einen Erfolgsmix aus sachlich Bewährtem und mental gut Verdrahtetem (evolutionären Innovationen) sowie aus »Geistesblitzen« (radikalen Innovationen) offen zu kommunizieren und vorzuleben, ist ein wichtiges Signal für alle Führungskräfte und Mitarbeiter und insofern eine unterschätzte Aufgabe des Managements. Je nach Ausprägung der Innovationskultur bedarf es jedenfalls klarer Zeichen der Geschäftsleitung, um Neugier und Mut kollektiv zielgerichtet zu steigern.

In meiner Berufspraxis habe ich vielseitige Erfahrungen mit verschiedenen Modellen zur Stimulierung und Stärkung der Kreativität in Unternehmen gemacht, mit Instrumenten, die allen Führungskräften und Mitarbeitern den Wunsch der Geschäftsleitung nach einer förderlichen Innovationskultur ins Bewusstsein riefen.

Geistesblitze in der Gruppe: Querdenkerforen und Freiräume

Gerade im Hinblick auf die Entwicklung neuer Geschäftsfelder regt die Arbeit in Teams die Entstehung neuer Ideen in einem interaktiven dynamischen Prozess an und hilft so, eingefahrene Strukturen zu überwinden. Dabei findet man die meisten Anstöße für Neues anders als in den evolutionären Projekten außen, also jenseits des Bestehenden und jenseits des vertrauten Alltags. Erforderlich sind lediglich gesunde, sachliche Neugier und ein unbefangener Blick auf unbekanntes Terrain. Die Antennen für Wahrnehmungen und Anregungen müssen auf Empfang geschaltet werden. In diesem Sinne lohnt sich das Unterfangen, Mitarbeitern Raum für einen ungezwungenen Austausch und die gemeinsame Beschäftigung mit Themen zu geben, die eigentlich nicht in ihrer Verantwortung liegen.

Versuchen Sie also, einen vom Top-Management erkennbar gewollten Kreativitäts- oder Querdenker-Club zu etablieren, in dem »gesponnen« werden soll und darf! Die Einrichtung einer solchen internen Einheit dient dazu, die Wahrscheinlichkeit für Zufälle und Geistesblitze zu erhöhen, und zwar in ungezwungener Atmosphäre, ohne Druck, und an einem Ort, der dem Ansinnen, die bisherigen Grenzen des Denkens und Handelns im Unternehmen zu sprengen, gerecht wird. Hier sollte sich alles um aussichtsreiche Zukunftsthemen, um neue Aktivitäten und Fragestellungen drehen, die am besten weit über das Tagesgeschäft und die ohnehin stattfindenden evolutionären Entwicklungen hinausgehen. So bringen sich Mitarbeiter unorthodox selbst ein, in der Wahrnehmung, dass dem Unternehmen seine Menschen, ihre Ansichten und ihre »verrückten Ideen« wertvoll sind.

Da der Ideenspender nicht unbedingt auch die Bearbeitung seiner Idee übernehmen kann oder will, obwohl er dies eigentlich natürlich sollte, tritt hier eine organisatorische Herausforderung für die Geschäftsleitung auf, nämlich das

Ideen-Management zu übernehmen. Eine Lösung besteht darin, unter der Bezeichnung »New Business Development« (NBD) ein Angebot zu schaffen, Ideen bei einer an die Unternehmensleitung berichtenden Führungskraft einzureichen.

»Baby-Klappe« für Geistesblitze: »New Business Development«

Die Schaffung einer solchen Anlaufstelle oder Einheit erlaubt es dem Unternehmen, glaubhaft unter Beweis zu stellen, dass es willens ist, radikal Neues zu fördern. In diesem Sinne werden Ressourcen (Budget und Mitarbeiter) für exploratorische Entwicklungsprojekte zur Verfügung gestellt, wobei es zunächst um ein professionelles »Screening« sowie um die Koordinierung weiterer Schritte geht. Interessante Ideen werden auf ihre Machbarkeit und ihre Erfolgsaussichten geprüft, um der Geschäftsleitung Empfehlungen zur weiteren Verfolgung zu geben.

Alternativ können ausgewählte Projekte auch in der Verantwortung des NBD marktreif entwickelt werden. Wichtig ist, sicherzustellen, dass neue Ideen nicht nur aufgegriffen, also hinsichtlich ihrer Eignung geprüft und entwickelt, sondern letztlich natürlich auch vermarktet werden. Das NBD ist insofern wie alle anderen zentralen Forschungsdienste auch, nichts anderes als eine leistungsfähige Struktur, um Ideen in ihrem Wert für das Unternehmen zu erkennen und in eine praktische Anwendung zu überführen. Gleichwohl bestehen Gefahren: Die Ergebnisse finden bei den marktaktiven Einheiten im Unternehmen oft kein angemessenes Interesse und die Kommerzialisierung bleibt aus. Oder die zentralen Forschungs- und Entwicklungsabteilungen verselbständigen sich. Dann aber verkäme die Suche nach Neuem zu einem Selbstzweck, gelenkt von Einheiten im Elfenbeinturm.

Praxisbeispiel ▶ Tatsächlich gibt es das Phänomen, dass die operativen (kommerziellen) Einheiten alle Projekte, die sie interessieren, gern in Eigenregie verfolgen. Diesbezüglich haben sie häufig auch die beste, zumindest aber ausreichende Expertise und entsprechende Ressourcen. Zugleich aber wird radikal Neues, das jenseits der bisherigen Aufgaben, Produkte und Märkte liegt, auch nur mit spitzen Fingern angefasst, so dass Chancen vertan werden. Die Gründe dafür kennen wir schon: Radikal Neues gilt als schwer einschätzbar, als ausgesprochen risikoreich und als jenseits der mentalen Komfortzone zu verorten! Daher sind neue Einheiten auch die natürlichen Träger evolutionärer Entwicklungen einschließlich ihrer Vermarktung. Und daher wird für radikal Neues auch eine neue Einheit gebraucht.

Eine radikale, revolutionäre Idee hat es relativ schwer, ihren Weg in den Markt zu finden. Doch eine Idee wird erst dann zur Innovation, wenn sie zu einem Produkt wird, das sich verkaufen lässt. Um interessante, abseits der bestehenden

Aktivitäten liegende Ideen richtig in Geschäfte umzusetzen, muss sich die Geschäftsleitung einschalten und festlegen, an welcher Stelle im Unternehmen dieses wertvolle Gedankenmaterial bis zu seiner Vermarktung aufgehoben sein soll. Insofern erfolgt entweder eine klare Zuweisung in eine marktaktive Einheit (Heimathafen oder Adoptionseinheit) oder man ruft eine neue verantwortliche Einheit ins Leben. Als fünftes Rad am Wagen, einfach nur neben den bestehenden Arbeitsgebieten, setzen sich neue Ideen nicht durch. Es sei denn, sie sind sensationelle »Blockbuster«, deren Potential jedem gleich ins Auge springt, was allerdings nur sehr selten so ist. Deshalb ist es unverzichtbar, in der Adoptionseinheit bzw., was wahrscheinlicher ist, in einem neu gegründeten »Profit Center«, begeisterte Verfechter der neuen Idee im Hause zu haben. Dabei ist von Anfang an zu bedenken, dass ein Nachteil neu geschaffener Einheiten darin besteht, meist länger als gedacht und leider für alle erkennbar, mit negativen Zahlen aufzuwarten.

Ganz unabhängig davon aber sollte das »New Business Development« den bestehenden Einheiten im Unternehmen, zumindest auf deren Anfrage und mit Zustimmung der Geschäftsleitung, bei größeren, entwicklungsintensiven, evolutionären Projekten unterstützend mit einem Budget und Zeit zur Verfügung stehen.

RATING DES UNGEWÖHNLICHEN: QUALIFIZIERUNG DES POTENTIALS

Dieses Konzept, außergewöhnliche Ideen wie in einer »Baby-Klappe« abzugeben und von einem NBD aufnehmen zu lassen, ist bewährt. Mitarbeiter oder die Mitglieder von Querdenkerforen erhalten damit eine informelle Möglichkeit, ihre unorthodoxen Vorschläge qualifiziert gewürdigt zu wissen, vor allem die viel versprechenden Ideen, die von ihnen, warum auch immer, nicht in die bestehenden organisatorischen Einheiten und Strukturen eingespeist werden wollen oder können. Eben deshalb stellt das Unternehmen ja Ressourcen und Personal bereit, um gerade Unbotmäßiges und Unerhörtes der näheren Begutachtung zuzuführen.

Wenn diese Ideen abgeklopft, als erfolgversprechend erachtet und von der Geschäftsleitung für die Ausarbeitung freigegeben wurden, erhebt sich nach ihrer Umsetzung in ein Produkt oder in eine Dienstleistung die oben gestellte Zuordnungsfrage, durch wen sie in den Markt gebracht werden können. Um das NBD schlank und flexibel zu halten, empfiehlt sich bereits in frühen Entwicklungsphasen solcher exploratorischer Projekte eine Kooperation mit dazu berufenen externen Stellen einzugehen, etwa Universitäten oder Instituten. So lassen sich risikoreiche Zukunftsvorhaben substantiell verfolgen, ohne selbst feste Strukturen aufbauen zu müssen. Eine weitere Maßnahme zur Stärkung der Innovationskultur besteht darin, kreativitätsfördernde Methoden anzubieten und zu trainieren.

Höhere Wahrscheinlichkeit: Bewährte Kreativitätsmethoden

Um die individuellen Fähigkeiten der Mitarbeiter zu stärken, revolutionäre oder radikale Innovationen anzustiften, wobei hier noch einmal vor allem an Teams zu denken ist, helfen Kreativitätsmethoden, wie sie der Literatur zu entnehmen sind und von externen Trainern im Unternehmen etabliert und geübt werden können.

> **Merksatz | Geistesblitze werden nicht durch Methoden systematisch angeregt und ausgelöst, aber die Wahrscheinlichkeit steigt, dass sie entstehen. Die Methoden schärfen das Instrumentarium.**

Mehr Aufmerksamkeit: Analytische, systematische Ansätze

Einige bekannte Kreativitätsmethoden fördern geistig die analytische, systematische Durchdringung von Themen. Sie stimulieren also das rechnende Hirn. So gelingt es, blinde Flecken in unserem Denken, die unser ideologisches Hirn verursacht und die deshalb ignoriert wurden, auszumachen. Eine der populärsten Methoden ist der »Morphologische Kasten«. Er hilft, Neues in Form von bislang Übersehenem aufzuzeigen. Ähnlich systematisch setzt die Methodik des »Relevanzbaums« an. Weitere Erläuterungen würden den schon weit gesteckten Rahmen dieses Buchs sprengen. Diese Ansätze sind in der Literatur gut beschrieben.

Verfremdung des Bekannten: Kreative, intuitive Ansätze

Das alt bekannte »Brainstorming« ist ein adäquates, einfaches und auch durch unser »Erfolgsmodell Hirn« bestätigtes Verfahren, um unkonventionelle Einfälle hervorzubringen, die sich der Bildung und Verknüpfung neuer Synapsen verdanken. In diesem Kontext gibt es aber auch die hohe Schule ausgefeilter Methoden, etwa die »Synektische Exkursion« und die Bionik. Zwei Ansätze, die es erlauben, durch das Mittel der vorsätzlichen Verfremdung der Aufgabenstellung zu neuen Eingebungen zu kommen. Diese beiden Kreativitätsmethoden führen von den üblichen (bereits »verdrahteten«) Bildern und ihrer Beziehungslogik weg, um neue Bilder mit neuen Beziehungslogiken in Parallelwelten zu kreieren. Die so gewonnenen Erkenntnisse und Ideen führen im Rückschluss auf die eigentliche Aufgabe zu verblüffend innovativen Lösungen. Näheres vermitteln die Gesellschaft für Kreativität in Mainz (www.kreativ-sein.de) und das Institut für Angewandte Kreativität in Bad Nauheim (www.iak.de). Aber es gibt noch einen Aspekt der Innovation, der in der Globalisierung dank des Internets Beachtung findet.

Vorsätzlich neue Verknüpfungen: »Open Innovation«

Unter diesem Begriff versteht man den Wissensaustausch der eigenen Organisation mit der Außenwelt mit den Mitteln des »World wide webs«. Im Rahmen unserer Modellvorstellungen sind durch die interaktive Nutzung des digitalen Netzes wie im menschlichen Gehirn eine Unzahl völlig neuer Verknüpfungen (Synapsen) mit unvorstellbaren Synergie- und Innovationspotenzialen zu erwarten.

Praxisbeispiel ▶ Ob Unternehmen allerdings fähig und willens sind, die völlige Kontrolle ihrer sensiblen, überlebenswichtigen Projekte aufzugeben, ist wieder eine Frage ihrer Firmenkultur. Momentan scheint mir die Bereitschaft dafür noch kaum ausgeprägt zu sein. Klassische Kooperationen erlauben es immerhin, einen Teil der durch digitale »Open innovation« zu hebenden Potenziale anzugehen, ohne das Gefühl von Vertraulichkeit und Beherrschung der Prozesse einzubüßen.

Innovationen an sich: Grundsätzliche Überlegungen

Zunächst eine eher formale Kritik: Im Tagesgeschäft vieler Unternehmen behindern manche Verfahrensweisen innovatives Verhalten. Für Qualitätsvereinbarungen, ISO-Standards, aber auch in der Gesetzgebung, bedeutet Neues, auch wenn es besser ist, zunächst stets, von Notifiziertem abzuweichen, so dass Änderungsaufwand entsteht. Manchmal ist schon der verwaltungstechnische Aufwand so groß, dass Neues auf der Strecke bleibt. Aber mir ist auch oft genug begegnet, dass eine Sorge hinsichtlich des Umstellungsaufwands als Killerargument vorgeschoben war, um nur ja nichts veranlassen zu müssen. Tröstlich mag sein, dass sich in Unternehmen für wirklich lohnende Neuerungen doch meist Wege finden, um Anpassungen trotz bestehender Formalismen und Instanzen vorzunehmen. Generell gilt, dass alle Welt unter allen denkbaren Gesichtspunkten nach Fortschritt schreit, was dem Wunsch nach etwas Besserem gleichzusetzen ist. Unter dieser Prämisse müssten einem also neue Ideen aus der Hand gerissen werden!

Merksatz | Wundern Sie sich als Unternehmer nicht, wenn Sie im Betrieb und in seinem Umfeld mit radikal Neuem erst einmal auf Ängste und Widerstände statt auf Begeisterung treffen.

Viele große und kleine Ressentiments gegen Innovationen wurzeln gesellschaftlich in Ängsten, die oft geeignet sind, die seriöse Einschätzung einer eigentlich begrüßenswerten Veränderung durch unzulängliches Wissen oder mangelnden

Mut unmöglich zu machen. Dies gilt speziell im Hinblick auf radikale Neuerungen. Evolutionäre Prozesse werden eher akzeptiert und finden selten sehr viel (öffentliche) Aufmerksamkeit. Ob radikal Neues in Anbetracht dieser subjektiven Unsicherheit als beängstigend oder als begehrenswert begegnet, hängt von den Meinungsbildnern ab, die in den Medien positive oder negative Stimmungen erzeugen. Dabei handelt es sich oft um Meinungstrends, die eher politisch als sachlich motiviert sind. Auch eine Erscheinungsform eines kollektiven ideologischen Hirns.

Wir erkennen hier erneut die schon mehrfach beschriebenen Mechanismen unseres Denkens und Fühlens, in dem sich die Erfahrungsbilder und Emotionen als mächtige Kräfte gegenüber Fakten erweisen. Können letztere (noch oder mangels Wissen) nicht gedeutet werden, adaptieren wir fremde Bilder. Dies gilt für jeden Menschen sowie in meinem Modell für Unternehmen und Gesellschaften.

Bei alledem sollte man Unternehmen ausreichende Kompetenz zur Beurteilung neuer Ideen unterstellen dürfen. Gleichwohl stoßen manche Vorschläge auch hier auf Ängste und Skepsis. Ich wiederhole den Grund: Die Verfolgung neuer Ideen verlangt danach, das Bekannte und gut Einschätzbare, also die Komfortzone, zu verlassen, wobei zudem das Risiko, grandios zu scheitern, droht. Es ist das ideologische Hirn, das auf der Ebene des Individuums und auf der Ebene des Kollektivs über die Akzeptanz oder die Ablehnung von Neuem entscheidet. Starke, selbstbewusste Charaktere mit viel Phantasie, die den unvermeidlich drohenden »Flop« wegstecken würden, erkennen ebenso wie Unternehmen mit diesen Kulturmerkmalen vor allem die Herausforderung und die künftige Chance. Frühere ähnliche Situationen, die erfolgreich verliefen, fundieren das proaktive Verhalten. Im Extremfall führt dies zur fanatischen Betreibung solcher Projekte.

Demgegenüber nehmen von Hause aus vorsichtige bzw. durch frühere biographische Rückschläge bereits leidgeprüfte und verängstigte Menschen in derselben Entscheidungssituation vor allem das implizite Risiko wahr und sind übermäßig von der Sorge bestimmt, für das denkbare Scheitern des Zukunftsprojekts persönlich zur Verantwortung gezogen zu werden. Wenn dann noch als Alibi ein gerüttelt Maß an Tagesarbeit (objektiv oder auch nur subjektiv empfunden) hinzukommt, unterbleiben innovative Initiativen oder sie versanden nach und nach.

TIPP: Das Argument, leider im Moment keine Zeit zu haben, ist eine Scheinentschuldigung. Zeit gibt es immer, und zwar mindestens acht Stunden am Tag! Tatsächlich sind es ja die eigenen Entschlüsse, die über die Verwendung dieser verfügbaren Zeit oder darüber, sich nicht mehr Zeit zu nehmen, entscheiden. Das »Keine-Zeit-Argument« ist also eine Aussage über die Setzung anderer Prioritäten.

Die andere Quelle der Ablehnung technologischer Sprünge liegt darin, dass das Etablierte vom Neuen angegriffen wird. Prof. Dr. Hans-Jörg Bullinger und Prof. Dr. Hans-Jürgen Warnecke beschreiben die Motive: Im Alten steckt Identität, die durch das Neue infrage gestellt wird.[20] Der positive Aspekt dieser Vermeidungsstrategie besteht darin, dass das Alte so in der evolutionären Weiterentwicklung herausgefordert wird, sich seiner Optimierung bzw. seiner Perfektionierung zu stellen. Indessen sollten Unternehmer bei aller Notwendigkeit, stetig Wachstum durch (radikale) Innovationen zu erzeugen, nicht den Fehler begehen, Neues so modernistisch wie unkritisch immer nur als guten Fortschritt, also stets als »besser« oder »überlegen«, zu verstehen. Viele wirtschaftliche und politische Fehlentwicklungen gebieten hier Vorsicht. Neues ist zunächst einmal wertfrei nur neu.

Und, nie zu vergessen: Gezieltes Wachstum gibt es nicht umsonst. Hier ist an die Notwendigkeit unterschiedlich hoher Vorleistungen zu erinnern, die bei evolutionären Entwicklungsprojekten in der Praxis meist eher überschaubar sind. Allerdings gilt dasselbe dann auch für die Wachstumseffekte. Bei revolutionär radikalen Projekten ist es jedoch umgekehrt. Die aufwendigeren Vorleistungen bestehen im Aufbau weiteren Personals, in der Rekrutierung von Spezialisten oder im Aufbau neuer Anlagen und Betriebsmittel. Diese Themen vertiefen wir jetzt.

KÜNFTIGE ERFOLGE KOSTEN: VORLEISTUNGEN UND INVESTITIONEN

Wachstum gelingt in der Regel nie ohne Vorleistungen. Das aber heißt, Zeit und Geld aufzuwenden, und zwar ohne wirkliche Erfolgsgarantie. Diese Anstrengungen stellen sich als Investitionen mit verschiedenen Auswirkungen dar, wobei es im engeren Sinne um die Beschaffung von Produktions- und Betriebsmitteln sowie um die Budgets für Forschung, Entwicklung, Marketing und Werbung geht.

Alle diese Vorleistungen haben gemein, dass sie sich erst in der Zukunft auszahlen sollen. Bei der Akquisition ist es der Kaufpreis, bei Entwicklungen sind es die internen und die externen Kosten, bei Kapazitätserweiterungen sind es die Anschaffungskosten für neue oder modifizierte Anlagen. Alle diese Aufwendungen binden Kapital, das erst (sehr viel) später wieder freigesetzt wird, und zwar hoffentlich mit reichlich Gewinn. Hierzu gibt es noch einen interessanten Gedanken: Das Betriebsergebnis wäre nämlich ganz unmittelbar zu steigern, wenn alle Forschungs- und Entwicklungsbemühungen eingestellt würden, so dass die damit verbundenen Kosten entfielen. Die Kehrseite dieser Medaille wird später deutlich, wenn das Unternehmen seine Wettbewerbsfähigkeit wegen fehlender neuer und verbesserter Produkte zwangsläufig verliert. Ferner ist zu beachten, dass solche Vorleistungen nur selten aus dem Gewinn und Liquiditätsüberschuss (»Cash flow«) des jeweiligen Jahres finanzierbar sind. Daher entsteht in Unternehmen regelmäßig zusätzlicher Kapitalbedarf, der bedient werden muss. Vor diesem Hintergrund ist die Gewährleistung zukunftssichernder Vorleistungen (Investitionsentscheidungen) eine Hauptaufgabe der Geschäftsleitung, die sich als wesentliches Element jeder Planung zeigt, die, wie wir ausführlich diskutiert haben, stets im Wechselspiel der rechnenden und ideologischen Hirnhälften erfolgen muss.

Lesen wir hierzu noch einmal im sechsten Kapitel von Arielys Buch (»Vom ewigen Aufschieben«) nach.[21] Er beschreibt, dass wir Menschen Vorleistungen gern aus Gründen unserer kurzfristigen Befriedigung unterlassen, obwohl ihr späterer Nutzen notwendig und klar erkennbar ist, privat etwa im Hinblick auf die beiden Themen Gesundheitsvorsorge und Sparen. Einmal mehr haben wir Ariely dankbar zu sein, dass er uns scheinbar persönliche Schwächen, die uns in der unternehmerischen Entscheidungsfindung plagen, als allgemein menschliche Schwäche erklärt. Das heißt, dass wir sie auch nicht trotz aller Akribie und trotz aller mathematischen Modelle ohne Weiteres überwinden, solange nur die faktische Qualität der Input-Daten über die Bewertung einer Investitions- oder Projektrechnung entscheiden soll. Solche weit in die Zukunft reichenden Einschätzungen sind nun einmal unter dem Einfluss des ideologischen Hirns von Unsicherheiten geprägt. Machen wir uns in diesem Zusammenhang bewusst, welche Fülle interner und externer Annahmen, die alle mit hoher Unsicherheit behaftet sind, für ein exportlastiges Wachstumsprojekt zusammenzutragen und zu bewerten sind, wird die Unmöglichkeit dieser Aufgabe klar. Viele Zahlenwerke sind ja in der Praxis schneller Makulatur, als sie erarbeitet wurden. Man sollte die Problematik erkennen und umso mehr bereit sein, auch dem Bauchgefühl zu vertrauen.

Im Hinblick auf besonders wichtige, teure Vorhaben verweise ich auf die abgeschwächte Form einer Szenarioplanung durch Sensitivitätsanalysen. Die »Best Case«- und die »Worst Case«-Annahmen hinsichtlich aller nicht sicheren Faktoren, und das sind fast alle zu betrachtenden Größen, zwingen dazu, den Dialog von Bauch und Zahl zu fördern und sich seinen irrationalen (wunsch- und angstgetriebenen) Regungen und Eingebungen zu stellen, die das Urteil beeinflussen.

Praxisbeispiel ▶ Vergessen wir nie, dass der Erfolg und das Wachstum von Unternehmen nicht nur auf seinen internen Entscheidungen beruhen, sondern sehr von äußeren, nicht beeinflussbaren Kräften, letztlich immer von den politischen Rahmenbedingungen und den Märkten, abhängig sind. Ich hebe hier nochmals hervor, diese eminente Bedeutung dieser externen, unbeeinflussbaren Faktoren, nicht zu unterschätzen und sich selbst, auch als Unternehmer, dem entsprechend nicht zu wichtig zu nehmen. Diese Ketzerei ist natürlich nur in einer Firmenkultur möglich, die noch durch die altmodischen Werte und Maximen des »Ehrbaren Kaufmanns« geprägt ist und nicht durch die Jagd nach immer neuen Rekorden. Ein Vorzug, den der familiengeführte und familiengeprägte Mittelstand für sich in Anspruch nehmen darf. Zugleich ein Paradigma, das sich die großen Publikumsgesellschaften und ihr Top-Management nicht leisten können. Konzerne werden oft durch absichtsvolle Erwartungshaltungen von außen (Analysten) zu allzu optimistischen Prognosen getrieben, was dann dazu führt, dass der Druck, diese überreizten Ziele zu erreichen, übertriebenen Aktionismus auslösen kann.

Praxisbeispiel ▶ Konzerne versuchen, ihre Investitionsentscheidungen, aber auch wichtige Zukunftsentscheidungen generell, dadurch zu objektivieren, dass sie Regelwerken folgen, Gutachter bestellen, Fachabteilungen konsultieren und Kommissionen einsetzen, um mit diesen Maßnahmen gremiengestützt zu einer breiteren Bewertungsbasis zu kommen. Trotz dieser Versuche aber, scheinbar gut gesichert zu urteilen, gibt es nach meiner Beobachtung dennoch keine wirklich rationalen Beschlüsse. Die benutzten Zahlenwerke zeigen so oder so immer Zukunftserwartungen auf, die vom ideologischen Hirn des »Zahlenmeisters« und seiner Einheit beeinflusst sind. Nicht als absichtliche Manipulation, sondern unbemerkt, weil unbewusst. Zahlen verlocken wegen ihrer Zuverlässigkeit in der Abbildung vergangener Ereignisse und Entscheidungen dazu, auch Prognosen den Anschein von Verlässlichkeit zu geben, was aber eben nicht stimmt. Zu diesem Annahmefehler gesellt sich die Überzeugungskraft des jeweiligen Vorstands oder des Projektverantwortlichen. Sein Impetus, der sich wiederum seinen (ideologischen) Überzeugungen und Erwartungen verdankt, gibt dann sehr oft den Ausschlag. Auch wenn ich damit Protest errege: Unternehmen, auch die großen, hoch professionellen, sind keine Anwender reiner Ratio. Sie wären es nur gern.

ZUSAMMENFASSUNG DER OPTIONEN | DREI WEGE ZUM WACHSTUM

Wachstum ist eine der Bedingungen für das Überleben von Unternehmen. Es findet organisch statt, durch Ausweitung des Bestehenden, durch Nutzung von Synergieeffekten, die aus Kooperationen, »Joint Ventures« und Akquisitionen entstehen, oder durch Innovationen, also durch die Entwicklung und Umsetzung neuer Ideen. Jede zukunftssichernde Maßnahme aber setzt (anspruchsvolle) Vorleistungen voraus, deren Amortisation unsicher ist und erst (sehr) viel später erfolgt. Daher ist die Organisation von Wachstum eine zentrale Aufgabe und Verpflichtung der Geschäftsleitung. Unser »Erfolgsmodell Hirn« rät zu einem risikoärmeren evolutionären Prozedere, indem man sich Schritt für Schritt mit Bedacht aus bekanntem Terrain nach vorne wagt. In Ausnahmefällen hält unser Ansatz jedoch auch gewagte, revolutionäre Sprünge in Neuland bereit. Wachstum gelingt am besten und am berechenbarsten dann, wenn beide Komponenten in gesunder Mischung zum Zuge kommen. Das Erfordernis, durch evolutionäre, vor allem aber durch radikale, revolutionäre Innovationen wachsen zu wollen und zu müssen, ist in der Firmenkultur glaubhaft zu verankern. Kreativitätsfördernde Instrumente, die in einem Klima wirken, das Mut und Fehlertoleranz fördert sowie den Blick über den Tellerrand, steigern die Zukunftsfähigkeit von Firmen.

TAUSEND EMPFEHLUNGEN: NUTZEN DER MANAGEMENTLITERATUR

Abschließend möchte ich noch erörtern, welche Bedeutung die üppige Managementliteratur für den unternehmerischen Alltag hat. Was bringt mir das als Unternehmer? Erinnern wir uns: Im Hinblick auf die Charakterisierung von Konzernen habe ich schon gesagt, dass viele betriebs- und volkswirtschaftlich fundierte Bücher auf diesem Feld sehr auf die Gegebenheiten dieser Großen zugeschnitten sind, während die sozial- und verhaltenswissenschaftlichen Beiträge hier viel weniger festgelegt sind. Die Konzerne stehen in der einschlägigen Publizistik Modell, wenn es um die Prinzipien und um die Prämissen erfolgreicher Unternehmensführung geht. Bei Ihnen treten die (wissenschaftlich) untersuchten Phänomene und Zusammenhänge auch am meisten auf. Vielleicht werden daher auch die wissenschaftlichen Erkenntnisse in diesen Strukturen am meisten berücksichtigt und umgesetzt. Heißt dies aber nun, dass die Managementliteratur für mittlere und kleinere Unternehmen nur bedingt geeignet wäre? Nein, natürlich nicht! Die Aussagen sind allgemeingültig, aber je nach Betriebsgröße und Firmenkultur verschieden praxistauglich. Richtig ist nur, dass der Fokus auf die Großen, die Sozialgebilde aus tausenden hierarchisch und organisatorisch miteinander verbundenen Menschen unterhalten, die Spezifika der mittleren und kleineren Betriebe zu wenig sieht, ohne dass man eine BWL für Familienunternehmen bräuchte. Die Besonderheiten liegen nicht in der Welt der Zahlen, sondern in der Mentalität.

Die ebenso breite wie tiefe Managementliteratur mit ihren vielen (konkurrierenden) Konzepten ist grundsätzlich für alle Firmen geeignet, da sie dazu anregt, die eigene Position zu überprüfen und da sie Anstöße für diverse Aufgaben nicht nur der Geschäftsleitung gibt. Dabei dürfen jedoch nie Patentrezepte oder heilsbringende Wahrheiten erwartet werden. Allein die Fülle unternehmerischer Aufgaben zwingt dazu, viele und sehr uneinheitliche Elemente größenabhängig aus verschiedenen Blickwinkeln zu betrachten. Problematisch, weil im richtigen Leben überhaupt nicht zu verarbeiten, ist die schiere Flut der ständigen Empfehlungen, die sich mit meinem Werk (Sie verzeihen mir das) um noch einen Beitrag vermehrt. Ausdruck dieses »Overkills« sind spezielle »Readers Digest«-Aufarbeitungen, etwa die »Handelsblatt Management Bibliothek«, die lauter Kurzfassungen enthält, weil die Originalliteratur von einem Einzelnen nicht mehr zur Kenntnis genommen werden kann.[22] Dasselbe gilt für Internet-Plattformen wie »www.managementbücher.de«, die eine Auswahl von 80 angeblichen Top-Titeln anbietet, die aus über 1.200 einschlägigen Publikationen selektiert worden sind!

Ein Aha-Effekt, der sich während der Erarbeitung meines Buches eingestellt hat, war eben diese Erkenntnis, wie umfangreich, unterschiedlich und ineinandergreifend die Aufgaben und die Anforderungen an die Kunst des Managements sind. Heute verstehe ich auch gut, dass sich die meisten Autoren auf bestimmte Aspekte auf dem weiten Feld der Managementthemen konzentrieren. Allein die Schwierigkeit, die ich hatte, in meinem Manuskript einen roten Faden anzulegen, der die komplexe Materie in eine sinnvolle Abfolge bringt, zeigt, was ich meine.

Seitdem sich die Betriebswirtschaftslehre als Wissenschaft versteht, kamen unzählige Ratgeber für die Unternehmensführung auf den Markt, die eine bunte Palette vermeintlich optimaler Zielsetzungen, Maßnahmen und Verhaltensweisen aufspannen, mit dem Schönheitsfehler, dass es sich, dem jeweiligen Zeitgeist geschuldet, um ähnliche Ansätze, die nur in neuen Kleidern daherkommen, um durchaus unterschiedliche, sich teils ergänzende, sowie um widersprüchliche Ansätze und Empfehlungen handelt, die offenbar turnusmäßig Moden unterliegen.

Die meisten Autoren widmen sich analytisch der systematischen Durchforstung der innerbetrieblichen Prozesse und der Entscheidungsmuster, also dem, was die rechnende Hirnhälfte in unserem Erfolgsmodell fordert. Diese Vorschläge sind heute fast so zahlreich wie die synaptischen Verknüpfungen in unserem Gehirn. Insofern könnte man schnell verzweifeln und unsicher sein, was man sich nun aneignen kann und soll. Im Lichte meiner Darlegungen wird niemanden wundern, wenn ich dabei bleibe, dass keines der Rezepte, also auch nicht mein Buch, den einen, einzig richtigen Weg vorzeichnen kann. Den gibt es nun mal nicht! Trotzdem hat (fast) jeder Ansatz sein Gutes, da er dazu zwingt, die eigene Position und seine Einstellungen aus immer neuen, manchmal auch nur leicht modifizierten Perspektiven zu betrachten und zur Disposition zu stellen, so dass neue Erkenntnisse und aus ihnen erwachsend neue Ideen für Optimierungen möglich werden.

Daher empfehle ich einen unverkrampften Umgang mit der unternehmerischen Fachliteratur. Die Befassung mit anderen Blickwinkeln ist richtig und wichtig. Sie treibt das eigene Denken und Handeln. Sie vermittelt etwas. Allerdings sollten Sie sich dabei immer auf beide Hirnhälften stützen. De facto können wir ja gar nicht anders, als Impulse selektiv zu bewerten, mit der Tendenz, bestätigende Aussagen eher aufzunehmen als solche, die unserem »Mind-Set« widersprechen.

Im Übrigen hilft die Firmenkultur, die mit seinen eigenen Auffassungen verträglichen Ansätze als verfolgungswürdig auszuwählen und die unverträglichen links liegen zu lassen. Außerdem ist nichts dagegen zu sagen, antagonistische, sich vielleicht sogar ausschließende Ansätze nach einiger Zeit noch einmal unbefangen zu prüfen, zumindest in Grundsatzfragen, etwa, wie man Märkte segmentieren, strukturieren und bespielen soll. Ist ein produktorientierter, ein marktorientierter oder ein abnehmerorientierter Vertrieb zu bevorzugen? Das kann sich ja ändern.

Ein Vertriebskonzept mit starker Produktorientierung zwingt dazu, sich tief mit dem Sortiment und den Anwendungsmöglichkeiten zu befassen. Das Produktverständnis selbst, aber auch das Wissen über die wirtschaftlichste Bereitstellung, nimmt dadurch sehr zu. Demgegenüber betrachtet der Ansatz der Markt- und Abnehmerorientierung mehr die Anwendung der Produkte aus Sicht der Kundenbranchen sowie einzelner Kunden und zwingt dazu, die Prozesse und Anwendungen, also die Probleme und Lösungswünsche der Kunden zu fokussieren. Das Wissen über das Produkt wird hier unter einem anderen Blickwinkel gefördert.

Praxisbeispiel ▶ Beide Ansätze sind gut und haben ihre Vor- und Nachteile. Beides gleichzeitig in vollem Umfang zu tun, ist ein Ideal, das wohl nicht oft erreicht wird. Wechselt man also in längeren Abständen, beispielsweise nach fünf Jahren, die Richtung seiner Orientierung, so führt dies, oft begleitet von organisatorischen Veränderungen, zu einem Wissensaufbau, der dem Optimum nahe kommt.

MERKSATZ | JEDER UNTERNEHMER SOLLTE SEINE PERSÖNLICHEN FESTLEGUNGEN TURNUSMÄSSIG PRÜFEN. DIESES MENTALE VERTIKUTIEREN LÜFTET DAS GEDANKENGELÄNDE, OHNE DIE HALTBAREN IDEEN AUSZUREISSEN.

Scheuen Sie sich also nicht, von Zeit zu Zeit etwas Neues zu versuchen, auch und ausdrücklich sogar dann, wenn dieses Neue früher vielleicht schon einmal begraben wurde. Die Welt, die Märkte und das Wissen entwickeln sich mit hohem Tempo weiter, wobei manches Alte erneut Konjunktur hat. Insofern ist wichtig, im Unternehmen mit seinen Erfahrungen und Vorgehensweisen Schritt zu halten. Aber diese Pflicht, sich ständig zu entwickeln, ist keine Einbahnstraße nach vorn. Etwas, was früher nicht passte, kann heute passen und morgen gar ein Erfolg sein.

Als weiteres Beispiel für eine strategische Frage, die turnusmäßig gründlich neu aufgeworfen werden sollte, nenne ich die Antipoden »Konzentration« und »Diversifizierung«. Soll man tief im Unternehmen bohren oder in die Breite gehen?

Praxisbeispiel ► Die bewusste Konzentration, also die Besinnung auf seine Kernkompetenz(en), zwingt zur Fokussierung auf die Stärken und zum Abbau (meist zufällig) entstandener Randaktivitäten, die keinen relevanten Wachstumsbeitrag leisten, aber oft viel Arbeit machen. Eine solche Konsolidierung ist immer analytisch, also durch die rechnende Hirnhälfte, geprägt. Demgegenüber zielt die Diversifikation darauf ab oder lässt doch zu, dass Randgebiete entstehen und vielleicht sogar aktiv ausgebaut werden. Diese neuen Felder stellen eine Chance auf neue Anwendungen gleicher Produkte in neuen Märkten dar und sie können die Weiterentwicklung von Produkten stimulieren. Die Diversifikation ist eher spielerisch und experimentell, und daher der ideologischen Hirnhälfte zuzuordnen.

Wir stoßen also auch hier wieder auf den interaktiven Dualismus der rechnenden und der ideologischen Hirnhälfte als Hauptmechanismus des »Erfolgsmodells Hirn«, dessen Anwendung auf Wirtschaftsunternehmen mein Anliegen ist. Diese Durchdringung rationaler Analytik und Systematik mit erfahrungsbasierter intuitiver bildhafter Bewertung treibt die evolutionäre Weiterentwicklung von Unternehmen in einem Iterationsprozess an. Falsch ist dabei nur, den just vorherrschenden Trend der Interpretation der Wirtschaftswelt als den einzig vernünftigen und für längere Zeit richtigen zu verstehen. Daher haben alle zum Teil missionarisch vorgetragenen Managementlehren ihr Gutes und ihr Beschränkendes.

MERKSATZ | BEKENNEN SIE SICH ALS UNTERNEHMER ZU IHREM BAUCHGEFÜHL UND LASSEN SIE SICH VON DEN VIELEN MANAGEMENT- UND FÜHRUNGSLEHREN ANREGEN. VERSUCHEN SIE ABER NICHT, SICH ZU VERBIEGEN UND ELEMENTE ZU KOPIEREN, DIE NICHT IN IHREN »MIND-SET« PASSEN.

Lassen Sie sich als Unternehmer animieren und provozieren, seien Sie kritisch und selbstkritisch, aber entscheiden Sie sich unverkrampft ohne schlechtes Gewissen für Ihren eigenen, zu Ihrem Unternehmen (ideologischen Hirn) passenden Weg. Der letzte Schrei und der neueste Trend bieten nicht unbedingt die beste Lösung. Altmodisch gesagt: Schuster, bleib bei Deinem Leisten! Doch nie, ohne das Gespür für gebotene interne und externe Veränderungen und nie, ohne die Fähigkeit zu wohlbegründeten Veränderungen zu verlieren. Flexibilität hat als Tugend zwischen den falschen Extremen der Beliebigkeit und Starrheit erhalten zu bleiben.

In diesem Sinne nun noch einmal die eingangs gestellte Frage: Was soll der Nutzen des Buches sein? Mein Werk kann und will nicht mehr, aber auch nicht weniger, bewirken. Es will Anstöße geben, unverkrampft und mutig trotz drängend vorgetragener Erfolgsrezepte und starker modischer Strömungen (Zeitgeist) erfolg-reich seinen eigenen Weg zu gehen. Manche meiner Beobachtungen und Mo-dellannahmen werden vielleicht nicht jeden Leser überzeugen. Andere Aussa-gen werden dafür gelebte Prinzipien erklären und unterstützen oder Denkan-stöße geben, vielleicht sogar nachhaltige Veränderungen motivieren, indem sie bisher verstellte Optionen öffnen. Dies zu erreichen, ist mein Wunsch und mein erklärtes Ziel! Doch der Nutzen kann nur vom Leser selbst aufgefunden werden.

Bei alledem bitte ich, nicht zu vergessen, dass dieses Buch ursprünglich aus einer Notizensammlung praktischer Erfahrungen und Beobachtungen entstanden ist. In Anbetracht der zahlreichen Facetten unternehmerischer Tätigkeit ist der The-menbogen weit gespannt. Dass die vielen Aspekte eng verknüpft sind und sich wechselseitig beeinflussen, macht es nicht leichter. Allerdings wollte ich meinen Stoff, aber auch die Erläuterungen des »Erfolgsmodells Hirn«, nicht aus Gründen der Übersichtlichkeit beschneiden. Herausgekommen ist das vorliegende Werk!

RATIONALITÄT UND IRRATIONALITÄT: GANZHEITLICHES ENTSCHEIDEN

Auf ein Fazit im üblichen Sinne möchte ich verzichten, da die Gefahr bestünde, durch die Komplexität der Themen in Allgemeinplätze auszuufern oder mich in Details zu verlieren. Statt dessen gehe ich lieber noch einmal auf ein zentrales Thema dieses Buchs ein, ob es Fluch oder Segen ist, dass Menschen menscheln, im Zeichen der Macht und Allgegenwart des Irrationalen, das unser Denken und Handeln, ohne dass wir dies immer merken, prägt. Diesbezüglich geht es mir um die Frage nach den positiven und negativen Auswirkungen dieser mentalen Ein-flüsse auf die Zukunftsfähigkeit und den langfristigen Erfolg von Unternehmen.

Tatsächlich beobachte ich eine Tendenz, das Menscheln aus Organisationen ver-bannen zu wollen. In den großen, Maßstäbe setzenden Konzernen ist dafür, wie dargestellt und begründet, kein Raum. Alles Individuelle, nicht Genormte, findet (aus strukturellen Gründen) kaum Akzeptanz. Die Nachteile persönlicher, subjek-tiver Entscheidungen und die Gefahr individueller Fehler will man durch den for-cierten Einsatz von Technik und Methoden überwinden. Erfolg soll durch die Mi-nimierung und Vermeidung von Fehlern sowie durch die Systematisierung von Entscheidungen und Prozessen entstehen! Die Bemühungen und Bestrebungen gelten der Ermittlung vermeintlich objektiv bester Lösungen, eine Philosophie, die einen hohen rechner- und formelgestützten Aufwand verlangt. Ausgefeilte Wirtschaftlichkeitsrechnungen und Investitionsrechnungen (»Discounted Cash Flow«-Methode, DCF), um den Kapitalrückfluss in ferner Zukunft bis in die Nach-kommastellen zu ermitteln sowie Konzepte zur Fehlervermeidung (»Failure Mode and Effect Analysis«, FMEA), also eine Fehlermöglichkeit- und Einflussanalyse, oder die von General Electric optimierte »Six-Sigma«-Methode und andere Tools im Qualitätsmanagement, die oft aus Japan stammen, stehen für diese Bemühungen. Wenn es schon nicht wirklich gelingt, die Fehlerquelle »Mensch« durch Automatisierung zu eliminieren, so wird doch zumindest der Versuch unternommen, Prozesse, an denen Menschen beteiligt sind, dank dieser Methoden prozessfähig und fehlerfrei zu gestalten. Dies ist seit geraumer Zeit ein allgemeines Phänomen.

Dahinter steckt der durchaus legitime Wunsch, alles richtig machen zu wollen und jedwede unnötige Minderung des Erfolgs zu unterbinden. Allerdings sehe ich die Gefahr einer allgemeinen Entmündigung und erkenne auch den Versuch, der Verantwortung für Entscheidungen aus Angst oder Skrupeln auszuweichen. Wie schön ist es doch, wenn man belegen kann, wirklich alles getan zu haben, um das Gebotene zu erreichen und nicht angreifbar zu sein, durch Verweis auf Arbeitskreise, Berater oder auf Methoden und Erwartungsrechnungen. Ich weiß, dass ich mich damit auf dünnem Eis bewege. Natürlich sollte jeder alles tun, um seiner Verantwortung gerecht zu werden. Ob das Ziel jedoch durch diese Denkrichtung mit Absicherungsmechanismen erreichbar wird, bezweifle ich doch sehr.

Zur Begründung ist zu sagen, dass allein schon die Vielzahl der Erfolgsfaktoren mit ihrer wechselseitigen Beeinflussung und die Unsicherheit von Annahmen über die Zukunft die erstrebenswerte, vollständige und systematische Durchdringung der komplexen Unternehmenswelt nicht erlauben. Menschen werden, sofern sie nicht zu Robotern mutieren, weiterhin Menscheln. Sie sind und bleiben letztlich unvollkommen und sind eben keine perfekten Systeme, die stets richtig entscheiden sowie auf diesem Unfehlbarkeitsniveau in (Geschäfts-)Beziehungen stehen.

Die Welt dreht sich heute immer schneller und wartet dabei selbst für abgeklärte Zeitgenossen mit immer neuen Überraschungen auf. Gestern noch irrelevante Details können über Nacht Bedeutung erlangen. Die Abweichung vom Plan wird damit unfreiwillig zur Normalität. Diese nicht zuletzt der Globalisierung geschuldeten Widrigkeiten, die zwar normale, aber doch große Herausforderungen für Unternehmer und Top-Manager sind, bleiben uns erhalten. Sie sind weder planerisch noch systemisch zu überwinden. Viel wichtiger als die Suche nach dem heiligen Gral einer alles bezwingenden BWL ist, sich seinen gesunden Menschenverstand, der aus dem innigen Zusammenspiel beider Hirnhälften resultiert, zu erhalten und auf allen hierarchischen Ebenen die Verantwortungsbereitschaft für Entscheidungen sowie die Fähigkeit zur Flexibilität, zur Überprüfung seiner Vorsätze und zu ihrer begründeten Anpassung zu kultivieren. Diese drei Dinge brauchen ausdrücklich verantwortungsbewusste, entscheidungsfähige Menschen!

Meine Schlussfolgerung lautet deshalb, den Menschen eben nicht zu eliminieren, ihn nicht zu entmündigen, sondern ihn wertzuschätzen und zu stärken und damit auch das Menscheln als unersetzbare Komponente unternehmerischen Handelns zuzulassen und zu berücksichtigen. Kontrolle stößt rasch an ihre Grenzen. Statt dessen werden Verständnis und Vertrauen zu Erfolgsfaktoren! Gerade der deutsche Mittelstand, speziell die »Hidden Champions«, demonstriert, dass eine Haltung, die subjektive Vorlieben und Abneigungen erlaubt und scheinbar irrationale Einflüsse duldet, keinesfalls dem wirtschaftlichen Erfolg und der langfristigen Sicherung von Unternehmen entgegensteht. Damit wende ich mich nicht gegen das vernünftige Unterfangen, möglichst viel Berechenbarkeit und Sicherheit in Firmen durch maximale Sorgfalt und Umsicht herbeizuführen. Ich bin nur ganz und gar dagegen, sich mit hohem Aufwand Scheinsicherheiten zu schaffen. Daher plädiere ich dafür, die irrationalen Einflüsse, die uns Menschen nun einmal zu eigen sind, anzuerkennen, verantwortungsbewusst zu leben und zu pflegen.

Mein Leitsatz lautet, unserem doppelten Talent, dem rechnenden und dem ideologischen Hirn, also Zahl und Bauch, gerecht zu werden. Genau so, wie dies die »Hidden Champions« offenbar ganz hervorragend ökonomisch beherrschen. Wo das richtige Gleichgewicht zwischen beiden Parametern liegt, muss jedes Unternehmen gemessen an seiner Größe und Kultur für sich entscheiden. Ich bin aber zutiefst davon überzeugt, dass dauerhafter Erfolg nie nur mit einer der beiden Einflussfaktoren erreicht werden kann! Daher lieber gleich beiden Seiten die ihnen gebührende Aufmerksamkeit widmen und die richtige Beachtung schenken.

Die Bedeutung der rationalen Seite, also des bisher bildhaft so genannten Gipfels des Eisbergs, steht jedermann klar vor Augen. Die Würdigung der ideologischen Seite, des von mir als Schattengipfel desselben Eisbergs bezeichneten zweiten »Peaks«, ist heute hingegen noch viel zu wenig gegeben. Daher habe ich den Schwerpunkt in meinem Buch auf die weichen Faktoren gelegt. Jedes Unternehmen und sein Handeln wird letztlich von Menschen mit ihren subjektiven Wahrheiten bestimmt und sprengt wegen unserer Natur unweigerlich den Rahmen rein rationaler Logik. Das Irrationale ist allgegenwärtig und beeinflusst das gesamte Unternehmensgeschehen. Wie auch andere Autoren bringt mich dies zu der Erkenntnis, dass ein guter Unternehmer und ein guter Manager nicht der Modellvorgabe des Homo Oeconomicus entsprechen, der ja nach den Kriterien der klassischen BWL ausschließlich rational, logisch und faktenorientiert agiert.

Mein zentrales Anliegen ist, für diese weichen Faktoren zu sensibilisieren und ihren Stellenwert zu verdeutlichen, indem ich sie vom Ruch des Negativen und Unprofessionellen befreie. Ich gehe sogar so weit, das »Abstimmungsergebnis«

zwischen unserem rechnendem und unserem ideologischem Hirn in aller Regel für die bessere Lösung zu halten. Vielleicht nicht für die beste rationale Lösung, dafür aber für die machbarste und erfolgversprechendste für die so handelnden Personen und die so agierenden Unternehmen. Auch das professionelle Management von Problemen und Prozessen ist also kein absolutes Hoheitsgebiet der Ratio, auf dem sie und nur sie regieren sollte! Vertrauen Sie Ihrer Irrationalität!

Eben diese Erkenntnis ist befreiend und motivierend. Jeder Unternehmer und jedes Unternehmen darf und soll seinen ganz eigenen individuellen Weg gehen und seine ganz besondere Nische auf seine ganz besondere Art und Weise besetzen, so wie ich dies anhand der »Hidden Champions« aufgezeigt habe. Nicht im Kopieren anderer oder im unbedachten Nachverfolgen von Trends, sondern im authentischen Betreiben seiner ureigenen Prinzipien und Perspektiven liegt der langfristige Erfolg von Unternehmen. Was für den Einfluss des ideologischen Hirns auf jedes Individuum gilt, findet auf kollektiver Ebene in der Firmenkultur seine volle Entsprechung. Diesbezüglich besteht die leider oft noch zu wenig beachtete Verpflichtung der Unternehmensleitung, die Firmenkultur zu definieren sowie sie intern und extern zu kommunizieren. Sie ist der gemeinsame Nenner und die Basis der Zusammenarbeit in Unternehmen. Sie steckt einen firmenspezifischen Denk- und Handlungsrahmen ab, wobei gilt: So verschieden wie die Prägungen menschlicher Gehirne, so verschieden dürfen auch Firmenkulturen sein.

Bei alledem ist ein entscheidender Faktor auf die Verantwortung gegenüber den Eigentümern, den Gesellschaftern und »Shareholdern«, zurückzuführen. Je zahlreicher sie sind und je mehr Distanz sie zum operativen Geschäft haben, was auch bedeutet, dass ihnen möglicherweise die eigentlich erforderlichen Kenntnisse fehlen, um die Geschehnisse zu verstehen, umso mehr bestimmt gut erklärbares, mehrheitsfähiges Verhalten die Führung der Geschäfte. Dies gelingt offenbar am ehesten, in dem man Entscheidungen auf rationale Argumente stützt und sie auch entsprechend nüchtern mitteilen wird. Wenn aber Geschäftsleitung und Gesellschafter in Personalunion agieren, ist Raum für das Bekenntnis zu Riecher und Bauchgefühl. Dann fällt es leicht, sich flexibel unkonventionell zu bewegen.

Wichtig ist wie beim individuellen ideologischen Hirn, sich der Auswirkungen der Firmenkultur auf das Gesamtgeschehen im Unternehmen und auf alle Mitarbeiter bewusst zu sein und die Firmenkultur dem entsprechend hochzuhalten. Das gelingt nicht, jedenfalls nicht nur, durch perfekt formulierte Hochglanzbroschüren! Eine faire Streitkultur mir Fehlertoleranz, aber auch die Förderung von Mut und guter Neugier in einem innovatorischen Klima, sind wichtige Erfolgsfaktoren. Außerdem ein klarer, authentischer, zur Firmenkultur passender Führungsstil.

FUSSNOTEN

1 Schein, Edgar H.: EHP-Reihe »Organisationskultur«, Bergisch Gladbach 2010; Sackmann, Sonja: Erfolgsfaktor Unternehmenskultur. Mit kulturbewusstem Management Unternehmensziele erreichen und Identifikation schaffen. Sechs Best Practice-Beispiele, hg. von der Bertelsmann-Stiftung, Wiesbaden 2004.

2 Peters, Tom: »Jenseits der Hierarchien«, Düsseldorf 1993. Der Schwede Gunnar Hedlund (1900-1989) war Landwirt und ein führender Politiker der »Centerpartiet«, von 1949 bis 1971 als ihr Vorsitzender.

3 Vgl. Sackmann, a.a.O., S. 9.

4 Simon, Herrmann: Hidden Champions. Aufbruch nach Globalia. Die Erfolgsstrategien unbekannter Weltmarktführer, Frankfurt/M. 2012.

5 Auf das Erfolgsrezept der »Hidden Champions« stoßen wir bereits bei den Wikingern. Auch sie verfügten weder über besonders beeindruckende Waffen noch über starke, wohl organisierte Strukturen und sie folgten auch keinen ausgeklügelten strategischen Plänen. Ihre Siegeszüge verdankten sich ihrer Lust an Erkundungen, ihrem Mut, ihrer Kampfkraft sowie Schnelligkeit und Flexibilität. Sie waren getrieben von einem unerschütterlichen Glauben an ihren Erfolg und sie operierten in kleinen wendigen Einheiten (Schiffen). So eroberten sie weite Teile Europas, bauten Handelsbeziehungen bis nach Asien auf (»Global Player«) und entdeckten Grönland und Nordamerika.

6 Aus dem Beitrag »Veni, vidi was?« über die Schwächen von Kennzahlen auf der Internet-Plattform »CFOworld« am 18.01.2010, hier: »Sieben Merkmale erfolgreich geführter Unternehmen: Unternehmertum statt Zahlen«. Vgl. im Internet: www.cfoworld.de/veni-vidi-was?page=3

7 Robert King Merton (1910-2003), US-amerikanischer Soziologe, zwanzigfacher Ehrendoktor, Begründer der Anomietheorie. Geistiger Vater der »Selbsterfüllenden Prophezeiung« (»Self-fulfilling prophecy«). Vater von Robert C. Merton (*1944), der 1997 den Nobelpreis für Wirtschaft erhielt.

8 Belz, Christian: Spannung Marke. Markenführung für komplexe Unternehmen, Wiesbaden 2006.

9 In: Stephan Duttenhöfer, Bernhard Keller, Uwe Braun, Henning Rossa (Hg.): Handbuch Kommunikationsmanagement: Anforderungen und Umsetzungen aus Agenturen, Banken, Sparkasse und Versicherungen, Frankfurt/M. 2005, 640 Seiten, ISBN 978-3-831407-78-1 [Kapitel »Branding und Kommunikation«]. Vgl. im Internet: www.markenexperte.ch/post/regeln-fuer-das-branding-von-banken. Vogler war Chairman und Managing Partner bei Grey Switzerland.

10 Ariely, Dan: Denken hilft zwar, nützt aber nichts. Warum wir immer wieder unvernünftige Entscheidungen treffen, München 2010. [hier: Achtes Kapitel: »Ein Hintertürchen offen halten«].

[11] Xiàng Yǔ (232 v. Chr. -202 v. Chr.), chinesischer Heerführer, General in der Ära der Qín-Dynastie. Obwohl er zeitweilig ganz China unter Kontrolle hatte, fehlte ihm politisches Geschick, erkennbar daran, dass er das Land nach eigenem Gutdünken in 18 Feudalstaaten aufteilte und Nepotismus betrieb. Nach Jahren kriegerischer Auseinandersetzungen verlor er sukzessive seine Territorien. Nach einer letzten Schlacht in Gāixià beging Xiàng Yǔ Suizid.

[12] Sir Karl Raimund Popper (1902-1994), österreichisch-britischer Philosoph. Mit seinen Arbeiten zur Erkenntnis- und Wissenschaftstheorie, zur Sozial- und Geschichtsphilosophie sowie zur politischen Philosophie Begründer der Denkschule des kritischen Rationalismus.

[13] Vgl. Anm. 9. Die amerikanische Originalausgabe erschien 2008 unter dem Titel »Predictably Irrational« bei Harper Collins, New York.

[14] Ariely a.a.O., Kapitel 13, Seite 320 f.

[15] Zitiert nach Tom Peters, a.a.O.

[16] Zitiert nach Tom Peters, a.a.O.

[17] Imai, Masaaki: Kaizen. Der Schlüssel zum Erfolg der Japaner im Wettbewerb, Berlin 1996; Imai, Masaaki: Gemba Kaizen. Permanente Qualitätsverbesserung. Zeitersparnis und Kostensenkung am Arbeitsplatz, München 1997.

[18] Freiling, Jörg u. Wessels, Jan: Das Scheitern junger Unternehmen im Spiegel der Entrepreneurship-Theorie. In: Wirtschaftspolitische Blätter, 57. Jg., Heft 3, 2010, S. 315-332.

[19] Nikolai Dmitrijewitsch Kondratjew (1892-1938), russischer Wirtschaftswissenschaftler. Früher Vertreter der zyklischen Konjunkturtheorie. Der Fachterminus »Kondratjew-Zyklen« geht auf den österreichischen Ökonom und Politiker Joseph Schumpeter (1883-1950) zurück. Kondratjew leitete 1926 aus der Analyse langfristiger Zeitreihen ökonomischer Indikatoren (Preise, Zinsen, Löhne, Börsenkurse, Außenhandelsströme in England, Frankreich und den USA) ab, dass die wirtschaftliche Entwicklung der Industriestaaten in fünfzig bis sechzig Jahre dauernden Wellen des Auf- und Abschwungs erfolge. Dank wegweisender »Basisinnovationen« (Erfindung der Dampfmaschine und des Automobils, flächendeckende Verbreitung des Eisenbahnnetzes und der Elektrizität) werde aus einem wirtschaftlichen Tief eine Erholung, die wieder den Aufschwung fördere. Die Kondratjew-Zyklen bestimmen sich nach der Basisinnovation, die sich danach über mehrere Jahrzehnte im Markt ausbreitet.

[20] Bullinger, Hans-Jörg u. Warnecke, Hans-Jürgen (Hg.): Neue Organisationsformen im Unternehmen. Ein Handbuch für das moderne Management, Berlin 2003.

[21] Ariely a.a.O.

[22] Handelsblatt Management-Bibliothek. Kompaktes Wirtschafts- und Managementwissen in zwölf Bänden, Frankfurt/M. 2005.

Nachwort

Von den Vorzügen vernünftiger Unternehmensführung

Die deutsche und die internationale Managementliteratur unterliegt nicht nur Modewellen, die von den großen Strategie-Beratungsfirmen getrieben werden, sondern dadurch auch Einseitigkeiten: Da diese »Consultants« in der Regel Konzerne als Kunden umwerben, ist auch deren Welt der Gegenstand von Untersuchungen und Empfehlungen. Viele vermeintliche »Break through«-Ideen sind oft mehr mit Marketing versetzter alter Wein in neuen Schläuchen als theoretisch oder empirisch fundiert. Dabei muss man sich nicht von Eugen Schmalenbach (1873-1955), dem Begründer der Betriebswirtschaftslehre, bis Peter Drucker (1909-2005), dem Pionier der Managementlehre, eingelesen haben, um zu erkennen, dass es gemessen an deren Erkenntnissen zwar viele neue Verpackungen und Verfeinerungen, kaum aber wirklich Neues gibt. Und das Wenige bezieht sich meistens auch noch auf Spezielles, etwa darauf, wie sich Entscheidungen im Zeichen immenser Datenmengen verändern, die uns die IT heute bietet.

Die Begeisterung für diese Verheißungen wird dadurch geschürt, dass weder die publizierenden Berater noch die akademischen Autoren genötigt sind, ihre Konzepte in der Praxis zu prüfen. Ausnahmen bestätigen auch hier die Regel, etwa Ben Horowitz, ein interessanter Firmengründer, der in seinem Buch »The Hard Thing About Hard Things: Building a Business When There Are No Easy Answers« [Harper Business 2014], zu ganz anderen Aussagen kommt als die üblichen »Startup«-Bejubler, die Erfolge gern nachträglich glorifizieren, die Flops aber ignorieren.

Nun wäre die Dominanz dieser Konzernliteratur ja irrelevant, wenn man wüsste, dass Konzerne ähnliche Probleme hätten wie der klassische Mittelstand, so dass letzterer eben auch ähnliche Strukturen und Prozesse sowie ähnliche Lösungen entwickeln müsste, um zu überleben und sich zu entwickeln. Aber genau das ist eben gar nicht der Fall: Wenn sich diese inhabergeprägten Unternehmen nicht von den Konzernen unterschieden, hätten sie keine Chance, deren Markt- und Finanzmacht dauerhaft etwas entgegenzusetzen (Herr Dr. Jarre war meines Erachtens in diesem Punkt zu höflich). Der Mittelstand überlebt nur, weil er anders ist. Dies kann man daran erkennen, was häufig passiert, wenn ein solches Unternehmen in einen Konzern eingegliedert wird: Die Kosten steigen, die intensive Kundenbindung lockert sich und die Innovation wird bürokratisiert. So viel dazu.

Gleichwohl darf man diese Unterschiede nicht normativ als gut oder schlecht klassifizieren. Die Marktwirtschaft lebt von der Vielfalt und es gibt Bereiche, die sich nur schwer mittelständisch organisieren lassen, etwa die Automobilindustrie, in der die »Economics of Scale« groß sind, während die »Diseconomics of Scale« durchaus überwiegen. Ebenso gibt es Bereiche, die sich besser vorwiegend mittelständisch spezialisiert entwickeln, beispielsweise den deutschen Maschinenbau.

Bezogen auf das vorliegende Werk von Dr. Wolfgang Jarre heben diese Überlegungen die Ausnahmen hervor, die das Buch so angenehm vom »Mainstream« unterscheiden: Zum einen kennt der Autor die Dinge, über die er spricht, durch und durch aus seiner langjährigen, erfolgreichen Praxis als persönlich haftender Gesellschafter und Sprecher der Geschäftsführung eines mittelständischen Handels- und Produktionsunternehmens der Chemie, das sich seit vier Generationen in Familienbesitz befindet. Und er kennt die Großindustrie gut genug, um zu verstehen, warum die mittelständische Firmenlandschaft anders ist, und er kann die Unterschiede beschreiben und begründen. Zum anderen hat er die Gabe, seine spannenden Erfahrungen ohne persönliche Eitelkeiten strukturiert darzubieten.

Ich hatte das Vergnügen, Dr. Wolfgang Jarre seit 1995 in den Entwicklungen von Lehmann & Voss aus der Perspektive des Beirats zu begleiten, das Wachstum und die Internationalisierung des von ihm geleiteten Unternehmens zu verfolgen, aber auch mitzuerleben, wie hervorragend die Auswirkungen der Finanzkrise 2008 und 2009 trotz des plötzlichen Umsatzeinbruchs von über 25 % gemeistert wurden. Ich habe in dem halben Jahrhundert, in dem ich mich mit Unternehmen beschäftige oder in ihnen tätig war, nur ganz wenige verantwortliche Männer getroffen, die so klug strategisch reflektiert denken konnten und zugleich das operative Geschäft und die Mitarbeiter so aus vollem Herzen stimuliert haben. Insofern habe ich Dr. Wolfgang Jarre in lockerer Atmosphäre einmal einen reflektierenden Haudegen genannt. Oft sind ja sonst gerade die operativen Köpfe hochintuitive Bauchmenschen und die Analytiker versagen dafür in der Führung.

Was aber ist nun gemessen an anderen Büchern mehr aus einem Buch zu lernen, das ein ehemaliger persönlich haftender Gesellschafter geschrieben hat? Drei Dinge hebe ich aus den vielen fachlich interessanten Facetten hervor: Die Bedeutung der Intuition im Management, die Einbindung des Menschen in die Organisation sowie dass die langweiligen Unternehmen die erfolgreichen Unternehmen sind.

Man kann gewiss darüber diskutieren, in wie weit das Paradigma »Hirn« als Leitmotiv einer solchen Abhandlung trägt und Analogien zwischen dem Denkorgan und dem Management angezeigt sind. Entscheidend ist für mich jedoch die Betonung des großen Einflusses beider Hirnhälften auf Entscheidungsprozesse, insbesondere der »ideologischen« Hirnhälfte. Unternehmenslenker werden ja allzu oft als kühl kalkulierende Strategen hingestellt, denen ihre eigenen Gefühle fast fremd sein sollen. Wer solche Persönlichkeiten näher kennt, weiß allerdings, dass das Klischee nur selten stimmt. Meist hat man mit hoch intuitiven Zeitgenossen zu tun, die sich von ihrem gesunden Menschenverstand leiten lassen, die mit wichtigen Entscheidungen bis zum letzten Moment warten und die ihr Team nicht nur nach streng rationalen Kriterien konfigurieren. Schließlich soll man sich ja fruchtbar miteinander auseinandersetzen können. Sehr bodenständige Eigenschaften also, die Vertrauen verdienen. Demgegenüber trifft man im Investment-Banking, in dem die »Masters of the Universe« zu Hause sind, und in dem angeblich ja nur Zahlen dominieren, durchaus »Borderline-Personalities«, hoch intellektuell, aber mit überschießenden Emotionen, oder Leute mit infantilem Spieltrieb, den sie auf M&A-Aktivitäten übertragen, sowie Unmengen von Analysten, die in ihren Anlage-Empfehlungen lediglich ihren Eingebungen folgen, dies aber anschließend so rational begründen können, dass der staunende Kunde beeindruckt ist. Aber deshalb können sie auch so schnell ihre Argumentation wechseln.

Die spannende Frage ist vielmehr, was diese Intuition prägt, welche Erfahrungen bis hin zu Traumata und welche Werte die »ideologische« Hirnhälfte konditionieren und wie die Interaktion mit der rationalen Seite verläuft, wobei es ja auch um (wechselseitige) Kontrolle geht. Diesen Schlüsselfragen, die so gern ignoriert werden, muss man sich im Management ehrlicherweise stellen. Wie dies geschehen soll, dafür liefert das Buch zahlreiche interessante Beispiele, die hier nicht wiederholt werden sollen. Aber vermutlich war Dr. Wolfgang Jarre auch deshalb ein so guter Unternehmenslenker, weil er beide Hirnhälften optimal genutzt hat.

In der Theorie der Unternehmensführung gab es seit Frederik Taylor immer wieder Versuche, die breite Variation individueller Verhaltensweisen aus dem Management zu verbannen und den menschlichen Faktor wegen seiner Fehleranfälligkeit durch eng strukturierte Prozesse zu ersetzen. Gelegentlich wurde auch das Gegenteil gepredigt, etwa die »Spaghetti«-Organisation, in der jeder seiner Kreativität folgen soll. Beide Extreme sind wohl so falsch. Viel überzeugender ist das ständige, mit schlagenden Beispielen unterlegte Plädoyer für den goldenen Mittelweg, der dieses Buch durchzieht, wenn er auch leider im richtigen Leben nur selten so beschritten wird. Natürlich braucht jede Organisation eine Ordnung, beispielsweise durch definierte Prozesse und Qualitätssicherung, da es sonst kaum Ergebnisse gäbe, die Kunden fänden. Aber wenn man diesen Ansatz zu weit treibt, lenkt man die eigentlich gewollte Kreativität um. Sie fließt dann in kontraproduktive Strategien, die sich darauf konzentrieren, wie man solche Regelungen umgehen oder und für die eigenen Interessen nutzen kann. Es ist ein merkwürdiges Paradox, dass Unternehmen dieses Problem bei staatlichen Regulierungen immer wieder kritisieren, in ihrem eigenen Beritt aber übersehen.

Dabei bietet doch gerade die Arbeitsteilung an, Fähigkeiten verschiedener Personen so zusammenzubringen, dass ein besseres Ergebnis für die Organisation entsteht, und zwar gerade weil man menschliche Eigenheiten positiv bewertet und weil es erwünscht ist, dass sie zur Geltung gebracht werden. In diesem Sinne gab es bei Lehmann & Voss stets sehr unternehmerische Geschäftsbereichsleiter, mit vielen Freiheiten, die sich selbst auf deren Mitarbeiter bezogen, nicht zuletzt, weil das Geschäft sehr fragmentiert war, doch diesem Moment standen starke zentrale Service-Einheiten gegenüber, die für die notwendige Konformität sorgten. Eskalierende Konflikte, wie sie überall gelegentlich entstehen, wurden dank der herrschenden Firmenkultur gedämpft: Zentrale Leitmotive bestanden in der

Akzeptanz der Vielfalt von Charakteren, in der Sicherung ihrer persönlichen Entfaltung und in gegenseitigem Respekt, der sich auch auf die verschiedenen Aufgabenstellungen bezog. Und diese Prinzipien wurden gelebt, was den Führungskräften und den Mitarbeitern erlaubte, sich jeder auf seine Weise mit dem Unternehmen und seiner Kultur zu identifizieren. Dies wurde jedenfalls mehrfach in Erhebungen bestätigt. Die daraus resultierende geringe Personalfluktuation gab mir schon zu denken, da ja auch die Belebung durch neue Leute notwendig ist.

Nach der akuten Phase der Finanzkrise hat sich der Hype um das »Management als Abenteuer«, der sich in Sprüchen wie »Go for the big bang« oder »Lead the revolution« niederschlug, einstweilen gelegt. In der ungezügelten Zeit wurden CEOs wie Filmstars gefeiert, als ob sich Chefs in der Komplexität realer Unternehmen ähnlich schlichte Lösungen wie der »Terminator« leisten könnten. Besonders gefährlich war, dass CFOs ungedeckt kreativ und strategisch agieren sollten, statt sich um ordentliche Zahlen zu kümmern, woraus dann heftige Bilanzrevisionen und andere Finanzrisiken erwuchsen. Hier ist nun wieder Nüchternheit angesagt.

Langfristig erfolgreich sind die Unternehmen, die sich kontinuierlich entwickeln, die keine hohen Wetten auf die Zukunft eingehen und sich nicht von instabilen Trends in verführerische Kontexte verleiten lassen, von denen sie nichts verstehen. Mit diesem konservativen Modell wird man in der Tat nicht Manager des Jahres, aber man trägt kernsolide zur Wertsteigerung und zur Sicherheit der Arbeitsplätze bei. Diese verantwortungsvolle Führungsaufgabe in einer sich rasch wandelnden Welt gut zu gestalten, verspricht ein interessantes, erfüllendes Leben, so wie jede gute Partnerschaft ihre positive Dynamik hat und nicht ständig den Kick des Wechsels braucht. Und, vielleicht auch ganz schön: Man darf dann nach der beruflichen Karriere so selbstbewusst wie gelassen ein Buch verfassen, dass keine späte Rechtfertigung für Desaster versucht, die man hinterlassen hat.

Prof. Dr. Ulrich Steger, seit 1995 Lehre und Forschung am IMD in Lausanne, insbesondere hinsichtlich »Corporate Governance«, Globalisierung, Unternehmen und Umwelt. Zuvor Minister des Landes Hessen für Wirtschaft und Technik sowie Vorstand der Volkswagen AG. Mitglied des Beirats von Lehmann & Voss & Co., Hamburg

WEITERE UNTERNEHMERLITERATUR

STANDARDWERK

REIHE: THEORIE UND PRAXIS, BAND 1

▶ Bonn 2013 • 1. Auflage • 167 S. (geb.)
ISBN: 978-3-937960-18-0 • 48,00 Euro

Dr. Claudia Nagel

BEHAVIORAL STRATEGY

Denken und Fühlen im Entscheidungsprozess
Das Unbewusste und der Unternehmenserfolg

Das strategische Denken ist die letzte Bastion im Management, die noch als rein rationale Aufgabe gilt. Nur was zahlen-, daten- und faktenbasiert ist, soll hier auftreten dürfen. Dieses Verdikt verstößt jedoch gegen die Erkenntnisse der modernen Psychologie. Die Verhaltenswissenschaften und die Neurowissenschaften begründen unsere Urteilskraft neu. Niemand trifft mehr Entscheidungen nur mit dem Kopf. Die menschlichen Fähigkeiten und Kompetenzen, die über Verstandesarbeit, Vernunft und Logik weit hinausgehen, sind für die langfristige Zukunftsplanung zu erschließen. Ihre nachhaltige Optimierung verspricht große Vorteile im Wettbewerb. Dabei werden auch Tabuthemen für die Wirtschaft geöffnet, speziell die Welt unserer Gefühle und der Intuition. Hier ist das Gefühl der Angst oft wichtig, zudem das Unbewusste allgemein. All dies fördert die Umsetzung der Strategie, stärkt die Identifikation im Unternehmen und vermeidet teure Fehler.

Unternehmer Medien GmbH

Bestellfax: 0228/95459-80 | E-mail: buch@unternehmermedien.de
oder im Internet-Shop: www.unternehmermedien.de

Stephanie Hartung

STANDARDWERK

REIHE: THEORIE UND PRAXIS, BAND 2

▶ Bonn 2013 • 1. Auflage • 206 S. (geb.)
ISBN: 978-3-937960-19-7 • 48,00 Euro

Stephanie Hartung

STARKE MARKEN

Systemische Entwicklung und Führung
Ganzheitliches Beziehungsmanagement

Für das Phänomen »Marke« gibt es ebenso viele Erklärungen wie Befragte. Und das ist wegen der zahllosen Funktionen und Wirkungen auch nicht erstaunlich. Historisch standen Produkte lange im Fokus, während Unternehmensmarken (»Corporate Brands«) erst seit geraumer Zeit betrachtet werden. Dabei haben Unternehmen durch ihr Handeln einen mehr oder weniger unverwechselbaren Charakter, der zugleich die Grenze des Systems beschreibt: Das sind wir, das sind wir nicht.

Jedes Unternehmen ist folglich eine Marke, die stets kommuniziert. Leider aber zaudert der Mittelstand noch: »Bleiben Sie mir weg mit der Marke! Wir sind doch kein Konzern! Da muss man sicher einiges investieren. Das tun wir nicht. Damit verdienen wir kein Geld!« Schade. Markenbewusst geführte Firmen bewähren sich in ihren Märkten erfolgreicher als ihr Wettbewerb.

Unternehmer Medien GmbH

Bestellfax: 0228/95459-80 | E-mail: buch@unternehmermedien.de
oder im Internet-Shop: www.unternehmermedien.de